2016 年河北省社会科学基金年度项目课题 课题组

基于"互联网+"的高校人才培养实践研究

李丽娟　张立谱　著

辽宁大学出版社
Liaoning University Press

图书在版编目（CIP）数据

基于"互联网＋"的高校人才培养实践研究/李丽娟，
张立谱著. －沈阳：辽宁大学出版社，2019.4
2016 年河北省社会科学基金年度项目课题：课题编
号 HB16JY076
ISBN 978-7-5610-9346-7

Ⅰ.①基… Ⅱ.①李…②张… Ⅲ.①高等学校－人
才培养－研究－中国 Ⅳ.①G649.2

中国版本图书馆 CIP 数据核字（2018）第 145787 号

基于"互联网＋"的高校人才培养实践研究
JIYU "HULIANWANG＋" DE GAOXIAO RENCAI PEIYANG SHIJIAN YANJIU

出 版 者：辽宁大学出版社有限责任公司
（地址：沈阳市皇姑区崇山中路 66 号　邮政编码：110036）
印 刷 者：沈阳海世达印务有限公司
发 行 者：辽宁大学出版社有限责任公司
幅面尺寸：170mm×240mm
印　　张：16
字　　数：300 千字
出版时间：2019 年 4 月第 1 版
印刷时间：2019 年 4 月第 1 次印刷
策划编辑：张　蕊
责任编辑：于盈盈
封面设计：优盛文化
责任校对：齐　悦

书　　号：ISBN 978-7-5610-9346-7
定　　价：58.00 元

联系电话：024-86864613
邮购热线：024-86830665
网　　址：http://press.lnu.edu.cn
电子邮件：lnupress@vip.163.com

前　言

　　信息技术和互联网技术的应用和推广使人们在学习、生活和工作等方面都有了新的突破和发展，对于高校人才培养工作也是如此，在迎来新的发展机遇的同时，也带来了新的压力和挑战。高等院校要转变教育观念，结合"互联网+"时代的基本特征，加强教师队伍建设，改革传统的课堂教学模式、学习方式和管理体制，探索线上教学与线下教学相结合，不断改善学生的学习环境，提高人才培养质量。

　　信息时代，互联网正以改变一切的力量在全球范围掀起一场前所未有的深刻变革，传统行业纷纷启动"互联网+"模式，传统高等教育同样面临机遇与挑战。高等学校应转变理念，大力推动信息技术在教育教学过程中的全面应用，积极试点在线教育。要创新管理机制，加强教学团队建设，开发优质网络课程资源，提高课程吸引力；要积极探索科学的在线教育运营模式，实现可持续发展。

　　《基于"互联网+"的高校人才培养实践研究》一书结合"互联网+"的时代特征，深入探讨了新时期高校人才培养的路径，特别是针对高校音乐人才和体育人才培养模式提出了创新观点，介绍了我国新世纪音乐教育多样化模式的发展、我国新世纪音乐教育模式的创新、我国新世纪音乐教育多样化模式的融合、我国新时期体育教育模式创新以及新时期体育人才培养模式的创新等方面。

　　对于本书在编写中未列出的引用文献和论著，我们深表歉意，并同样表示感谢。由于时间的仓促，编者水平有限，难免存在不足之处，希望读者对本书提出宝贵的意见和建议。

　　本书第一章至第八章由李丽娟执笔，约17万字；第九章至第十一章由张立谱执笔，约12万字。

目 录

第一章 "互联网 +"的背景阐释 ···001

　　第一节 "互联网 +"的概念 / 001

　　第二节 "互联网 +"的基本特征 / 005

　　第三节 "互联网 +"发展趋势 / 011

第二章 高校人才培养模式建构理论概述 ·······················015

　　第一节 人才培养模式的定义 / 015

　　第二节 地方高校现行人才培养的主要模式 / 021

　　第三节 新时期音乐人才的培养目标 / 033

　　第四节 国外人才培养模式及其借鉴启示 / 036

第三章 "互联网 +"时代在线教育与传统教育的对比分析 ···········040

　　第一节 在线教育是传统教育的延伸而非颠覆 / 040

　　第二节 传统教育机构的互联网变革之路 / 043

　　第三节 以互联网思维布局在线教育市场的研究 / 045

第四章 "互联网 +"时代高校人才培养改革的必要性 ···············052

　　第一节 传统人才教育的缺失 / 052

　　第二节 互联网时代教育新形式的转变 / 055

　　第三节 培养目标与能力要求的转变 / 060

第五章 "互联网 +"给中国高等教育带来的机遇与挑战⋯⋯⋯⋯⋯⋯073

　　第一节　"互联网 + 教育"的核心与本质 / 073

　　第二节　"互联网 +"给中国高等教育带来的机遇 / 076

　　第三节　"互联网 +"给中国高等教育带来的挑战 / 079

第六章 "互联网 +"时代音乐教育教学方法的改革⋯⋯⋯⋯⋯⋯⋯085

　　第一节　突破传统的音乐教学模式 / 085

　　第二节　突破传统的音乐教学设计 / 087

　　第三节　现代化手段以及网络信息的使用 / 093

第七章 "互联网 +"时代音乐教育多样化模式的创新⋯⋯⋯⋯⋯098

　　第一节　人才培养模式与市场取向变革的融合 / 098

　　第二节　新时期音乐教育教学手段的创新 / 101

　　第三节　新时期音乐教育教学模式的创新 / 106

第八章 "互联网 +"时代音乐专业的创新建设⋯⋯⋯⋯⋯⋯⋯⋯121

　　第一节　人才培养对音乐专业建设的要求 / 121

　　第二节　高校音乐专业教学存在的问题 / 125

　　第三节　音乐专业教学资源的优化创新 / 129

第九章 "互联网 +"时代体育专业人才培养模式的转变⋯⋯⋯⋯144

　　第一节　高校体育专业人才培养的目标与路径 / 144

　　第二节　高校体育教学的新思维 / 151

　　第三节　互联网时代与高校体育教学的创新发展 / 174

第十章 "互联网 +"时代学生管理的途径转变⋯⋯⋯⋯⋯⋯⋯187

　　第一节　学生管理者层面的转变 / 187

　　第二节　学生个人层面的转变 / 201

　　第三节　高校环境层面的转变 / 216

　　第四节　教育体制建设层面的转变 / 224

第十一章 "互联网+"时代提升高校人才培养能力的建议 ···················· 235

    第一节 对于高等院校的合理性建议 / 235

    第二节 对于教育部门的合理性建议 / 241

参考文献 ··· 245

后 记 ··· 247

第一章 "互联网+"的背景阐释

第一节 "互联网+"的概念

互联网已经深深烙进今天绝大多数中国人的工作和生活，在过去短短20多年间，互联网给中国经济各方面带来诸多改变。正因为如此，政府部门对于互联网发展的认识也在不断改进，对于互联网的态度也从开始相对消极和被动接受，转化为今天积极主动拥抱和引导。李克强总理所说的"我想站在'互联网+'的风口上顺势而为，会使中国经济飞起来"，可以说在很大程度上代表了官方明确、正面的表态。

这也是"互联网+"概念会被写入国家战略的原因：现在的中国需要"互联网+"。换一个角度，从互联网企业，尤其是几个龙头企业的角度来说，他们非常需要政府对互联网的推动，这也是包括马云、马化腾、李彦宏、雷军等积极参与政府组织的相关座谈会，并且在两会提案中不遗余力地推荐互联网相关内容的主要原因。

互联网体量庞大、增速惊人，对政府而言，这已经是一个不容忽视的存在；对互联网企业而言，诸多互联网基础设施的建设需要从国家层面进行全面部署和强力推动。

互联网深刻影响着经济的各方面发展，从政府角度来说，需要管控和引导；而从互联网企业角度来说，需要政府更加开放和积极。但不管怎么样，沟通是必要的，共同努力尝试推进并寻找最佳平衡点也是必要的。

中国经济正在转型升级，互联网或能成为重大助力。同时，对互联网企业而言，发展越大越快就越容易触及传统主体经济，因而需要政府支持。

一、"互联网＋"时代

通过搜索引擎查询相关信息可以看到，最早在公开场合提出"互联网＋"概念的是国内知名咨询公司易观国际董事长于扬。2012 年 11 月 14 日，于扬在易观第五届移动互联网博览会上首先提出"互联网＋"，并作了相关解读："移动互联网，它的本质离不开'互联网＋'。在未来，'互联网＋'应该是我们所在行业目前的产品和服务在与未来看到的多屏全网跨平台用户场景结合之后产生的这样一种化学公式。我们可以按照这样一个思路找到若干这样的想法。而怎么找到你所在行业的'互联网＋'，是企业需要思考的问题。"

而将"互联网＋"概念发扬光大的是腾讯董事会主席马化腾。2013 年 11 月，在众安保险开业仪式上，马化腾提出："互联网加一个传统行业意味着什么呢？其实是代表了一种能力，或者是一种外在资源和环境，是对这个行业的一种提升。"最终在 2014 年的两会上，包括马化腾在内的互联网圈代表在提案中发出有关互联网的更多声音，并最终被政府认可后写入政府工作报告。

二、"互联网＋"的定义

到底何谓"互联网＋"？

于扬认为，未来"互联网＋"应该是我们目前所在行业的产品和服务在与未来多屏全网跨平台用户场景结合之后产生的一种化学反应公式。例如，传统的广告加上互联网成就了百度；传统集市加上互联网成就了淘宝。

马化腾则认为，"互联网＋"是一个趋势，"＋"的是各种传统行业。当互联网加上媒体后，产生了网络媒体，对传统媒体影响很大；加上零售后，产生了电子商务，对实体商业影响很大；加上金融后，产生了互联网金融。传统行业每一个细分领域的力量仍是无比强大的，互联网仍然是一个工具。当前的"互联网＋"时代，各个行业孤立的信息被互联网连接起来，行业间信息交互融合形成新的行业生态。互联网通过打破信息不对称，为用户提供精准、个性化的服务，缔造了一个又一个产业的新机遇、新生命。

综合来看，我们可以采用一种简单但明确的定义。从字面上看，"互联网＋"是一种连接状态，"＋"号的一边是工具，另一边是应用工具的主体。互联网工具，指的是包括互联网和移动互联网，以及由互联网和移动互联网而产生的诸多新技术、新思维在内的创新工具；而应用互联网工具的主体，可以是个人、企业，也可以是行业、城市，乃至国家，但在商业环境下最主要的还是企业和产业。

因此，互联网就是构建互联网化组织、创造性地使用互联网工具，以推动企业和产业更有效率的商务活动。

理解"互联网+"的定义，要明确两个前提，并从两方面解读。

两个前提：

其一，"互联网+"是以最浅显易懂的方式来描述互联网环境下的商业模式。"互联网"是泛指，"+"的主体也有多种形态。

其二，"互联网+"的关键不在于互联网工具，而在于应用互联网的主体。或者说两者间是螺旋式上升的关系，互联网会加快生产领域和社会关系变化的进程，而这种变化又会推动互联网在技术上进一步创新，同时在思维模式上更深一层地改造和升华。

两方面解读：

其一，深刻认识到重要性："互联网+"将爆发巨大的能量，纯互联网企业需要与传统行业深入结合才能获得更进一步发展，如果各行各业的传统企业能真正实现核心能力与互联网的结合，最终也将焕然一新。

其二，需要具备快速行动力：对踟蹰于互联网转型的诸多传统企业而言，应用更积极、开放的心态快速理解互联网在自身所处经济环境中可能产生的影响并以行动去做具体改变，而不是被动等待互联网革命的到来。

三、"互联网+"的内涵

当前非常流行"解构主义"，无论是商业、行业，还是电影、音乐，都会因为解构而焕然一新，同时也能够让人们看透其本质上的一些东西。说白了，就是把一个词或者一个事用更通俗易懂的语言解释一遍，将其内涵也挖掘出来展示在用户面前。这里，给出中国电子商务研究中心的"忠臣粉丝"、互联网资深观察人士王吉伟先生对"互联网+"的解构，以挖掘"互联网+"更深的内涵。

（一）互联网渠道+

在一部分互联网人的眼中，互联网是个工具。就如之前的蒸汽时代、电力时代一样，这些工具解放了更多的劳动力进而从事更多的工作，给生产与生活带来更大的便捷性。互联网作为工具，最大的贡献就是在互联网2.0时代到来以后，成为一个企业商业营销及交易的新渠道。这个渠道跟线下的其他渠道一样但效率更高，在线支付使得购买商品更加容易，在线选货的种类更多，重要的是互联网渠道让商家的市场增加了十几倍，彻底冲破了地域概念，不用区域代理机制也能将货卖到更远的地方。

"互联网+"的商业模式之所以能成功，是因为互联网创造了一个新的营销及供应的渠道，有了这个渠道所有的交易都不成问题。理论上任何行业的任何商品都可以在网上实现交易，电商诞生到现在，基本上所有大家见过的商品都被放到了网络商城上。因此，探讨"互联网+"必须研究"互联网渠道+"这个属性，渠道是互联网交易的重要组成部分，无论是B2B还是B2C。

（二）互联网平台（生态）+

互联网发展到3.0时代，进入"互联网+综合服务"的时代。除了特别大的市场，大型的互联网商家已经看不上那些本源市场不够大的行业，但是一个商家足够多的行业是需要互联网服务的，大型商家们干脆做出一个只服务于卖家与买家的网站，而自身不从事这个行业，这就是我们当前看到的各大平台。

电商平台、物流平台、社交平台、广告平台等各种平台应有尽有，到后来，这些平台开始垂直与细分化，出现了美妆、生鲜、酒类、鞋类等更专业的平台。它们的本质都是电商，融合社交、物流、营销等工具，为买家和卖家双方提供最大化的服务，盈利模式上赚取的是服务费。

这些平台后来越做越大，已经不限于自身起家的行业，而是通过平台吸引更多的技术、服务提供商，并开始跨界发展，如社交平台会做游戏、电商及硬件等，电商平台也会做文学、电影及体育等。这些平台几乎会做当前能见到的各种热门行业的业务，一些看似不相干的业务也因为战略发展需要而被纳入旗下。实现方式则通过与其他商家合作及收购、并购，他们自身能做的自己做，不能做的或者不愿意做的交给别人做。从而由共同的价值链组成与自然生态类似的互联网生态。

传统企业融合"互联网+"，一方面可以自己做平台或生态，另一方面在早期也可以加入某个平台或生态，做那些平台不愿做或者不想做的，从而通过平台及生态战略来实现企业的初步转型。平台一方会为企业提供足够多的帮助与支持，将来很有可能是传统企业转型的必经之路。大部分企业会选择两条腿走路，一条是平台及生态的入驻，另一条则是企业自身的探索，这样可以回避转型不成功的风险。

（三）万物互联+

"万物互联+"也可以称作"物联网+"。虽然现在各处都是智能硬件，各处都讲物联网，但要实现真正的"万物互联+"，还有很长的路要走。这是未来的"互联网+"形态。"互联网+"被提出来，也正是因为将来会是万物互联的时代，从商业到物、到人，再到事，所有都是被连起来的。这将会有更多的商业模式出现，也会是"互联网+"的最终目标。因为在那个时代，商业及企业已经不分线上与线下，整个社会都是一个"大一统"的状态，也就不会再有所谓的企业转型之谈。"互联网 +"也就完成了其使命。

（四）如何理解

除了对"互联网 +"的互联网部分做一个解构外，这里简单地说说其中的"+"。这个"+"可以看作是连接与融合，互联网与传统企业之间的所有部分都包含在这个"+"之中。这里面会有政府对"互联网 +"的推动、扶植与监督，会有企业转型服务商家的服务，会有互联网企业对传统企业的不断造访，会有传统企业与互联网企业不间断的探讨，还有连接线上与线下的各种设备、技术与模式。如果去翻阅资料，还会有更多内容在里面。总之，这个"+"既是政策连接，也是技术连接，还是人才连接，更是服务连接，最终实现互联网企业与传统企业的对接与匹配，从而帮助两者完成相互融合的历史使命。

第二节 "互联网 +"的基本特征

通俗地说，"互联网 +"就是"互联网 + 各个传统行业"，但这并不是简单的两者相加，而是利用信息通信技术以及互联网平台，让互联网与传统行业进行深度融合，创造新的发展生态。它代表一种新的社会形态，即充分发挥互联网在社会资源配置中的优化和集成作用，将互联网的创新成果深度融合于经济、社会各领域之中，提升全社会的创新力和生产力，形成更广泛的以互联网为基础设施和实现工具的经济发展新形态。

近几年来，"互联网 +"已经改造影响了多个行业，当前大众耳熟能详的电子商务、互联网金融（ITFIN）、在线旅游、在线影视、在线房产等行业都是"互联网 +"的杰作。

全面透彻理解"互联网 +"的精髓，除了要把握它本身是什么，还有必要站在这个时代的角度去考察、去解析，研究"互联网 +"和当今这个时代之间怎样关联和匹配。因此"互联网 +"的六大特征值得关注。

一、跨界融合

"+"本身就是一种跨界，就是变革，就是开放，就是一种融合。敢于跨界了，创新的基础才会更坚实；融合协同了，群体智能才会实现，从研发到产业化的路径才会更垂直。融合本身也指代身份的融合，客户消费转化为投资，伙伴参与创新等，不一而足。

　　融合可以提高开放度、增强适应性，就不会排斥、排异；互联网如果能够融合到每个行业里，无论对于传统行业还是互联网，应该都是一件好事。

　　植物嫁接往往会带来惊人的变化。据研究，影响植物嫁接成活的主要因素是接穗和砧木的亲和力，其次是嫁接的技术和嫁接后的管理。"亲和力"就是接穗和砧木在内部组织结构、生理和遗传上彼此相同或相近，能互相结合在一起的能力。亲和力高，嫁接成活率就高；反之，则成活率低。这种机理和"互联网++"何其相似。"+"要求双方而不是单方的亲和力，可以看作各自的融合性、连接性、契合性、开放性、生态性。

　　互联网给其他产业带来冲击是必然的，而且是不可逆的。试问，互联网对于我们每一个人的影响不可谓不大吧？过去互联网相伴的20多年，我们是如何逐步接纳、拥抱、融入互联网的？一个行业、一家企业，最具能动性、创造性的是人。只要我们不把互联网当洪水猛兽，避之唯恐不及，又何惧会被颠覆？互联网就像曾经的蒸汽和电，它服务于工业，但不会取代工业。

　　融合是一种气度，一种力量，一种勇气，一种追求。融合让适者生存，融合让企业掌控能量。产业的冲击会很普遍，产业的颠覆会少有发生，产业的融合将成为流行趋势。

二、创新驱动

　　现在是信息经济、数据经济的时代，甚至有人称之为创客经济和连接经济。这个时代经济发展的关键驱动要素分为三大类：资源、客户、创新。在我国改革开放的前30多年，经济发展以资源驱动为主，客户驱动为辅，而创新驱动不足。当前，约束中国经济发展的主要原因是，生产力还未被有效解放，再结构化动能未充分释放，创新创造尚未被激活。

　　中国粗放的资源驱动型经济增长方式早就难以为继，必须转变到创新驱动发展这条正确的道路上来。同时，要敢于打破垄断格局与条框自我设限，破除束缚生产力发展的因素，建立可跨界、可协作、可融合的环境与条件。这正是互联网的特质，用所谓的互联网思维来求变、自我革命，也更能发挥创新的力量。

　　科技创新在国家发展全局中居于什么位置？2015年3月13日，国务院颁布的《关于深化体制机制改革加快实施创新驱动发展战略的若干意见》作了详细说明：把科技创新摆在国家发展全局的核心位置，统筹科技体制改革和经济社会领域改革，统筹推进科技、管理、品牌、组织、商业模式创新，统筹推进军民融合创新，统筹推进引进来与走出去合作创新，实现科技创新、制度创新、开放创新的有机统一和协同发展。

政府的一些信号已经足够明确，国家现在处于向创新驱动发展转型的关键时期。中国未来是创意创新创业创造驱动型发展，发展是靠打破机制的藩篱，是靠更多的个人发挥创造精神，是靠协同创新、跨界创新、融合创新，这就是最不应被忽视的"新常态"。

把增长动力真正从要素驱动转换为创新驱动，才不会在过分依赖投入、规模扩张的老路上原地踏步。充分激发各类主体参与创新活动的积极性，建立以企业为主体、产学研用协同创新机制，让科技创新在市场的沃土中不断结出累累硕果，中国经济发展才能更有动力，行稳致远。

经济发展方式转型的风险已经有所释放，如出口不振、个别行业凋敝、经济增速下行等。不仅如此，更具挑战性的在于，驱动要素本身的动能如何发现、激发、激活、放大甚至产生聚变？其能动性与创造性之间有怎样的关联？如何评估创意、创新本身的价值？怎样压缩从研发到产品化、产业化的过程，而且做出一些更生态化的安排？因此，"互联网+"被选中绝非偶然。

三、重塑结构

重塑结构从互联网时代就已经开始了。信息革命、全球化、互联网业已打破原有的社会结构、经济结构、关系结构、地缘结构、文化结构。结构被重塑的同时带来很多要素如权力、关系、连接、规则和对话方式的转变。下一章会全面梳理带来深刻影响的这些因素。

互联网变迁了关系结构，摧毁了固有身份，如用户、伙伴、股东、服务者等身份在一定条件下可以自由切换。互联网改写了地理边界，也摧毁了原有的游戏规则以及管控模式（信息传播规律完全被改写）。

互联网重新塑造了社会，在弱关系社会里重新建立契约和信任关系，这是互联网非常重要的一个方面。连接的关系里产生了新的能力、新的人际关系。"互联网+"最终描述的还是一个智能社会，大家更加高效、节能、舒适地在这个社会里生存，"互联网+"给人类社会提供了一个非常大的福利。

互联网打破了固有的边界，减弱了信息不对称性。信息的民主化、参与的民主化、创造的民主化盛行，个性化思维越来越流行。互联网让社会结构随时面对不确定性，社群、分享大行其道。接触点设计、卷进方式设计成为企业管理者的必修课，而注意力、引爆点成为商业运营和品牌传播中重点关注的要素。

互联网让组织、雇用、合作都被重新定义，互联网ID（身份标识号码）成为个体争相追逐的目标。现实世界与虚拟世界有时候变得分裂又无缝融合，自我雇用、动态自组织、自媒体大行其道，连接的协议有时候完全由个人定义。

互联网降低了整个社会的交易成本，提升了全社会的运营效率，如购票这种原来要跑到售票点才能解决的问题，现在不到一分钟就随时随地随需可以在移动端完成。移动互联网催生了持续在线，移动终端成为人的智能器官，随时被连接。用户的需求越来越多地发生在移动互联网上，如通信的需求、信息的需求、传播的需求、娱乐的需求、购物的需求等。

互联网可以把选择权交给用户。原来用户面对的是一个黑箱，信息完全不对称。现在，信息足够丰富，把主动性还给了人，让他们获得完全不一样的体验。个性化定制借助互联网大大流行，像海尔建立的互联工厂，就可以按照客户的个性化需求定制空调。互联网还集成了大众智慧，用户可以参与设计、参与创新、参与传播、参与内容创造，用户对于物流、菜品的评价实际上是在参与管理。互联网基于个体发端了"众"经济，众包、众筹、众创、众挖，既是社会的新结构、商业的新格局，又是生活的新方式、经济的新范式。WIKI（一种超文本系统）、开源，这些没有互联网是几乎不可能发生的事。众，既是大众，又是小众、个体；既是自己、伙伴，又是外部世界；既是标准，又是个性；既是集中，又是民主。

四、尊重人性

人性的光辉是推动科技进步、经济增长、社会进步、文化繁荣的最根本的力量，互联网的力量之强大来源于对人性的最大限度的尊重、对人的体验的敬畏、对人的创造性发挥的重视。

人性即体验，人性即敬畏，人性即驱动，人性即方向，人性即市场，人性即需求，人性即合作。人性是连接的最小单元、最佳协议、最后逻辑；人性化是连接的归宿，是融合的起点，是存在的理由。小到一次互动，大到一个平台，都要基于人性思考、开发、设计、运营、创新和改进。

人性是检验的标尺，人性是关系的核心。重视人性、尊崇人性的机构，可以为服务增值。

五、开放生态

依靠创新、创意、创新驱动，同时要跨界融合、做协同，就一定要优化生态。对企业、行业应优化内部生态，并和外部生态做好对接，形成生态的融合性。更重要的是我们创新的生态，如技术和金融结合的生态，产业和研发进行连接的生态等。

好的生态激活创造性，放大创造力，孕育创意，促进转化，带来社会价值创新；坏的环境、阻碍的规制、欠缺的生态则会扼杀创新于襁褓。

（一）"开放度"决定行业、企业命运

未来的商业是无边界的世界。在这个重要前提下，衡量企业跨界能力的一个关键因素，就是开放性、生态性够不够。假如颠覆性创新在一个自我封闭的系统里进行，那么创新则很难实现。不能以开放的心态去对自己所做的跨界战略进行深刻的洞察，自然无法思考和设计新的商业模式。

只有开放才能融合，实际上这也是跨界思维的核心之一。因为在一个开放的生态系统里，跨界才能找到一些和外界其他要素之间的共通点。当然在这个基础上，还可以去寻找跨界合作的规则。未来的跨界，一定要把企业的内部生态圈延伸出去，和外部的生态系统进行协同、交互、融合，跨界的力量才能有效地推动创新。

（二）创意、创新、创业，生态为上

当创意、创新被条件所困、被环境制约，创新的努力只会变成一个个悲伤的故事。创意、创新是生态的一个要素，生态既要有种子，还需要土壤、空气、水分。国家积极鼓励大众创业、万众创新的目的就是孵化培育一大批创新型小微企业，并从中成长出能够引领未来经济发展的骨干企业，形成新的产业业态和经济增长点。而达到目的的最重要条件就是创意、创新、创业的生态。构建生态既需要精心设计，又需要发挥要素的连接性和能动性；生态内外必须形成有机信息交换，而不是自我封闭的构筑；要素间交互、分享、融合、协作随时自由发生，同时还要保持独立、个性与尊重。

关于"互联网＋"生态是非常重要的特征，而生态本身就是开放的。我们推进"互联网＋"其中一个重要的方向，就是要把过去制约创新的环节化解掉，把孤岛式创新连接起来，让研发由人性决定的市场来驱动，让创业并努力者有机会实现价值。

清除阻碍创新的因素是一个方面，另一个重要的方面就是以人为本、以市场为基础，让创新与产业化、技术与资本化、知识产权与价值化等方面符合创新中国的要求，符合发展的要求，符合社会价值创新的要求。

"互联网＋"行动计划的核心是生态计划，要重塑教育生态、创新生态、协作生态、创业生态、虚拟空间生态、资源配置和价值实现机制、价值分配规则。

六、连接一切

"互联网+"在于建设一个连接一切的生态，体现了互联网未来将如何对这个社会、世界施加影响。理解"互联网+"一定要把握它和"连接"之间的关系。跨界需要连接，融合需要连接，创新需要连接。连接是一种对话方式、一种存在形态，没有连接就没有"互联网+"，连接的方式、效果、质量、机制决定了连接的广度、深度与持续性。

连接是有层次的，可连接性是有差异的，连接的价值相差也是很大的，但连接一切"互联网+"的目标。从连接的层次看，可以概括为三个层次，即"tion" Connection（连接），Interaction（交互），Relationship（关系）。三层次的连接方式、连接内容与连接质量都不相同。第一层"连接"很多机构和服务都可以做到，如 App 超市、某一个游戏、某一档节目等，短时期可以聚来很大的流量。第二层"交互"很关键，它承上启下，没有交互，就很难分流、导流，建立信任和依赖。研究者汪小帆认为，如果用一个词来概括社会物理学，那就是"交互"。最后一层是"关系"，是连接的目的、创新的驱动、商业的核心，积淀下信任性关系是连接的归宿，是商业的阶段性目标，是社会价值创新的基础。

连接一切有一些基本要素，包括技术（如互联网技术、云计算、物联网、大数据技术等）、场景、参与者（人、物、机构、平台、行业、系统）、协议与交互、信任等。这里，信任作为一个要素很多人未必理解或认同，但它的确是最重要的因素之一。因为互联网让信息不对称降低，连接节点的可替代性提高，只有信任是选择节点或连接器的最好判别因素，信任让"+"成立，让连接的其他要素与信息不会阻塞、迟滞，让某些节点不会被屏蔽。

欲在"互联网+"中如鱼得水，积淀信任性关系变得非常重要。那些忘记责任、生态、开放和分享的人、机构、平台，必然难塑信任。有信任，别人才愿意通过你来进行连接，或者愿意连接你，所以，失去信任几乎就相当于"失连"，未来企业的生死、成长快与慢、发展是否持续，很大程度上取决于"信任"的含金量。人也是情同此理。因此，"互联网+"会形成一种倒逼，让诚信、信任重建，这是人性推动社会进步的最好证据。

在"互联网+"背景下，过去谈的人口、门户就是指的节点，所谓船票就是指的连接器！单一的入口即便流量惊人，如果不能变成存量，不能进行导流、分流、个性化匹配，其本身价值也难以持久。腾讯提出微信要做互联网的连接器，其真正的野心其实是——微信是人、物、机构在"互联网+"社会中的唯一 ID！而他们野心最大的支撑就来自经年积淀的信任性关系。

第三节 "互联网＋"发展趋势

一、"互联网"＋教育发展趋势

2016年6月23日，中国互联网大会首届互联网教育专场论坛在北京国际会议中心成功召开，互联网教育论坛虽作为中国互联网大会新晋成员首次亮相，但其人气却毫不逊色大会中任何一场主题论坛，并深受教育界、互联网界企事业单位的高度关注，中国互联网协会理事长邬贺铨院士到场致辞，新东方教育科技集团创始人俞敏洪也亲临现场，并携手教育领域数十名专家一同探讨"教育的未来"。

根据现场各位专家的演讲观点，我们可以洞见到中国互联网教育未来的8大发展趋势。

趋势一："互联网"＋教育发展趋势促进社会公平

中国互联网协会理事长邬贺铨院士指出，产业技术创新是以企业为主体，未来教育的主渠道肯定还是以学校为核心。但是，社会化的教育也越来越重要，怎么把更多的教育资源团结起来，更好地交流，怎么做到用最适合的方式来传播先进的文化、传播社会主义的思想。过去我们说培养新一代的劳动者，现在是说培养国家建设所需要的各方面人才。同时，通过互联网发展，让过去很难接受教育的各方面人群享受教育。只有教育强，国家才能强。

趋势二：科技教育引领教育的第四个时代

新东方教育科技集团董事长俞敏洪指出，在人类文明发展的历史中，人们经历了口口相传，传递信息与故事，经历了文字发明时期的记载与传承，随后人们经历了技术革新的时代，从造纸，到电视、收音机、电脑、手机等多屏、多展示形式的时期后，如今，人们已经进入到第四个时代。毫无疑问，互联网、移动互联网将会成为教育领域最大的一场革命，它既可以传输文字，也可以传输音频与视频，同时它还能实现人们之间的互动与分享，科技＋教育是当前教育产业的关键词。

趋势三：互联网加快优质教育资源的传播

好未来联合创始人白云峰认为，优质教育资源的稀缺必须通过互联网科技让它传播得更加广泛，通过数据和算法的进步，让优质的内容到达山区和需要的人跟前。人类就是因为有了梦想，就是因为在克服很多问题的过程中有了设想的能力、空想的能力，在人类遇到每一次灾难和危机的时候才能跨越过去，并且成为更强大的人类。

趋势四：互联网教育时代效率优势将被凸显

新东方教育科技集团副总裁徐健从新东方在"互联网＋"领域的尝试经验中指出，一切互联网和科技带来的优势最终都是效率优势。对于大型机构来说，企业运营效率尤其重要；对于学生和家长来说，学生的学习效率很重要；对于互联网创业公司来说，是找到新的模式帮助效率的提升，只有效率的提升，互联网教育的价值才有可能会被无限地放大。

趋势五：在线教育的场景化体验

新东方在线总裁孙畅从新东方与互联网结合的未来视角出发指出，未来的在线教育场景，除了传统的 PC、手机、平板电脑以外，随着智能电视的发展，还会加入家庭客厅的场景，这给婴童和老年教育提供了很好的平台，也是切入家庭在线教育的可能。

趋势六："互联网"＋教育导购模式有望实现新的突破

决胜网创始人戴政从市场营销角度指出，决胜云商 SaaS 做的就是三件事：品牌建设、留存管理、拉新工具。平台是个苦活，只有深入了解互联网的人才能真正做好平台！同时，在谈及"互联网"＋教育的平台时，戴政直言道，正如"去哪儿网"的模式，他坚信平台模式在未来的"互联网"＋教育领域不可或缺。在对未来互联网教育领域创新的展望中，戴政指出，美国、韩国有很多先进的模式值得参考，未来国内"互联网"＋教育导购模式有望实现新的突破。

趋势七：移动互联网下的教育持续创新将会迎新机遇

网易有道副总裁、有道词典总经理包塔从移动互联网的时代背景出发指出，技术创新是在线教育的基础，对于有道来说，工具类产品积累的庞大用户量为有道在线教育的发展奠定了良好的基础。以技术创新为驱动力，坚持深度垂直发展方向，打造精品课程和产品，种种举措让我们看到了有道在线教育发展的潜力。对于同业来说，有道模式或许可以成为行业实现创新与变现双重目标的生动范本。

趋势八：教育大数据更有望实现内容个性化分发

今日头条运营高级总监陈诗莹从大数据出发，分析了目前中国教育的需求状况，她认为，有数据分析能力的教育机构和教育媒体应该更加紧密地合作，这样通过媒体所提供的数据，让大家能够得出更专业的解读，希望将来也能够像今日头条的个性化分发一样，每个人都能获得需要的教育信息或知识。

另外，在首届互联网教育论坛上，共同发起了中国互联网协会互联网教育工作委员会，并邀请教育界和互联网界的企事业单位加入，这预示着互联网与传统教育产业将进入深度融合时代，"互联网+"教育进入中国互联网发展的顶层设计层面，必将开启一个互联网教育的全新时代。

二、"互联网"+教育的本质及特点

腾讯CEO马化腾提出"互联网+各个传统行业"代表一种能力，或者是一种外在资源和环境对这个行业的一种提升。"互联网+"的"+"不应仅是技术上的"+"，更应是思维方式和商业模式上的"+"。"互联网+"不是简单的两者相加，而是利用互联网思维，信息、通信技术和互联网平台使用，互联网和传统产业深度融合，创造新业态发展。

"互联网"+教育是互联网在教育领域的教育新生态模式，充分运用互联网的优势融入丰富多彩的教学资源，构建"随时、随地、随需"的有机灵活的互联网教育平台，实现教育的最优化和终身化。把"互联网"+教育定义为一种新型教育形态，反映了"互联网"+教育的本质。"互联网"+教育并非仅是互联网、移动互联网技术在教育上的应用，也不仅是教育用互联网技术建立各种教育、学习平台，而是互联网、移动互联网与教育深度融合。它们是推动教育进步、效率提升和组织变革、增强教育创新力和生产力的具有战略性和全局性的教育变革。

"互联网"+教育面向知识经济时代教育的新需求，即社会飞速变化、劳动力人口能力不足、个体学习需要多样化，呼唤更加灵活、个性化、优质的教育服务。

三、"互联网+"对传统教育的冲击

"互联网+"让教育资源从封闭走向开放。"互联网"+教育打破了传统教育中学校对知识的垄断，让教育从封闭走向开放，人人能够创造知识，人人能够共享知识，人人也都能够获取和使用知识。风靡全球的慕课，就是"互联网"+教育的产物。MOOC中的第一个O（open）就是指"开放"，进入慕课的基础是学习兴趣而不是身份，只要你想学就可以进来，只要注册一个邮箱就可以参加，而且大部分课程都是免费提供的。仅仅几年时间，慕课就吸引了全世界数百万人，这种快速发展主要是由于它的开放和自由性。在开放的大背景下，全球性的知识库正在加速形成，优质教育资源正得到极大限度的充实和丰富，这些资源通过互联网连接在一起，使得人们随时、随事、随地都可以获取他们想要的学习资源。

"互联网+"以其开放、分享和低成本运营的特点让传统教育望尘莫及。"互联网＋"时代，在线课程体系建设的固定成本确定后，其使用、传播的边际成本将无限降低并趋近于零。随着课程参与人数的增加，长期平均成本将随着选课人数的增加，规模经济效应出现。其费用远远低于传统的课堂教育收费。

在"互联网＋"的冲击下，教师和学生的界限也不再泾渭分明。真正实现了时空上的自由。此时，教师必须调整自身定位，让自己和学生成为学习的伙伴和引导者。"互联网＋"加速教育的自我进化能力。传统教育滞后于社会发展，教学内容陈旧、教学方式落后、教学效率低下，培养出来的人才不能满足社会发展的需求。这种自我进化能力低下的原因在于教育系统自身的封闭性。"互联网"＋教育在这个问题上就有了很大的改善。"互联网＋"敲开了教育原本封闭的大门，也就加速了教育的自我进化。

四、"互联网"＋教育的变革趋势

随着信息科技日新月异的进步，互联网将变得更加"无所不连"，"互联网"＋教育将不再局限于"在线教育"，而是会给教育的全过程、各环节带来更多更深刻的改变，直至重塑一个开放创新的教育生态环境。"互联网＋"时代的教育，各种新鲜的教学方式正逐渐走进课堂，在许多高校的课堂上出现了"弹幕教学""慕课""微课程"等新的教学模式，学生可以一边听教师讲课，一边通过手机上网发送疑问，并提出自己的看法，这些疑问和看法将会出现在教师正在使用的课件屏幕上，授课教师可以直接根据学生的反馈，来随时调整授课的内容和方式。

一轮教育变革正伴随着"互联网＋"向我们袭来。随着"互联网＋"教育时代的到来，教育领域将发生巨大变化。无论是教育的参与者角色、教育的理念、教育的模式还是驱动力都在出现颠覆与重构。教育也只有顺应这一时代的需求，持续不断地进行革命性的创造变化，才能走向新的境界。

第二章　高校人才培养模式建构理论概述

第一节　人才培养模式的定义

《国家中长期人才发展规划纲要》（2010—2020年）把未来人才归为三类：一是创新型科技人才，二是经济社会发展重点领域紧缺的专门人才，三是党政人才、企业经营管理人才、专业技术人才、高技能人才、农村实用人才等。从学术研究角度，一般学者都把人才分为两类：应用型人才和研究型人才。研究型人才是指以探索未知、认识自然和社会、发现科学为己任的基础研究和应用研究的专门人才，即能够研究和发现自然界的一般规律的人才。应用型人才则是指能够把自己发现的一般自然规律转化为应用成果的"桥梁"型人才。作为人才培养，研究型人才和应用型人才在技能和能力发展的要求上有不同的侧重点。研究型人才主要侧重于烦琐的洞察能力和判断能力、丰富的想象力、较强的应变能力和开拓创新能力的培养。应用型人才则主要侧重于行动的技能和能力、信息技能与能力、组织协调能力、沟通能力和实践操作能力的培养。

一、人才培养模式

人才培养是高等学校的根本任务，不断提高人才培养质量，服务地方经济社会发展是地方高校的生命线和持之以恒的目标追求。党的十六大报告明确指出："要全面贯彻党的教育方针，造就数以亿计的高素质劳动者、数以万计的专门人才和一大批拔尖创新人才。"

人才培养模式是在一定的思想或理论指导下，围绕人才培养目标所实施的教育活动而形成的人才培养的标准形式，或使人可以照着做的人才培养标准样式。人才培养模式就是造就人才的组织结构样式和特殊运行方式。人才培养模式包括人才培养目标、教学制度、课程结构和课程内容、教学方法和教学组织形式、校园文化诸要素。为鼓励和支持高等院校进行人才培养模式的大胆改革，教育部将人才培养模式创新实验区建设作为国家高等教育质量工程建设的重要内容，以倡导启发式教学和探究式学习为核心，推进教学理念、机制和体系的创新，努力形成有利于多样化创新人才成长的培养体系和培养基地。

二、地方高校在国家人才培养结构体系中的定位

近几年来，我国高等教育规模得到长足发展，已经初步形成了多层次、多类型、多形式的高等教育结构体系。地方高校在我的高等教育中所占比例高达70%左右，其人才培养的清晰定位将更加有利于社会经济的发展。系统论认为，任何复杂事物都是一个系统，它是由若干要素组成的相互联系、相互作用、引起不断发展变化的整体。从整个社会系统来看，地方高校的系统层次结构、隶属关系为：人类社会系统——文化系统——教育系统——高等教育系统——普通高等教育系统。普通高等院校要培养什么样的人才，明确其自身在整个系统中的位置，即定位，是基础和前提。

将国家人才结构体系比作一个金字塔，那么位于塔尖的创新人才决定着21世纪国家的核心竞争力；各级专门人才位于塔身，是国家发展的中坚力量；塔的底座则是大量高素质劳动者，而每一类人才，其培养模式是各不相同的。正如美国高等教育思想家克拉克·科尔所说："一个民主社会应具备至少三种类型的高等教育，即培养研究生和开展科学研究的模式；对本科生进行专业训练和普通教育素质培养的模式；培养实用型人才的模式。"因此，高等学校应根据各自承担的人才培养职能，即开展研究型教育、应用型教育和实用技术型教育予以分类。我国人才培养结构体系也相应分为三类：一类是国家重点高校，主要开展研究型教育；一类是地方本科院校，主要开展应用型教育，培养各行各业应用型高级专门人才；第三类是高职高专院校，以开展职业教育为主。这与联合国教科文组织对高等教育的分类相一致（图2-1）。地方本科院校的首要职能是创新多样化的人才培养模式，以适应社会发展对应用型高级专门人才的需求。

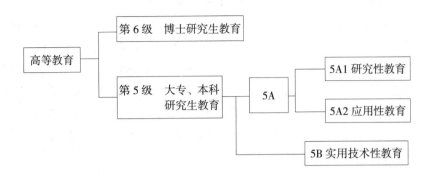

图 2-1　联合国教科文组织《国际教育分类法（1997 修订）》关于高等教育的分类

（一）从高等教育在整个社会系统中的定位看

高校人才培养目标总是与其在高等教育系统内所处的层次和地位密切相连的。就我国现阶段高等教育体系而言，高等学校大致可以分为三个层次，即设有研究生院、本科教育与研究生教育并重、教学与科研并重的重点院校，以教学为主、以本科教育为主的一般院校，以培养应用型、技艺型人才的专科院校。在这里，地方高校或者地方院校主要是指地方本科院校，属于第二层次的高校，即通常所说的教学型高等院校，其人才培养目标既不同于重点大学，也与专科学校、职业技术学院有所区别。因此，地方高校人才培养呈现为一种较为复杂的状况，但对它的分析离不开高等教育在整个社会系统中的定位。

（二）从地方高校在整个社会系统中的定位看

高等教育的多样性既需要高等学校之间的自由竞争，又需要避免这种竞争的无序化。这就需要强调高等学校的分层次发展和同层次竞争，高等学校之间人才培养层次理应有差别，即有不同的定位。在我国的高等教育系统中，存在着重点高等院校（即进入"211"工程的高等院校）和普通高等院校。据统计，"211"工程学校占全国高等院校比例虽然不到 10 %，但科研经费、仪器设备值占全国高校的 62 %、54 %，有博士学位的教师占全国高校中有博士学位教师的 87 %，覆盖了全国 96 % 的国家重点实验室和 85 % 的国家重点学科。由此可见，重点大学研究实力雄厚，在师资队伍条件、科研环境、教学资金等方面存在较大优势，应主要从事培养基础理论科学和应用科学的研究型人才。地方高等院校由于受研究基础、教学资金、师资条件等多方面因素限制，其人才培养目标应定位于培养应用型人才，主要为地方经济、区域经济的发展服务。这符合系统论的原理，系统是有层次、功能的。从社会经济结构来说，应用型人才是社会需求量最大的。

（三）从学校内部各要素在学校发展中的定位看

当一所高等院校有了明晰的发展定位，学校内部各要素在学校发展中的定位也就很清楚，一切都是围绕定位目标进行的，会充分考虑自己办学规模、师资条件、服务面向、学科布局、专业建设、课程体系、管理模式等具体要素，来服务于人才特色的培养。多样化教育的核心内涵则是构建多样化的人才培养质量观。在经济、社会高速发展的今天，社会对人才的需求是多样的，学校学科专业门类、人才培养目标、培养方式是多样的，学生的个性、志向、潜力也是多样的，这些都决定了质量标准的多样化。

三、地方高校人才培养目标依据

现实的社会人才需求具有梯次性，教育对象自身在知识素养方面具有差异，高等教育在对学生知识教育和能力培养的标准方面具有层次性。地方本科院校由于其特定的地位，决定了它必须而且应该主要承担起对实用型人才的培养任务。地方本科院校在确立实用型人才基本培养目标的同时，要注意应用型、技能型人才或高素质的劳动者的培养。

（一）劳动力市场分割理论、工作匹配模型理论与就业目标市场的选定

劳动力市场分割理论认为，整个劳动力市场可以分为性质不同的两部分：主劳动力市场（the primary segment）和次劳动力市场（the secondary segment），二者的人员构成和运行规则有着明显的不同。一些经济学家认为，即使在主劳动力市场内部，劳动力市场的特征也是不同质的。他们把主劳动力市场又分为两个相互分割的部分：独立主劳动力市场和从属主劳动力市场。独立主劳动力市场的工作主要是专业性、管理性和技术性的，个人有很大的自主权；从属主劳动力市场通常是完成某个专门领域的某项专门任务，管理方式常常是制度化和程序化的。

地方高校人才培养的目标市场大都选择独立主劳动力市场和从属主劳动力市场。工作匹配理论强调个人能力和工作特征的交互作用是个人在某个工作岗位上的生产率的决定因素。因此，在一个岗位上的生产率是个人能力和工作岗位特性联合作用的结果。在个人能力既定的情况下，一些人更适合做某些工作，而不适合做其他的工作。工作匹配模型要求教育系统按照发挥某一类型教育在某些职业域中的比较优势的方式来运行。这就要求教育系统更加关注劳动力市场的需求，主动寻找自身在劳动力市场中的位置，针对该类职业域的特征调整专业设置、培养目标、能力要求等。

（二）学校能级理论、社会分层理论对地方高校的办学定位具有基础性作用

学校分层的理由主要有三个：学校差别的客观存在，学校差别是导致学校分化的前提和基础，而学校分化的发展会促使学校差别的进一步扩大；政府希望学校在专业教育阶段有特色，政府并不希望学校相互模仿与雷同，而希望淡化学校好坏之分，使其各具特色；由劳动力市场人才需求的多样性决定。

从不同视角将高等教育的结构分为若干子系统，它们在一定条件下分别决定着高等教育某方面的功能，又相互关联，构成高等教育的整体结构。高等学校层次结构即是其中之一，在国际上被称为高等学校的能级结构。它是指具有不同办学条件和目标、处于不同办学层次的高等学校的构成状态，主要侧重于按高等学校的办学和学术层次及其任务和目标的不同进行学校类别结构的分析。

目前，国际上大致有如下三种能级：一是具有较高学术水平和较强的科研能力、教学与科研并重、普通教育和研究生教育并重的研究型大学；二是以教学为主、本科为主的一般高等学校；三是专科学校、社区学院、职业技术学院、短期职业大学等。三类学校的服务面向、管理体制、培养目标、专业设置、课程设置等都存在较大的区别。各层次的高等学校承担着不同规格的人才培养任务，它们培养的毕业生要为社会的各种岗位层次服务。社会对人才的需求是立体的、多层次的。因此，按照学校能级理论，地方高校应以培养应用型人才为主。

社会分层理论是西方社会学中的重要组成部分，把它用于大学的人才培养目标制定是非常恰当的。在西方社会学中最早提出社会分层理论的是德国社会学家马克斯·韦伯。韦伯社会分层理论的核心是所谓划分社会层次结构所必须依据的三重标准，即财富——经济标准，声望——社会标准，权力——政治标准。地方高校无论在财力、社会声望还是在学术界的话语权都很难与重点大学相比，这就决定了其人才培养目标不能与重点大学雷同或趋同。

（三）我国劳动力市场需求状况决定了地方院校的培养目标

地方本科院校作为国家办在地方的高等院校，理应主动适应和满足当地经济和社会发展需求，为各行业工作和生产第一线培养和输送这种应用型、技能型人才。现阶段我国人才市场的高学历趋势，使得本科毕业生就业于一般劳动者的工作岗位，将逐步成为一种普遍现象。这也从一个方面决定了应用型、技能型人才必然成为地方院校培养目标。

把较高层次的研究型人才的培养作为一个激励性目标，既是对地方高校在校学生而言的，也是符合这类学校自身发展需要的。首先，在高等教育范畴内，将不同高校人才培养目标确定为研究型人才和实用性人才，这本来就是一个相对的划分。学生在大学本科毕业后，是朝着研究型人才的方向还是朝着实用型人才的方向发展，不同学校只有相对的量的区别。事实上，地方院校的本科毕业生也会有一部分考上重点院校的研究生。其次，研究型人才和实用型人才也是相对的。教师、医生、工程师和管理人员是实用型人才，但优秀的、杰出的教师、医生、工程师和管理人员同时就是本行业的研究人才和专家。

从生源质量看，地方高校本科生中历来就有一批知识素养和智力、心理素质十分优秀的学生，他们有着极强的进取心和拼搏精神，通过引导和激励这样一批优秀的青年学生向着更高层次的人才培养目标奋进，无论是对于他们本身还是整个学校的学风建设，都是具有积极意义的事情。据笔者调查，湖北师范学院连续5 年来每年本科毕业生报考研究生的比例达到30 ％，录取率为5 ％。尽管报考研究生和被录取为研究生的人数都只占在校学生的一小部分，但正是这部分学生的积极进取精神，给一般本科院校的教学和学术研究带来了一股活力与新风。而且，地方高校本身就由于某些学科优势而设有硕士培养点，硕士培养点的设立意义也就在于引导本校学生培养目标的提升。

另一方面，大众化高等教育背景下进入地方高校的教育对象构成本身也发生了许多变化。一些高考文化成绩较差的学生相继进入地方本科院校，由于知识、智力等基础条件的局限，这部分学生进入地方高校后一般很难适应传统的本科学历教育的要求，如果严格按照传统、划一的学科教学和学术标准要求他们，既不适应经济社会发展对人才多样化的需要，也不符合学生成长和发展的实际。对于这部分学生，应该依据应用型、技能型人才培养的要求进行教育和培养。根据人才培养目标的不同层次实施不同的教育，这也是地方本科院校在大众化高等教育背景下切实保证教育教学质量的根本出路。但如何对这样一个层次的学生实施有效的教育，也是地方高校面临的一个新的问题。

由于一般本科院校的办学层次位于重点大学与高职高专院校之间，但人才培养定位具有复杂性的特点，故地方高校的人才培养目标应定位在以应用型人才培养为主，兼顾学术型与应用型人才培养。基于这种定位，地方高校在人才培养上要采取分层培养、分层教学的措施，这样才能取得比较好的效果。当下一些地方高校把人才培养目标定位在纯粹培养应用型高级专门人才上，显得比较单调，不太符合学校实情。

我国人口众多，人力资源相当丰富，潜在的优势并未成为现实优势，我国许多地区相当多的专业技术人员处于闲置、半闲置或"在职待业"的状态。有些高校毕业生因专业不对口分不出去，造成人才资源浪费。我国的人才总量不足，人才占人力资源的比例远远低于发达国家，人才的专业、年龄结构和产业、区域分布的不合理性，使不少地区高级技术人员严重缺乏，尤其是创新研发人才、营销人才和网络软件人才稀缺。要顺利实施人才强国战略，充分发挥人才在推进我国经济发展新跨越、全面建设小康社会中的重要作用，就必须健全和完善与各类人才的特点和促进的全面发展相适应的人才培养机制。地方高校作为我国大众化高等教育的主体，其人才培养理念和实践将对我国整个高等教育体系和谐发展产生重要的影响，但地方高等学校在发展过程中，存在办学层次"攀升"与人才类型"趋同"的趋势，从而引发了高等教育的"悖论"和社会各方面对高等教育的关注。因此，地方高校必须理性对待发展中出现的问题，树立科学的人才培养理念并在实践中寻求可持续发展的特色之路，以提供"更多的"和"更不同的"受教育机会，来满足社会对高等教育的"过渡需求"和"差异需求"，提升其在高等教育市场中的竞争力，进而步入可持续的特色发展之路。地方本科院校为满足社会多层次、多元化的社会需求，而使自身教育、培养目标出现多元化、多层次的特征。与这种教育、培养目标多层次、多元化特征相适应，原有的单一的教育模式必将被打破，新的多形式、多样化的教育方式随之将会出现，积极探索这种多形式、多样化的教育方式，并使之相互促进，协调发展，这是地方高等学校所面临的一个新的重要任务。

第二节　地方高校现行人才培养的主要模式

为了实现高校可持续转型发展，近几年，地方高校根据市场需求状况，从各地实际出发，探索出许多人才培养模式。

一、"党管人才"与市场导向结合的人才培养机制

人才的基础环节在于人才培养，承担"人才培养、知识创造、文化传承和服务社会"职能的地方高校，在新形势下肩负着重要的历史使命。2003 年 12 月，全国人才工作会议就提出要坚持党管人才原则。我国高等教育现阶段实行党委领导下的校长负责制，这是坚持党对高校领导的根本要求。推动和保证高等教育事业健康发展的客观需要，是我国高等教育事业社会主义性质的本质要求，也是高等教育事业发展基本经验的总结，此种结构体系在一定程度上亦是"党管人才"的思想反应。《中共中央国务院关于进一步加强人才工作的决定》明确指出，党管

人才主要是管宏观、管政策、管协调、管服务。各级党委（党组）按照管好管活的要求，重点抓好五个方面的工作，即搞好统筹规划、坚持分类指导、注重整合力量、积极提供服务、实行依法管理。也就是说，"党管人才"在一定程度上要求党和政府对高等教育实施计划、组织、协调、控制的管理过程，制定一系列政策、法律制度和行政法规，采取一些必要的措施促使高校人才培养新格局形成，为高校人才培养创新提供条件，对高校人才培养加以协调，使高校人才培养适应产业结构调整及转型需要，为地方经济振兴提供知识、技术和智力支撑。

在社会主义市场经济条件下，高校人才培养应以市场需要及社会对人才的需求为导向，从价值规律的角度出发，推动教育创新，优化教育结构，改革培养模式，提高教育质量，培养"有用的且用得上的"的社会需求人才，使人才符合供求关系，实现人才资源的合理配置。

地方高校要服务于振兴，亦要在服务振兴中发展。地方高校在"党管人才"即党和政府宏观调控之下，以市场为导向，适应地方经济社会需要，以战略性眼光，高瞻远瞩，依条件的变化和改革进程的推进，对人才培养机制做相应调整。"党管人才"与市场导向二者的辩证关系，在构建服务地方经济社会发展的高校人才培养机制前提下，市场导向是基础，"党管人才"是保证，"党管人才"在协调与服务中优化市场导向。这是地方高校发展的新高度。以高校的职能来看，教育存在的根基，即要面向经济社会发展需求，与时俱进，服务于社会。社会需求决定了市场导向的基础作用，它对构建地方高校人才培养机制，具有先导性的推动功能。其要点是：

第一，"就业率"是检验高校生产效益最重要的标准之一。高校应注重找准人才培养与人才需求的契合点，以就业为导向来调整学科结构、专业设置、人才培养方向、人才培养模式等，把握市场先机，优化人才培养结构，结合学校本身的办学定位和发展战略，努力提高就业率。地方高校应该转变办学指导思想，应根据不同类别、不同层次人才的特点，确立不同的培养目标和重点取向，培养多层次人才及社会需要的复合型人才。

第二，"党管人才"保证高校人才培养的大方向，防旱防涝，使其终归于一，汇入大海，以服务地方经济社会发展，服务国家大局为最终目的。"党管人才"在市场导向的基础上，尊重市场导向并诊治市场导向引发的"并发症"，系统调整和服务，在构建服务地方的先导性高校人才培养机制过程中，发挥调控功能。

一是党和政府宏观调控人才培养机制，健全教育政策及教育发展规划，降低市场导向带来的人才培养无计划性，把握人才培养方向。除现有"教育为老工业基地服务行动计划""紧缺人才培养培训工程"和"高校科技创新服务振兴工程"等超前性短期、中长期发展规划外，制定相关的教育法制体系，消灭高校人才培养的隐患因素，促进人才培养规划有理有序进行，保障人才培养总体目标实现，营造高校人才培养的政策、法律环境。

二是党和政府宏观调控高校的结构调整和专业建设，帮助高校肩负起为经济转型培养相应人才的职能，适应地方经济体制转轨、结构调整、产业升级对人才培养的要求。

三是党和政府完善对高校的服务功能，统一领导，整合各界力量，为高校改革建设提供资金及能源支持。此外，党和政府要发挥舆论导向功能，鼓励广大高校学生掌握实用技术知识，营造地方经济振兴高校人才培养的舆论环境和社会环境。

四是党和政府从宏观角度创新高校人才培养机制。从高等教育发展的长远眼光看，政府应尽力避免新形势下市场导向带来的高校人才培养职能的混乱局面，弱化重点院校培养实用性、职业型技术人才的职能，使重点院校专于培养创新拔尖人才；强化专科院校承担培养技能型人才特别是高级技能人才的职业教育使命。

二、基于就业力提升的人才培养模式

目前，对于就业力概念尚未达成共识。《国际劳工组织》（ILO）指出，就业力是个体获得和保持工作，在工作中进步以及应对工作生活中出现的变化的能力。英国教育与就业委员会（DFEE）提出，就业力是获得和保持工作的能力，是在劳动力市场内通过充分的就业机会实现潜能就业的自信。《维基百科全书》将就业力定义为获得初次就业、保持就业以及在必要时获得新就业的能力。国内许多专家、学者对就业力作了研究，认为就业力不仅包括保持和更换工作的能力，还包含个体在职业生涯中永续实现自我的能力。综合国内外的观点，就业力即就业竞争力，是个体在就业过程中所表现出来的综合素质和实力，既包括就业所需的知识、技能等硬实力，也包含性格气质、沟通协调、团队协作及就业技巧等软实力，更重要的是还包括个体独具的就业核心竞争力。大学生就业力主体对象是高校毕业生，大学生就业力即为高校毕业生就业竞争力，是高校毕业生就业过程中所表现出来的综合素质和实力。如图 2-2 所示。

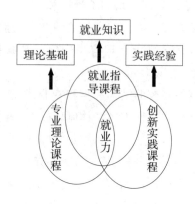

图 2-2　就业力模型

　　以提升就业力为导向的高校人才培养模式，是从教育教学内容和方式方法两个方面入手，即对课程体系设置和教育教学方式两个方面进行改革，通过课程嵌入就业力及教学过程的优化来构建的。

（一）"三位一体"的就业力嵌入式课程体系

　　学科专业是高校与社会联系的纽带，课程设置则是学科专业的集中反映与体现，也是实现教育教学目标的重要途径。高校要培养适应社会需求的人才，就必须在优化专业结构的基础上进行课程改革，在课程改革中更加注重学生综合能力的培养，构建以市场需求为导向，以有利于大学生就业力提升的综合课程平台体系，即三位一体的就业力嵌入式课程体系。所谓三位一体的就业力嵌入式课程体系是集专业理论、创新实践及就业指导三位为一体的课程体系，在课程中不仅注重专业理论知识的学习和积累，更加重视创新实践环节，重视学生的职业生涯规划和专业知识和技能的培养，并将就业力的提升全程渗透，贯穿始终。如图 2-3 所示。

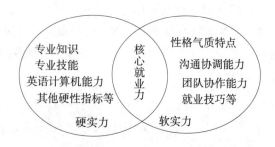

图 2-3　"三位一体"的就业力嵌入式课程体系

（二）基于就业力提升优化教育教学方式

探索新的教育教学方式方法，应该以企业和社会需求为导向，以培养和提升学生的创新精神和创造能力为主线，围绕人才培养目标，运用学生自主学习、合作学习与探究学习等方式，充分整合校内外各种资源，搭建学生各种创新实践平台，全面提升毕业生就业力。其主要包括各种专业技能竞赛，形式多样的学术活动、职业资格培训、工作室模式、科技创新团队、顶岗实习以及卓越工程师计划等。

三、校企合作人才培养模式

随着高校毕业生逐年增多，失业人数越来越多，给高校、大学生、家长、社会带来了莫大的压力。一职难求，零薪资就业已是摆在广大高校毕业生面前的严峻事实，高校人才培养与企业人才需求间的矛盾突出。一方面，每年约有30％的学生不能顺利就业，就业在量上遇到了问题；另一方面，大部分学生学非所用，所找的工作与自己所学专业不对口，现实与理想不统一，就业在质上遇到了问题。而人才需求市场却有大量企业面临用工荒、技工荒。中国人事科学研究院《2009中国人才报告》显示，从总体上看，我国劳动力总量较足且有富裕。但是，各行各业所需求的专业技术人才缺口非常大。例如，农业技术人才缺280万，工业技术人才缺1 220万，服务业技术人才缺325万。那么，高校人才培养与企业人才需求间的供求统一的对接点应该是：高校培养出来的人才能满足企业的需求。因此，校企合作将实现互惠互利，不仅有利于高校有针对性地培养人才，促进高校自身发展，也有利于通过高校的技术指导，推动企业的良性循环和可持续发展。

（一）校企合作人才培养的主要模式

按照经济社会发展和用人单位的需求，培养实践性、操作性、应用性强的高技能人才，实现学校和企业之间零距离对接，是地方高校的核心优势。实行灵活多样的学习方式，突破传统大学全日制的学习方式，将全日制与部分时间制结合，并逐步将工学交替、双元制、学徒制、半工半读、远程教育等纳入进来，为学生提供更多方便、灵活多样的学习途径。特别是具有中国传统教学优势的学徒制，可通过与企业联合招生培养的方式，进一步发扬光大。

1. 校企合作办班模式

学校根据企业对人才的具体需求，专门开设一个或若干个班级，有针对性地制订人才培养方案和教学计划；企业直接为学生提供实习和实训基地，并进行岗位轮训，提升学生的实践操作能力。校企合作班培养出来的人才能被合作企业广泛吸纳，人才输出通道顺畅，同时直接与企业打交道，有利于高校双师型教师理论教学与实践教学能力的培养，有利于产、学、研相结合。例如，2007年9月，宁波大红鹰学院和宁波九龙物流有限公司共同开办"红鹰九龙物流班"，泉州中泉船务公司每年在上海海事大学开办几个"委托培养班"培养船员。

与企业合作办班，设立大学生实习项目，定向为企业培养人才。企业与高校都要从人力、物力、财力方面给予一定的投入，为合作班的大学生设立一些实习项目。学生进入大学以后，首先接受两年的基本教育，第三年学生根据需求可以加入到合作班。合作班根据企业特点和需求，通过针对性的课程设置和培养工作，将学生培养成为适应企业特点的人才，同时缩短毕业生到企业以后的适应期。

这种模式的优势很明显，一是合作方式较为灵活，二是班级人数较少，便于学校组织教学与实践活动，也便于企业消化人才。因此，这种人才培养模式被许多中高职院校和企业共同采用，办班的形式也不断更新，出现了定向录用班、定向委培班、企业订单班及"企业冠名班"等形式。合作办班模式也有局限性，如人才培养面向单一的企业，或多或少会造成学生系统专业理论知识的缺失；校企双方追求利益的角度不一致，也易出现人才培养断层现象，给学校和企业造成一定的师资和设备的浪费

2.校企合作办专业模式

校企间深层次的合作办学模式，主要有如下几种形式。

（1）工学结合。实行工学结合的培养方式。采用"2+1"或"3+1"的人才培养方式，即把工作和学习结合起来的人才培养模式。根据真实生产、服务的技术和流程建设教学课程环境，按照产业实际应用的设备、工艺建设实训基地，根据产业和企业发展的实际问题设定教学和研究课题。高校负责2年或3年的人才培养任务，教学主要以理论课为主，辅之以实验、实训等实践性教育教学环节。学生在这2至3年内要完成基本理论课的学习，修满学分，企业负责1年的人才培养任务。学生最后一年的学习由学校理论学习阶段过渡到企业实践培训阶段，在这一年内要完成实习实训报告、毕业设计等任务，这就是所谓的"2+1"或"3+1"。这种模式的最大优势是实现了校企之间的无缝对接。例如，2009年起，泉州中泉船务公司与泉州师范学院联办航海学院，开办航海技术和轮机工程专业本科班，于2011年开始正式招生，同时成立船员培训中心，学校和企业发挥各自优势共同培养人才。这种模式要求校企之间必须紧密联系，否则易出现"两张皮"现象，使得校企之间的合作最终流于形式。

（2）工学交替模式。它是一种在校学习和在企业工作交替进行的人才培养模式，采取分段式教育教学完成人才培养任务。校企之间共同制订某一专业人才培

养方案、教学计划和生产实习计划，学生通过企业提供的相应工作岗位，边学习边工作，实现学习和工作两不误、两相帮。该模式最大的优势在于，学生能将在校所学的专业技术理论与企业生产活动的需要有机结合起来，培养学生运用专业知识解决实际问题的能力。企业合作方为高校学生提供校外实习实训基地，使高校培养出来的人才规格更加符合企业之需；高校合作方为企业降低员工前期培训的成本，并为企业提供高技能、高素质的熟练工，从而增强企业的市场竞争能力，实现高校和企业的"相互反哺"。但是，这种人才培养模式过程比较烦琐，高校、企业和学生之间的责任容易发生冲突。

3."订单式"人才培养模式

它是一种学校和企业"签订契约、订购用人"的人才培养方式。合作企业向学校"下单"，订购一定数量的毕业生；学校根据企业的"订单"招收学生；学校和企业双方共同签订用人协议、共同制订人才培养方案、共同利用双方资源，实现校企合作共赢；合作企业参与人才质量评估，并按照协议约定，落实学生就业。这种人才培养方式最大的优势在于实现了"高校人才输出"与"企业人才引进"的无缝对接，学校培养的"人才"适销对路，实现了招生与就业的统一。但是，这种人才培养方式要求校企双方做到：企业对人才有批量需求、学校能培养企业需要的特殊人才，企业能在未来三五年甚至更长时间稳定发展，其培养方式将在"学校教育质量、企业经营风险"和学生就业双向选择上承担风险。

4.校办企、企办校模式

我国在20世纪50年代就有了"学校办企业，企业办学校"的人才培养模式，经过几十年的发展变迁，现已演化为教学管理和企业运营合一、职业教育和企业生产合一模式，主要有如下几种：

（1）校中厂、校外厂模式。学校根据自己的实力办自己的企业，校办企业所需要的人才全部由学校提供，学校整合资金、场地、设备、师资、技术、人才等要素实行企业化教学、科研和生产活动，实现教学、生产功能一体化。例如，清华大学、北京大学等高校在中关村开办的高科技产业公司，就属于校办企业，实现人才招生、培养与使用的一致性。

（2）厂中校、厂外校模式。企业根据自己的经济实力投资创办学校，圈地建设办公楼、教学楼、实验室、学生宿舍和生活设施等，引进师资，开办自己的学校，培养人才。例如，福建省内的私营学校——软件学院，就属于企业办校。

（3）大学生创业基地和产业孵化园模式。高校根据政府提供的政策，从实际出发合理开办大学生创业基地或产业孵化园。在校学生可以从自己所学知识和市场需求出发，制订创业计划，充分利用各种有利因素，积极开展创业活动。高校通过组建专家评估鉴定小组，遴选优秀的企业计划方案，支持大学生创业实践，并为其提供政策、技术等方面的咨询和指导。高校还可以聘请一些创业成功的校友来学校作专题讲座，让在校创业的学生做好各方面准备，降低风险，实现更高层次的就业、创业，这是一种创新型人才的培养模式。

5. 建立实习基地模式

建立校企合作伙伴关系，建立校企合作规划和合作培养机制，探索学校和企业互建实训基地，尝试引校进厂、引厂进校、前店后校等校企一体化的合作形式，使学生在企业一线经验丰富的技术人员指导下，参与生产或技术项目，培养学生的实践能力。同时，在真实的生产环境中，培养学生软技能和认真负责的工作态度，实现学校人才培养融入企业生产服务流程和价值创造过程、加强与企业合作。学校积极与企业签订协议，建立"大学生实习基地"，让企业参与到学生实践经验的培训中来，利用寒暑假把学生送到企业去实习，让学生熟悉企业的运作过程，增加学生的工作经验。组织教师到企业参加相关项目合作，帮助教师了解企业的管理、企业的生产情况和需要的手艺技术。直接从企业引进专家任教或任客座教授，做本科生或硕士生的导师，做好教师和企业高级人员的双向兼职、双向流动工作。

6. 现代学徒制人才培养模式

地方高校人才培养机制改革，要注重实践课程和实习环节。课程设置上，以培养学生运用理论知识解决实际问题能力为目标，大幅度提高实践性课程和案例课程的比重。在四年制的培养方案中，可设置至少两个"实习学期"作为所有学生的必修环节。现代学徒制人才培养模式突破了原有的思想观念，强调职业教育和职业培训不再应该是职前和职后两种类别，而应该是融合在一起并同时进行的一种创新模式。

企业人才需求匮乏与高校人才培养相对过剩，是一对现实的矛盾。要解决这个矛盾，校企合作培养人才是必然要求。为了进一步加强人才培养成效，实现学校与企业的双赢，校企合作人才培养模式要实现"六个合一"，即学生与学徒合一、教师与师傅合一、教室与车间合一、作品与产品合一、理论与实践合一、育人与创收合一，使高校和企业之间真正实现技术、设备、场地、资源、信息和人才的无缝对接。

（二）校企合作人才培养过程中需要解决的问题

校企合作共同培养和使用人才，是解决目前高校人才培养"相对过剩"和企业人才需求"绝对匮乏"之间矛盾的必由之路。高校通过与企业的合作，充分利用企业资源，完成培养目标，实现人才培养适销对路；企业通过与高校开展合作，获取自己所需要的人才，更好地实现企业既定的发展目标。为了实现校企合作人才培养的良性发展，必须解决合作过程中一些亟待解决的问题。

1.合作的层次问题

目前，许多高校与企业之间有合作培养与使用人才的愿望与热情，但缺乏深入合作，往往停留在"文本合作"的初级阶段，合作推动工作存在着许多困难，导致合作停滞不前、流于形式和表面化。其实，高校与企业应根据自身的具体情况，开展不同层次的合作：既可以开展企业为高校提供大学生实习实训、社会实践基地的浅层次合作；又可以开展学校为企业提供咨询、培训等服务，企业向学校投入产学研资金的中层次合作；还可以开展校企相互渗透、利益共享、教学—科研—生产三位一体的深层次合作。

2.合作双方的地位问题

当前，在校企合作过程中，往往容易出现学校一头热的现象，而企业缺乏积极性，处在观望状态。校企合作双方地位模糊，容易导致权责不一致。学校是理论教学基地，企业是实践培训场所，学校和企业是合作的两个基本要素，两者既有宏观上的分工又有微观上的融合，其有机结合是实现既定目标的有效途径和有力保障，是培养理论和实践紧密结合的复合型人才的一种教育模式，强调的是两个主体在培养技能型和实用型人才的共同责任和共同作用。合作的双方是平等的，但双方的地位可依合作模式不同而有主次之别。

3.合作双方的付出与回报问题

企业与学校共同培养技能型人才是一件大好事。学校与企业都应充分认识到校企合作办学的必要性，但都或多或少地顾虑付出与回报不对称问题。有的企业认为，这种合作费时、费力、费钱，"造船不如买船"，不如直接通过招聘获得所需人才省事；有的企业认为，合作周期长，不能满足企业当前的人才短缺问题，"远水解不了近渴"；有的企业担心合作成果最终不能为企业所用，担心留不住合作培养的人才。高校则担心合作培养的人才不能大部分被企业吸纳，担心新型的培养模式造成大学生就业难问题；部分教师认为合作模式必然或多或少要调整自己的学科专业结构，要花费很多时间重新学习新知识，他们担心原有的传统学科专业结构被荒废而新形成的学科专业结构又用不上，得不偿失。选择了合作，校企之间就必须真诚相待，勇于担当，共同付出、共担风险、同享收益。

4.合作的长效机制问题

校企合作人才培养模式能否实现良性、可持续发展，关键在于合作机制是否具有长效性。近几年来，校企合作在机制上存在着瓶颈，很难深入推进。目前，校企合作普遍处在自发、浅层、松散的合作状态，实际上是一种"有合无作"的格局。问题主要出在：学校有热情，却能力不足；企业有需求，却主动不足；政府有认识，却政策不足。为此，高校应主动深入企业宣传学校、了解企业，以企业需求为中心，主动调整人才培养方案、课程设置和教学计划，为校企合作奠定办学的软件基础。企业也应主动深入高校，宣传企业需求的人才规格，共同研究制订人才培养方案，了解高校人才培养的全过程，了解办学过程中的困难和问题，认真考量校企合作双赢问题，加强互信，主动帮助学校解决办学中的困难和问题，加大对高校的资金投入力度，为校企合作奠定硬件基础。政府更应主动深入高校和企业，牵线搭桥，出台可操作性强的支持校企合作办学的合理政策，积极为地方经济社会发展做贡献。

四、适应社会需求的创新型人才培养模式

高等教育是随着社会发展而发展的。由于现代科学技术在社会生活中的应用，导致社会各行各业的分工不断强化，从业人员的岗位日益专业化，职业的专业化反过来要求高等教育培养专门化的人才。在计划经济时代，我国高等教育受计划管理体制的影响，人才培养接受指令性计划，曾在特定的社会环境中起到了积极的作用。在市场经济时代，高等教育的人才培养是以市场需求为主导，以满足社会需要为核心的。环境的变化对高等教育人才培养机制提出了新的挑战，同时也带来了机遇，这就要求高等教育主动适应外界环境变化。尽管整个高等教育体系是多层次、各具特色的发展结构，但是关注社会发展对人才的需求特征是一个共性问题。正如牛津大学校长卢卡斯说，事实上，大学一直是服务于社会的，不断调整自身从而回应社会不断变化的需求。

面对日趋激烈的市场竞争，社会对人才的需求呈现出明显的特点。一是人才需求以应用型为主。市场竞争对人才的要求是千差万别的，但大致上可分为两大类：一类是发现和研究客观规律的研究型人才，另一类是将客观规律的原理应用于实践并带来利益的应用型人才。面对日趋激烈的市场竞争，社会分工日益细化，社会对人才的需求呈金字塔型。塔尖是少量的研究型人才，社会发展与进步需要这些人去探索和发现客观规律。塔基是大量的从事与实际问题相关的应用型人才。参与分工合作和市场竞争的企业，需要越来越多的熟练劳动者、经营管理者、工程技术人员等应用型人才。笔者调查发现：需要应用型人才的企业占76.2%，需要应用型人才又需要创新型开拓人才的企业占9.8%。二是复合型人才备受青睐。

后 WTO 时代人才培养的国际化，新技术大量采用，新专业不断涌现，社会结构发生着重大变动，这使人才的流动性和竞争性加剧。仅有一技之长而无多种才能的人是难以适应社会需要的。面对日趋激烈的市场竞争，企业更注重人才的通用性和综合性。懂技术、懂管理、熟悉国际游戏规则的人才最为短缺。构建这样的人才培养模式主要思路如下：

第一，从低年级开始引导学生做好职业规划。学生进入大学后，学校要积极帮助学生进行自我评价、确立职业目标，可以通过第一课堂与第二课堂的有效结合，制订相应措施来实施计划，要考虑从入学到毕业这个过程中该如何塑造学生的特性，培养可能从事职业的相关素质，从而加强其适应社会的能力。例如，入学第一学年，可以通过入学教育、成功校友的讲座、"大学生职业生涯规划"培训等，帮助学生了解专业性质、专业能力要求、专业学习的价值和专业前景等，广泛了解各种职业，启发学生对未来职业的规划。第二学年，可以就某一职业进行寒、暑期实习，组织学生参加一些与专业相关的科研训练、科技类比赛竞赛。第三学年，引导学生根据自己实习的体会，确定职业方向，通过开展职业测评、组织职业咨询、开设课程和社会实践等方式，帮助学生认识自我、认识职业，提升能力并进行初步的职业生涯规划。第四学年，引导学生增加与职业方向相关的知识积累，培养学生的职业道德素养和社交等方面的能力，为步入社会打下坚实的基础。

第二，提供更多的学习资源，制订灵活的考核方式，以满足不同类型学生发展的需求。学校要相应提供更多的学习资源，增加选修课程的数量，以满足不同类型学生发展的需求。在课程设置方面，可以考虑多种内容和形式，甚至是一次暑期实习或社会实践，都可以作为一门选修课程。在考核方式上，也要根据课程特点采取不同的方式，即便是同一门课程，不同的学生也可采取不同的考核方式。例如，一般的学生可以采用常规考核方式；对于求知欲强、喜欢钻研的学生可以给其列出几个问题，让他去查阅资料，写分析报告；对于动手能力强的学生，还可以给其提供实验条件，针对某一问题进行实验研究，提交实验结果作为考核等。

第三，完善校企合作机制。因人才需求与高校人才培养目标脱节，部分院校在发展过程中遇到三个主要问题。一是"先天不足"，即应用型人才培养的起步晚、基础差、经费保障能力不强。二是"后天失调"，即双师型教师队伍不足。三是"发展趋同"，即众多高校贪大求全，在人才培养的具体策略上没有特色。要理清思路，结合实际，创新人才培养模式，为行业、企业培养急需人才，积极为地方经济社会发展服务。加强校企合作，共同制订战略联盟，形成产学研共享、共建的柔性机制。在企业健全高校学科专业、实践基地、特色课程、教学场所等无缝对接模式要从经费、用人、基础建设等政策上加以倾斜，切实为高校排忧解难、解决问题、打造环境，支持高校走好产教融合、校企合作、转型发展的新路子。推行"引进来、走出去"战略，让新进教职工深入企业一线锻炼，鼓励理论教师"走出去"，不断学习、深造，形成师资队伍建设的长效机制。要与地方政府、企事业单位、社会团体进行沟通，积极调查本地区人才需求。

五、基于创业创新的人才培养模式

面对目前的市场需求，传统的人才培养模式已不能适应现代教学的需要，为了能培养出具有创业创新能力的兼有技术与艺术的复合型人才，人才培养模式必须创新。以数字媒体技术人才培养方案设计为例，其设计思路：通过分层教学来实现对创业创新的数字媒体技术人才的培养。如果把专业定位在数字媒体的后期制作与合成，主要熟练掌握数字视频与音频的采集、制作与合成，以及数字媒体资源管理这一类的数字媒体技术专业人才，除了具备数字媒体技术基础知识与技能外，还必须具备良好的创业创新精神，承担风险与压力的能力以及团队的合作能力。根据不同类型的企事业单位对高职数字媒体技术人才的要求，从数字媒体技术专业培养复合型人才的基本要求出发，人才培养方案如图2-4所示。

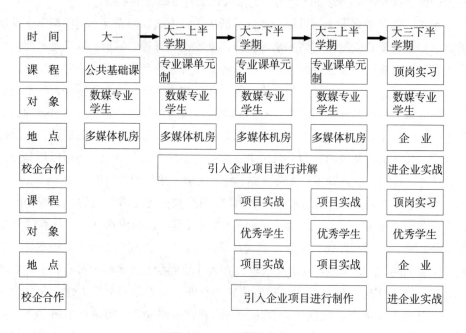

图2-4　人才培养方案

在整个人才培养方案中，把创业创新的教育与专业教育相互融合，在专业教育的过程中融入创业创新教育，充分注重学生创新精神的培养。例如，建立专业课程实验、课程设计、实习实训、社会实践和毕业设计（论文）等比较完整的实践体系，增强学生的工作意识和动手能力。减少课内授课学时，增加课外学习时间，培养学生自主学习能力，在课堂教学中提倡研究型、问题式、讨论式的教学方法，实行师生互动，培养学生的问题意识和质疑精神，设立创新实验室，扩大实验室开放，支持学生参加各种课外科技创新竞赛活动，对学生课外科技成果奖励学分，鼓励学生大胆创新、勇于实践。

第三节　新时期音乐人才的培养目标

几十年来，我国绝大多数高校音乐学专业的人才培养目标定位都是"培养合格的中等学校音乐教师"，并按照培养学校基础音乐教育师资的规格制订相适应的培养方案。但随着我国经济与文化事业的快速发展，音乐教育的社会需求也在发生着巨大的变化，继续培养单一的、只能胜任中小学音乐教学工作的师资已不能适应社会发展对音乐教育多元化的需要，也不能满足多数音乐学专业毕业生的就业与创业需求，根据社会现状与发展需要，重新论证修订音乐学专业的人才培养目标与培养模式是十分必要的。

一、新世纪音乐教师应具备的素质结构

基础教育新的《音乐课程标准》强调音乐课的人文精神，关注音乐与相关文化的学科综合；强调音乐课的创新性，鼓励学生互动式、交流式、探究式学习。这些都对音乐教师提出了更高要求：一线音乐教师应是复合型、教研型的，其素质结构应是全面的、优化的组合。除了所有教师都应具备的坚定、敏锐的政治思想素质外，新世纪音乐教师的素质结构还应包括扎实的基本功和全面的教学实践能力，丰富、广博的专业文化知识，勇于创新的精神和较强的科研能力等。

二、目前音乐教育人才培养的缺陷

通过对音乐教育现状和中小学音乐课改要求的分析，我们不难看出音乐教育人才培养的缺陷主要表现在以下几个方面。

（一）重视专业知识学习，忽视文化素质培养

长期以来，音乐教育在办学模式课程设置上受专业音乐学院的影响，过于突出专业性，忽视全面文化知识的学习，造成学生知识面窄，知识结构不合理，人文素质较差。

（二）重视知识技能传授，忽视综合能力培养

音乐教育一直都强调技能技巧训练，重视专业基础知识和专业技能的传授，但却忽视了对学生学习能力、教学能力、研究能力及创新能力的培养，结果造成毕业生专业能力单一，综合实践能力较差。表现为缺乏应有的教学基本功，能唱的不能演奏，能奏的不会跳舞，相当一部分学生不能组织、指导合唱、乐队等课外活动，因而很难胜任音乐教育工作。

（三）重视教育理论学习，忽视教学实践能力培养

目前，音乐教育专业在课程设置教学方法上，还没有把知识、技能学习与教学能力培养有机结合起来。近些年，由于受经济条件和毕业生分配政策的影响，教育见习、实习工作越来越流于形式，使学生丧失了锻炼、提高教学实践能力的机会。

三、音乐人才培养的目标——复合型人才

为使我们音乐专业毕业生能快速适应社会的要求，我们必须把培育复合型音乐人才作为音乐专业的目标和方向，全面推行教学改革。

那么，什么是复合型人才呢？所谓复合型人才，就是具有宽阔的专业知识和广泛的文化教养，具有多种能力和发展潜能，以及和谐发展的个性和创造性的人才，俗称一专多能的人才。顾名思义，"复合型"音乐人才是指一专多能知识结构型音乐人才。但就目前高校音乐教育的现状来看，传统的教育模式根深蒂固，偏于理论知识的灌输，而缺乏一些技能方面的教育。某些方面的教育已经与当今社会对人才的要求不相符合，完全背离了教育的准则。课程设置只从单纯的音乐知识入手，课程划分过细，出现很多冗繁相似的课程，造成人力、物力等资源的浪费。学科之间缺乏联系，课时安排比例也不协调，单方面重视所谓重要的课程，对很多能够掌握技能的选修课不重视，学生更加不会重视，选修课可去可不去，忽视了实践技能以及综合人文素质的培养。因此，我们亟须在教学目标、教学模式、课程设置和教材、实践等方面进行转变与改进，以适应时代的步伐，为社会培养复合型音乐技术人才，从而促进高校音乐教育的深入发展。

（一）科学确立音乐学专业的人才培养目标

音乐学专业的人才培养目标定位应紧密结合社会变化与发展需要，以增强学

生服务社会的能力和就业竞争力为导向，努力培养既能胜任学校基础音乐教育工作又能适应社会音乐教育发展需要的新型音乐教育人才。

一个国家完整的音乐教育体系通常由学校基础音乐教育、社会音乐教育和专业音乐教育三大部分组成，三个部分各有其不同的教育对象与教学目标：学校基础音乐教育主要是针对学生所实施的以美育为主的素质教育，而社会音乐教育则是在此前提下针对国民的音乐学习需求开展的更富个性化的教育，更注重的是个体音乐技能的学习发展；专业音乐教育则是培养音乐专门人才的教育。

目前，"毕业即失业"是多数音乐学专业学生所面临的严峻社会现实，许多毕业生被迫转行，造成很大的人才浪费。但是，随着我国社会经济文化的快速发展，人民群众接受艺术教育的需求在不断增长，社会音乐教育市场发展迅猛，需求旺盛，前景广阔，已经成为许多音乐学专业毕业生的就业与创业主渠道，而社会音乐教育与学校音乐教育在教学对象、教学目的、教学内容、教学形式与方法等各方面还是有很大差别，对教师的教学能力也有不同要求。学生在校期间如没有受过针对性的专门训练，很难同时胜任这两种不同的教学工作。所以，调整、修订音乐学专业的人才培养目标，培养同时具备学校与社会两种音乐教育能力的新型音乐教育人才是符合我国国情和社会发展需要的，为社会音乐教育培养合格的音乐师资也应是音乐学专业义不容辞的责任。

（二）构建以能力培养为核心的新型课程体系

传统的音乐学专业课程体系是建立在学科基础上的，所以课程设置更重视的是学科的严谨与系统性，长期以来存在的主要问题有：不考虑学生将来工作的实际需要，不切实际地照搬专业音乐学院的课程设置与教学内容，盲目追求课程的专业性与学术性要求，存在许多脱离实际、陈旧无用的内容。笔者认为，音乐学专业的课程设置应打破传统的思维模式，确立以能力培养为核心的课程结构原则，在充分论证新型音乐教育人才能力结构要求的前提下，构建与之相适应的课程体系，合理安排相应的课程、课时与教学内容，真正实现由重知识技能的传授向重综合能力培养的转变。例如，根据将来的工作需要，音乐学专业的学生主要应具备音乐审美、音乐表现与音乐教学三方面的能力，那么课程设置也应紧密结合三种能力的培养，把专业的相关课程重新分类与优化整合，形成具有更明确教学目标的音乐审美类、音乐表现类与音乐教法类三个课程群，再根据每门课程在课程大类中的地位与作用分配恰当的课时，并定性为核心课程或拓展课程。又如，音乐学专业技能课设置长期存在有"一专多能""多能一专"或是否取消一专突出多能的争论，根据社会需要和培养目标的变化也应有明确结论。学校基础音乐教育需要学生掌握尽量全面的"多能",社会艺术教育则需要学生具备更突出的"一专",为了实现同时具有两种教学能力的培养目标,现阶段坚持"一专多能"的技能课设置原则是必需的、十分必要的。

总之,新世纪音乐教育的飞速发展已对我们的音乐教育提出了挑战,我们应不断更新音乐教育观念,积极探索并不断深化课程体系、教学方式等教育改革,不断探索新的音乐教育人才培养模式。只有这样,音乐专业教育才能尽快适应新世纪音乐教育发展的需要,才能在未来激烈的人才竞争中立于不败之地。

第四节　国外人才培养模式及其借鉴启示

一、英国高校的人才培养

在高等教育精英—大众—普及的过程中,英国政府并没有摒弃精英教育,而是坚持精英和大众两条腿走路的方针。例如,具有悠久历史的牛津和剑桥等大学以培养未来科学家、大学教授为主,他们是英国政府在经济发展和学术进步中依仗的主要力量;教育学院、技术学院、继续教育学院等学院以培养实用型人才为主,以满足经济发展对技术型人才的需要;1969年成立的开放大学,通过通信、电视、广播以及互联网等方式为失去上大学机会的成年人提供接受高等教育的机会,全英1/3以上业余接受高等教育的学生都在开放大学学习。

严谨、独特的学习效果评价方式。英国高校向来以治学严谨闻名,对学生学习效果评价采取了极为严格而又比较公平、开放的评价方法。一般情况下,学生每门课程的成绩由两部分组成,一部分是考试成绩,另一部分是作业或课程论文,两部分的权重一般各为50%,作业必须有参考文献,若没有则可能视为抄袭。参考文献要求按美国哈佛大学的文献规则处理。加权后的考试和作业两部分成绩之和即为该门课程的成绩。但无论是哪一部分,其分数都必须达到一个最低分数线,否则不能计入总分。若考试或作业不及格则该门课程的成绩为不及格,有些课程的不及格率高达60%以上。老师并不会因此而调整分数,每门课都设有淘汰率。但另一方面,学生可以因不满教师给定的成绩而提出申诉,甚至可要求外校作为第三方来重新评分。另外,在部分大学,没有补考,因而不及格即意味着不能毕业,拿不到学位。课程考核办法通常有:笔试(年终考试和毕业前毕业考试),综合考查(综合考查书面作业完成情况、小组讨论表现以及年末考试成绩),笔试加论文以及口试（根据参加小组讨论以及个别辅导表现进行评定）。学生在本科课程最后一年通常需独立完成一项研究工作或撰写论文，以决定获授学位的级别。此外，英国高校十分重视学术形式规范和学术伦理道德。如果学生作业或课程论文被怀疑抄袭，大学有关部门将举行听证会，以确认是否属实。若属实，学生轻则受处分，重则淘汰出局。

制度化、规范化、程序化的质量保障体系。围绕人才培养和教学质量这一中心，英国建立了内外结合的双重质量保证体系，促使质量管理与监控逐步走向制度化、规范化、程序化，为人才培养质量的提升提供了必要和可靠的保障。外部评估由高等教育质量保障署（The Quality Assurance Agency for Higher Education，以下简称 QAA）完成。保障署以评代管，加强对高等学校教育质量的监控；内部评估由学校内部质量监控机构组织，以评促建，确保教学质量的稳定和提高。英国高校内部建立了一套完善的质量管理制度：校学术委员会对学校教学质量和学生学习标准的管理全面负责，主管校级领导具体负责。各院（系）均设有质量保障和提高的主管，通常由院（系）负责人或教师担任。英国高校均是自治式的，学校对本校教学计划和授予学位的质量与标准负有全面、明确的法律责任。第一，学校有支持质量管理的政策和战略定位，体现在学校一系列文件和报告中，如学校发展战略报告、学习与教学以及评价报告等。第二，学校发行有关质量系统和规章的文件，如学术质量系统手册、学术规章制度手册和研究式学位质量手册等。第三，学校公布质量内部评估程序和操作规程，如学校质量的年度评估安排、阶段评估计划和质量评估结果。第四，有关于聘请校外在职人员作为兼职教师的规定、研究生作为助理或助管的规定、学校学分制的框架等。第五，大学还必须定期完成专业自我评估，以加强教育质量和迎接外部质量评估。

二、美国高校的人才培养

从 20 世纪初以来，美国一直保持世界教育领先地位。20 世纪 40 年代，美国率先普及高中教育，比欧洲早 30 ~ 40 年，美国高等教育最为普及，高等教育在校人数无论是占全国人口的比例还是占同龄人口的比重都是世界最高的，1971 年，美国高等教育的毛入学率已超过 50%，比欧洲早 30 年进入普及化发展阶段。据 2007 年统计，美国高等教育的毛入学率达到 81%，2006—2007 年度，美国教育开支占 GDP 的 7.4%，公共教育经费占 GDP 的比例达到 5.5%。根据 2006—2007 年度美国教育统计摘要报告，美国共有 6 463 所高等院校，其中提供学历教育的有 4 276 所，提供非学历教育的机构有 2 187 所。由此可见，美国高等教育规模庞大，学生数在世界占第二位，仅次于中国。美国高等教育不但规模庞大，而且水平很高，在 2005 年世界大学前 500 强中，美国有 54 所；在世界前 10 强中，美国有 7 所。美国高等教育在全球竞争力排名中高居榜首。

教育模式多样化。美国的高等教育制度鼓励各州和各高等学校形成自己的教育模式和办学特点。不仅学校类型多样化，而且在市场竞争机制的作用下，美国高等教育形成了自己特有的秩序，这种"特有秩序"具有坚实的社会基础，具有其他国家所不具备的独特性，最不容易被模仿，各学校之间也不容易出现"相互攀比"和"趋同"现象。

教育体制的灵活性。美国大学实行学分制度和学分互认制度，使学生有较大的选择空间，便于流动转学和转专业。在校学习期间，学生可以跨校选课，根据自身发展的要求，也可以随时转学。例如，社区学院的课程设置都十分注意与四年制本科学校课程之间的衔接，学分互认，这样就可以使学生在完成社区学院学习的同时并满足学业要求，根据自己的需要和愿望直接进入四年制本科学校继续学习。这种制度安排，可以使学生在工作和学习之间作出适合自己情况的选择，以实现终身学习的目的。

发展模式特色性。美国大学都形成了自己特有的办学特色，加州理工学院总规模只有 4 000 人，但是航天、天文专业非常有特色，在全美名列前茅；内华达大学拉斯维加斯分校，利用它在赌城的地理优势和市场需求，开设了酒店管理专业，其在全美排名前列；美国前总统克林顿的母校乔治城大学，利用其位于华盛顿特区的地位优势，与政府部门、国际组织、国际研究中心开展广泛合作，设立了"外事服务"专业，办得相当出色，在专业建设方面远远领先其他学校；还有加州圣荷西州立大学的办学特色，是建立在与硅谷高科技及社区经济发展密切结合的基础上，从而形成了自己的特色专业。

评估认证社会化。美国的高等教育制度鼓励各州、各高等学校形成自己的教育模式和办学特点，在美国，只要有 3 个博士生、1 个会计、1 个律师和 25 平方米的办学面积就可以申请注册成立大学，全美也没有一个统一的学位法或学位条例，各州只有 1 个《学位行动指南》，各大学根据州《学位指南》自主确定自己的学位标准和完成学位的要求，通过认证评估系统实现对高校发展的规范性和一致性管理以及保证教育质量。美国高等学校的认证由两类认证机构：地区性认证委员会和全美独立高等学校认证委员会。全美有六大地区性认证机构，他们的标准大同小异，权威性很强，主要对传统学校，如哈佛大学、耶鲁大学等进行评估认证。这些认证机构都是民间组织，认证不同于一般的评估，采取学校自愿参加方式，认证活动由区域内的高等教育领域同行和专家来完成。美国认证制度的最大特点是：只设置一个最低办学标准，不对学校进行排名，认证过程尊重各个学校的办学使命和目标，大学只有通过了认证，才能得到联邦政府的资助，其学生才有贷款资格。这是高等学校生存的保障，是保证高等教育质量的核心。

三、启示和借鉴

（一）市场导向定位是地方高校人才培养的必然选择

首先，地方高校的发展不仅要从自身的个性特征出发，而且还要根据区域特色文化和地方经济对高等教育的差异性需求来确定自身的社会服务取向，使培养人才的模式显现高校个性和区域特色双重特点。其次，以此确立的人才模式能够彰显高校自身个性，用自身的个性和特色去参与具有差异性高等教育需求的市场竞争，从而形成地方高校特色发展的核心竞争力。最后，地方高校的特色发展能够增强风险防范，避免高校间的恶性竞争，使之另辟蹊径走有序竞争的可持续发展之路。

（二）走特色发展之路是地方高校人才培养理念市场导向定位的合理延伸

地方高校人才培养的市场导向定位必须特色化，在人才培养定位过程中应该立足于地方特有的经济环境，形成"人无我有，人有我强，人强我优"的特色定位。有特色的大学是有魅力的大学，也是有生命力和竞争力的大学，正如伯顿·克拉克所说"竞争并不是要成为最佳，而在于你要有独特性，通过这种独到之处向顾客提供价值。作为一个企业，你不是要找出灵丹妙药，而是要寻找一种适合你的方法，使你做到在业界与众不同。"企业间的竞争如此，各高校面对竞争也应如此，适合自身发展要求的特色才是最关键的。为此，要从实际出发，从分析、研究中来确定地方高校的人才特色定位。

（三）主动满足基层对应用型人才的需求是地方高校的生命力

近年来，众多基层单位对应用型人才的主要要求往往是"下得去，用得上"。"下得去"，就是指有在生产第一线独当一面开展工作的真本领，而不需要进行专门的脱产培训就能胜任岗位。"用得上"就是要求这样的人才有一定的创新精神和创新能力，能够根据已经掌握的应用型知识和技术的有关原理，举一反三地去解决实际工作中出现的相关技术问题。地方高校作为给地方输送人才的主要平台，如何立足于地方实际，面向具有特殊性、区域性的基层，培养"下得去，用得上"的应用型人才，就成为地方高校能否办出特色并准确定位、真正服务地方经济社会发展的关键，也是地方高校自身"以特色求生存，以质量求发展"之关键所在。

第三章 "互联网＋"时代在线教育与传统教育的对比分析

第一节 在线教育是传统教育的延伸而非颠覆

对于众多传统产业的互联网化趋势，天使投资人蔡文胜认为，真正能够赢得未来的不是那些只懂互联网不懂传统产业的人，而是那些传统产业中懂互联网的人。传统行业的互联网化，是一种质的提升，而将互联网复制到传统产业，并无核心竞争力可言。很多人认为在线教育属于互联网的新兴产业，但是它必须回归到传统教育，开发出拥有传统教育精髓的产品，才能在在线教育市场上赢得用户。在线教育的核心竞争力是高质量的教育产品，而不是虚拟产品。

一、在线教育隐现的窗口期

新浪教育频道联合尼尔森公司推出的《中国在线教育调查报告》显示：2013年，我国中小学课外辅导行业规模高达 2 000 亿元，中国人每年为学英语要花费300 亿元。如今，在线教育对中小学课外辅导行业的参与率已经达到了 39 ％。进入互联网时代，人们的学习也开始从线下转移到线上。

好未来教育集团 CEO 张邦鑫认为，在线教育实质是传统教育的一个延伸，而非对传统教育的颠覆。2013 年 8 月，著名的教育培训公司学而思教育集团宣布，将使用了十年的集团名称"学而思"更名为"好未来"，新集团的愿景是"成为一个用科技与互联网来推动教育进步的公司"，实现传统教育与线上教育的融合。

越来越多的传统教育公司与互联网公司都看中了在线教育市场的前景，纷纷涉足在线教育市场，只不过参与的方式存在差异。总体来看，在线教育的发展势头是好的，越来越多的竞争者，证明了用户需求强烈，否则在线教育市场不会吸引这么多的淘金者。如今，用户使用在线教育的习惯已经形成，市场不需要花费大力气培育用户在线教育的使用习惯，在线教育的窗口期已经隐现。

二、在线教育的根基还是传统教育机构

在在线教育市场上，百度、淘宝等互联网企业，主要是为传统的教育机构提供在线平台，它们与传统教育品牌更多的是合作和融合。传统教育品牌需要互联网企业为它们提供大量流量来转换传统教育的内容，而传统教育品牌则帮助互联网公司拓展其在互联网领域的业务范围。事实上，互联网企业对传统教育公司的需求更多一些，在内容为王的时代，没有内容的平台无异于一个空壳，只有大量的高质量的内容，才能让互联网公司在线教育平台吸引众多的用户。

《中国在线教育调查报告》的调查数据显示，学而思网校和新东方网校在中小学在线教育领域的使用率分别名列第一和第二，占有率分别为 28.9% 和 18.3%。从数据可以看出，在在线教育市场占据主导地位的两个品牌都是传统教育公司。

由此可见，在线教育的核心竞争力还是教学质量，而优秀的教学质量则是互联网公司所不具备的优势，只有具备师资优势的传统教育公司才能提供高质量的教学产品。而无论是线上还是线下，真正能够吸引用户的是高质量的教学产品，因而在线教育的根基还是传统教育机构。

三、"烧钱" VS "生钱"

互联网公司运营在线教育平台，首先需要"烧钱"获得大量的用户，在烧钱的同时互联网公司对盈利的期盼也会更加迫切。而对传统教育公司而言，在线教育只是传统教育的产业延伸，由于具备教学资源优势，因而产业延伸的成本投入就会少很多，盈利的预期性也更强。公开信息显示，好未来在线教育对好未来集团的营收贡献率为 3% ~ 5%，这一比例基本适用于新东方等国内多数教育培训公司。在线教育在传统教育培训公司的整体营收中只占很小的比例，所以传统教育公司开展在线教育的盈利压力会少很多。

互联网开展在线教育是"烧钱"等着"生钱"，而传统教育培训公司则是自身服务的延伸，处境不同决定了二者出发的角度会有较大的差异。互联网公司在推出在线教育产品时，需要更多地考虑收回投资和盈利。像新东方等传统教育公司，则是凭借自身强大的线下教育品牌实力，一个脚印一个脚印发展起来的，强大的教学资源储备使得它们可以布局长远，因而在开展在线教育的初期并不会过多地考虑盈利问题，把自己的内容和品牌做大做强，才是最关键的。

四、颠覆 OR 互补

近年来，随着众多在线教育产品的推出和流行，"随时随地，想学就学"成为一种时尚，有的教育行业专家就表示，传统教育将会被在线教育颠覆。对此，新东方的创始人俞敏洪却说："传统教育与去电影院看电影有一个共通之处——体验，而这个功能是在线教育无法做到的。"

客观来说，在线教育确实具有一些传统教育不可比拟的优势。在线教育方式非常灵活，使得学习摆脱了时空的局限，学生可以根据自己的情况自由地安排学习进程，可以把一些碎片时间充分利用起来。另外，在线教育提供的课程也更加丰富，学生拥有了更大的选择空间，与传统教育环境中的被动接受不同，学生可以通过在线教育主动选择适合自己的教育产品。

由此，有很多人推想，今后随着科学技术的不断进步和科技产品的进一步普及，在线教育将会彻底颠覆传统教育，到那时传统的学校将会消失，而老师们则会失业。事实上，除了在线教育，在历史上新技术对传统教育带来的冲击还有很多。以印刷术为例，印刷术作为一种新技术的出现，使得图书的生产成本大大降低，图书从此变得唾手可得，图书馆藏书也变得更加丰富，但印刷术并没有颠覆传统教育，反而对传统教育发展起到了极大的推动作用，并让图书成为传统教育的重要元素。

在线教育也是如此，因为教育并不是单纯地传递知识，传统学校中的师生互动具有在线教育无法替代的巨大价值。学校教育除了授课外，还能够鼓励、安慰、启发学生，分享学生的情感，让学生感受到老师、同学、班集体和学校的关怀与温暖，这些对学生的心智发展都是非常重要的，而这些都是在线教育很难实现的。另外，学生在传统的实体学校中不仅可以系统地学习文化知识，还能够在与老师和同学的互动中，形成社会化的关系，这种社会化关系对每个人而言都具有巨大的潜在价值，学生在与老师和同学的交往中产生的真实的、深厚的师生情和同学情会让人终生受用，并且同学和校友关系也是非常重要的社会资源，而在网校里形成的社会化关系则要弱化很多。

因此，在线教育将会成为传统教育的重要补充，而不会颠覆传统教育。学校教育可以通过与在线教育的融合，克服传统教育的时空局限，提高授课方式的灵活性，还可以针对不同的学生开设有个性化的课程，真正实现因材施教。在线教育与传统教育并非水火不容，而是相得益彰，二者的融合必然会推动教育的大发展。

第二节 传统教育机构的互联网变革之路

很多传统教育机构十年前就开始在网络上开展课程销售，它们一直在在线教育的路上前行并不断升级，在在线教育大发展的形势下，则开启了更加积极的变革和创新，以适应新的市场需求，取得更大的发展。

一、积极拓展产品线

互联网技术的发展给传统教育机构带来了新的危机和挑战，但是也给它们提供了新的机遇。中国最具代表性的民办教育机构新东方，其在线教育品牌新东方在线也是中国在线教育市场的领军者，其产品涵盖了语言考试、K12 等领域，现在已开始积极布局职业教育领域，希望通过拓展产品线在互联网中开辟出新的盈利增长点。

2014 年 7 月 23 日，新东方集团正式与 ATA 达成合作协议，联手开拓在线职业教育市场。新东方集团由旗下全资子公司新东方在线出资与 ATA 成立一家合资公司，并于 2014 年年底创办一家新的在线职业教育网站。以优质课程和师资实力著称的新东方此次与擅长考试测评的 ATA 合作，表现出了新东方通过战略转型把握互联网带来的新机遇的强大的决心。

业内对双方的合作前景普遍看好，毕竟仅新东方集团自身每年培训学员就有300 万人，这些学员进入职场后就可能转化出巨大的职业学习群体。而新东方在线则在中国在线教育领域耕耘已久，拥有十分丰富的经验。数据显示，目前新东方在线网站的个人注册用户已超过 1 350 万，移动学习用户超过 4 000 万。对于新东方而言，这次在在线职业教育领域的发力将进一步丰富其产品线，这次新变革将为企业的发展提供新的活力。

二、拓展"四屏联动"的云课堂

互联网技术的发展正在帮助人们实现各种设想，在线教育的发展则让学生实现在教室之外上课的设想。如今，在线教育的用户可以不受时空的限制更加方便地上课，一些机构也在努力创新实现"让客户更加舒适愉悦地坐在客厅的沙发上，对着高清大屏幕、面对面地和老师现场交流，实现轻松愉悦的教育'真人秀'"。

2014 年 7 月 12 日，巨人教育与中国最大的民营互联网电信运营商鹏博士合建的"空中万人云课堂"正式面世，它实现了直播教室与电脑、手机、iPad 以及电视机的"四屏联动"。"空中万人云课堂"的面世，使得巨人教育可以借助鹏博士的科技手段和网络渠道，让学生无论是在书房的电脑前，还是客厅的电视机前，又或者在户外拿着手机、iPad，都可以随时随地学习巨人的在线课程。

与其他在线教育机构的云课堂相比，巨人教育的"空中万人云课堂"最先占据了客厅电视机，学生在通过电视机实时上课的同时还能够与老师实时互动交流。未来，随着中国智能客厅的发展，将会产生很大的潜在消费群体。

"空中万人云课堂"的性价比优势也将帮助巨人教育吸引到更多的客户。据介绍，最先推出在该云课堂上的课程，将是巨人教育的明星产品——"大语文"在线课程，学生在家中学习直播课程，可以获得 50% 的长期优惠。

三、发展移动端业务

中国互联网络信息中心（CNNIC）发布的第三十九次《中国互联网络发展状况统计报告》显示，截至 2016 年 12 月，中国网民规模已经达到了 7.31 亿，互联网普及率为 53.2%，其中手机网民达到了 6.95 亿，占比高达 95.1%。手机已成为第一大上网终端设备。这一数据无疑为计划拓展移动端业务的在线教育机构打了一针"强心剂"，也让未来的教育方式变革创新增加了无限的想象空间，可以预见：不久的将来，手机等移动终端必将成为在线教育行业竞争最为激烈的领域。

好未来在线教育旗下的"E 度教育网"于 2014 年 8 月 1 日更名为"家长帮"，"家长帮"希望通过更名更清晰地表现出其"服务家长"的品牌特征，而更名的背后更大的意义则是产品升级。家长帮总经理李正堂介绍："更名后，家长帮不仅在PC 端服务 K12 领域的家长，触角还将延伸到移动端，利用移动端的精准到达、订阅、分享等优势来升级产品，让用户觉得更方便，更有帮助。"

四、积极布局教育 O2O

互联网改变传统教育的速度，要远远超出人们的想象。学大教育 CEO 金鑫也认同这一观点，他认为："在线教育有很多种方向、有很多种路径，选择哪种路径还要根据自己的业务特点来决定，而不是简单地去模仿、去复制。"

传统教育培训机构的核心竞争力在于"师资、课程"，很多教育机构都期望找到合适的路径，把传统教育机构的优势融入在线教育，然后通过在线教育把业务引入线下付费教育，实现线上线下的良性互动，从而让业务拓展变得事半功倍。在很多人还在固执地认为传统教育机构只懂得在网上销售视频课程的时候，一些锐意改革的教育培训机构已经开启了教育O2O的尝试。

2014年3月20日，学大教育旗下的在线教育网站e学大上线，学大教育开始了教育O2O的尝试。e学大拥有个性化的智能辅导系统，这一系统不仅涵盖12个年级的8 000个知识点、50万题库和2万个微课程，还具备错题本、题库、视频学习等多种功能。这些教学内容普遍受到了学生的欢迎，具有很强的用户黏性，在互联网上有效地提升了学大的品牌知名度和权威性。

这样，e学大借助网络的力量，开始了其线上线下相融合的教育O2O模式。学大教育的在线教育规划是紧紧围绕其主营业务展开的，利用教育资源的优势来推动其在线教育业务的发展。学大将采用O2O的模式，整合线上线下资源吸引客户，并引导客户关注学大的付费教育产品。

传统教育机构在教育产品、授课系统和商业模式等领域的创新和变革，令人们耳目一新，也为教育机构吸引了更多的在线用户，为教育互联网化的转型提供了动力。互联网为教育机构提供了广阔的创新平台和发展空间，教育机构只有紧紧地围绕客户需求的变化，通过积极的创新和变革，为客户提供更加便捷的教育服务和更加丰富的优质课程，才能赢得在线教育的未来。

第三节 以互联网思维布局在线教育市场的研究

一、各路资本抢滩在线教育

在线教育市场在近两年得到了迅猛发展，也获得了BAT互联网巨头的热烈追捧。一路飘红的概念股印证着在线教育的发展前景被市场各方所看好。安信证券曾预言，国内在线教育市场将继续扩大规模，并且在未来几年中，在线教育还会获得新的发展机遇。可见，在线教育市场正在酝酿开启一场新变局。

（一）资本助推在线教育

教育领域是近几年来为数不多的、还未被互联网所变革的传统行业。自2013年起，在线教育便成为教育或非教育机构纷纷探索的领域，同时也是股权投资最为青睐的细分领域之一。以麦奇教育、慧科教育为代表的在线教育创业公司在2014年一季度中拿到了过亿元人民币的融资。与此同时，在线领域中的行业翘楚——智课网、一起作业网、梯子网等机构，也正在向亿级A轮融资进军。目前，投资人跟市场十分认可在线教育领域中的一些优秀公司的内容和模式，这给这些企业带来了发展的良机。

百度在线教育将目前的在线教育分为四大类，分别是：以学而思、新东方在线为代表的课件提供商；以考研网、中华会计网为代表的内容提供商；以淘宝网为代表的工具提供商，为在线教育提供视频点播等工具；做流量分发的中间渠道商，如决胜网等。

仅2014年一季度，在线教育的投资额就已经达到5.3亿美元，投资事件共82起。随着在线教育市场的逐渐扩大，也吸引了许多跨界者的跃跃欲试。新华网是继人民网之后进军A股市场的一支大军。新华网的招股书表明，在云平台建设与大数据分析中所募集的15亿元资金，将有1亿元投向在线教育。

根据招股书披露，新华网对于在线教育的规划包括技术支持、课程服务、教育咨询以及增值业务四个方面。其中，技术支持属于硬件建设，包括学习平台的构建与租用；课程服务中，包含深度观察、行业知识等课程；教育咨询中含有培训体系设计、混合式学习设计与实施等业务；在此基础上衍生出的包括学分教育以及职业认证等项目的增值服务。

不仅是新华网，一大批知名机构的涌入，使在线教育的发展迎来了高峰期。如鹏博士、海伦钢琴、中兴集团、大连控股、西安饮食等机构，它们几乎没有任何一项业务与在线教育沾边，但作为跨界者，这些机构都在以独特的方式联手在线教育展开全新的业务。比如，鹏博士与巨人教育共同构建在线教学平台，而海伦钢琴则主攻素质教育。

（二）商业模式有待探索

平台与内容是目前在线教育最主要的两种形式。而就商业模式而言，尽管在线教育的发展势头很猛，但盈利模式却并不明晰，目前大多以互联网模式下的广告费、课程费、平台分成三种形式为主。

淘宝网、YY是比较有代表性的平台商，其中淘宝最为典型。与电商模式类似，淘宝在线教育策划的盈利方式是为店家提供某种增值服务，如流量分析与宣传等，但淘宝本身并不参与平台的分成。

再以YY为例，YY频道也是一家成功的平台商，它的盈利渠道主要来自于YY音乐的付费用户，而在教育方面的盈利还只是零。YY最开始并没有将教育作为重点运作的领域，是从用户发现了YY语言模式之后，自发进行课程教育，教育频道才逐渐单独在YY上发展起来。

以App形式提供的教育课程，是内容提供商最为普遍的形式。其内容包含视频录制、直播、智能软件等，提供视频是其最基本的形式。

搭建平台是大多数即将迈入在线教育领域的跨界者最为基本的介入方式。新华网的规划十分明确：构建"学习平台搭建""学习平台租用"的整体布局。其他机构如以电信业务为主营业务的上市公司鹏博士，则将与巨人教育合作，创办"空中万人云课堂"，打造具有多屏合一、直播、点播、互动的教育全平台。而海伦钢琴则期冀由钢琴制造向艺术培训领域拓展，成立艺术培训公司，进军在线钢琴教育市场。这些构想都充分融合了云平台与大数据的理念。

从现状来看，传统的教育盈利模式并没有太大的变化。许多线下教育提供商通过打造线上电商模式来开拓在线教育服务，在线教育的盈利模式依然有待开发。除此之外，在线教育平台在资本方面也需要有较强的造血能力。利用在线教育平台，决胜网为供应商吸引流量，在线上实现产品与服务的变现，而在线下实现产品与服务的供应。

O2O可以使在线教育的盈利模式更加明确，正如学大教育CEO金鑫所说，闭环是移动教育产业产生规模性收入的关键要素。所谓闭环，指的就是在O2O的模式下，将传统资源与互联网相对接的个性化教育。

此外，K12也是在线教育机构主攻的领域。因其可观的利润，K12深得投资界的青睐。2014年以来，包括一起作业、快乐学、爱考拉、学霸君、学习宝的一大批K12领域的杰出企业获得投资。易观分析师王梦寅认为，"K12有大量的刚需，是今年被挖掘的最具盈利潜力的教育服务，不过目前K12领域还受传统机构所掌控，因而创业机构的未来尚不明朗"。

（三）未来年增长率达100％

目前，在线教育的产业规模高达3 000亿元，如果按照年龄段来划分，教育可分为学前教育、K12（基础教育）和成人教育三个阶段。其中，成人教育在在线教育领域发展得最为迅速。职业教育、外语培训和兴趣教育是成人教育中的三大细分领域。以职业教育为主要业务的正保远程教育、达内科技已经成功在美上市，表明职业教育的在线教育已经发展得相当成熟。

2014年以来，随着政府对职业教育改革的重视，改革的潜力凸显，政策的红利为在线教育的发展带来新的发展机遇。从现状来看，国内优质的教育资源依旧严重稀缺，涨势猛烈的学区房以及高昂的名校赞助费就是佐证。二三线城市以及边远地区的乡村因为教育资源的匮乏，对于优秀的教育资源十分渴求。从这个角度可以预测，未来的在线教育的市场将迅速扩张，内容跟产品也会更加丰富，与此同时，行业内会出现一些寡头企业。在供小于求的形势下，在线教育会由目前仅提供初级的产品过渡到生产组合出各类教育的衍生新品。

从文化背景来看，西方推崇个性化教育，因而很难诞生较大的培训市场，而在东亚文化下出现大型教育企业的可能性很大。从中国的社会环境来看，中国的教育体制更加倾向于标准化，受教育的人口众多，而中国人的观念相对于西方也更为重视教育，因而中国的在线教育领域极有可能出现一些大型的教育企业和真正专业的集团公司。

虽然极具发展潜力，但是在线教育在发展中也同样遇到了瓶颈，目前在线教育行业并不集中，虽然平台与内容提供商都有机会，但能否出现关键性的创新点决定着在线教育的发展潜力，否则，在线教育将仅作为O2O的衍生品，发展前景不会乐观。举例来说，目前教育产品大都大同小异，没有针对性，并不能满足消费者需求的多样化，产品的同质化需要依靠创新来打破。

以K12教育为例，韩国在这一领域发展得十分不错，这与韩国的家庭教育习惯有关。2000年前后，为阻止教育机构占有学生的课余时间进行培训，韩国政府促使教育部在官方网站上发布了大量优质的教育资源，从而逐渐培养成了韩国家庭教育的消费习惯。而在中国，在线教育的用户习惯的培育还将是一个漫长的过程，中国应试教育的标准化水平较高，其教育课程不会成为在线教育发展的阻碍。但有一点，虽然中国的教育规模较大，细分市场的容量却有限，以在线教育规模最大的K12市场而言，学科类型不统一，并且各个地域的教育需求也有很大的差异。

二、BAT三巨头如何布局在线教育市场？

随着互联网的发展，百度、阿里巴巴和腾讯这三巨头的战火早已从互联网领域燃至传统领域，零售、金融、医疗、旅游、影视无所不包，作为关系国计民生的教育领域当然也未能避免。BAT在传统行业的运作通常是做闭环服务平台，也就是自己做服务平台和后台支付平台，将其开放给买家和卖家，对教育行业的运作也是如此。BAT推出前端电子课堂和后端课程交易平台，然后一方面寻找授课方进驻平台提供在线课程，一方面吸引学习者参与课程学习。

（一）百度关键词：流量、搜索、入口

百度对在线教育的布局分为两部分：一部分是传统的平台建设；另一部分是从自身擅长的搜索导流方向推进教育市场。在搜索导流方向，百度推出了教育知心搜索，该页面除了展示搜索结果外，还负责向百度教育页面引流，并且导入的流量基本可以保证其客观性。在平台建设方面，百度在教育网页的基础上推出了服务平台，目前已有很多课程上线，但是百度教育平台尚未完成闭环，用户点击百度教育页面上的课程，会直接跳转到教育机构的页面。

百度教育的建设仍延续百度经典的"搜索+推广"模式，也就是说，百度的

在线教育平台也跟教育关键词广告放在一起，通过对教育关键词进行流量留存，进一步掘取其广告价值。随着范围的不断扩大，百度教育平台可承载的内容也将越来越多，这种发展模式的结果会对百度和用户都有利。对于用户来说，通过百度这一个平台可以解决所有问题，简单方便又高效；对于百度来说，用户对平台的依赖性越高，百度对流量入口地占据就越牢固，盈利就越容易。同时，在投资传课后，百度教育平台也将与传课网进行业务对接，借此补全百度在教育行业的内容短板。届时，百度就可以利用传课来解决教育平台的线上授课问题，为用户打造个性化的专属学习服务。

（二）阿里巴巴关键词：电商、工具、评价体系

淘宝已经是非常成熟的交易平台和运营平台，因而阿里巴巴可以直接在淘宝售卖课程，然而阿里巴巴不满足于这种低端的玩法，而是在新版的淘宝页面增加了在线教育的系统框架，包括基于淘宝视频的直播和点播，并且将第三方内容及第三方教学工具嵌入到点播模块，同时将其与阿里盒子进行无缝对接。

2013 年 7 月，阿里巴巴推出了旗下在线教育平台淘宝同学，这个平台剔除了所有的线下课程销售业务，而且专注于用户和流量的追求，目的非常明确。同时，阿里巴巴还推出了阿里旺旺淘宝同学版，以此补足了授课工具环节。阿里巴巴完全沿用电商思路打造了这款在线教育平台，专注于平台服务，将淘宝内部的流量导流入进驻平台的教育机构。另外，淘宝同学还沿用淘宝本身的信用评价体系，为用户提供更多的服务保障。

借助淘宝同学，阿里巴巴在 BAT 中率先完成了平台布局。2014 年 2 月，阿里巴巴又投资了在线英语学习机构麦奇教育，此举将有助于阿里巴巴在平台之外构建自己的内容体系，进一步完善阿里巴巴的电子商务版图。

（三）腾讯关键词：用户、视频、群组

对在线教育业务的开展，腾讯也表现出了相当程度的重视，同时调动了两个团队运营在线教育业务，其中一个在腾讯网的腾讯教育频道以精品课为资源平台做录播教育，另一个团队则在腾讯视频的腾讯课堂以 QQ 群为网络课堂做直播教育。最终，腾讯精品课完成了对 QQ 群视频直播工具和支付工具的整合，在作为枢纽的腾讯课堂上实现了腾讯在线教育的完整闭环。

早在 2011 年，腾讯就开始涉足在线教育，基于 QQ 的庞大用户基础，腾讯在线教育在起步阶段就拥有其他平台无法匹敌的流量，更可贵的是流量精准，用户黏性极高。在授课工具环节，腾讯通过在 QQ2013 版本中增加屏幕分享、伴奏播放、影片播放甚至 PPT 演示功能，完成群视频功能的优化，打造出一个系统的远程教育工具。凭借这个强大的工具，腾讯要做的只剩下在自有的庞大用户群中找出目标用户，将QQ授课发展成一个强大的教育平台。

虽然BAT陆续进行了在线教育领域的布局，但是由于三巨头携带的基因不同，做出来的平台也就有不同侧重。百度的搜索，腾讯的即时通信，阿里巴巴的交易，这些与生俱来的标签同样贴到了旗下教育平台的身上。当然，即便身上携带着这些标签，这些教育平台也同样都是合格的授课平台。

目前，在线教育市场还处在初始阶段，没有任何一家机构掌握了这个市场的绝对话语权，在这种情况下，谁掌握了用户资源，谁就抓住了行业先机。在线教育平台和授课工具不仅关系到用户的使用习惯，更与教育机构的转移成本息息相关，教育机构一旦进驻了某个平台，想要再转移平台就会花费大量的资金和资源成本，随着时间的推移，转移平台的成本就会越来越高，因而教育机构只能成为平台生态的组成部分。

（四）BAT市场主导下的教育变革

正如互联网对其他传统产业的颠覆，相信BAT的参与也会给教育行业带来新的变革。未来，教育市场将会发生哪些颠覆性的变化，我们不妨大胆地猜想一下。

1.授课模式将会消失

基于标准算法、系统模型、数据挖掘、知识库等信息技术，为每一个学习者定制个性化的学习服务，这将成为未来在线教育的发展方向。在这个过程中，技术会逐渐承担更多的责任，完成更多的知识传递，学习者对教师授课的依赖会越来越小，最终授课模式将会彻底消失。

2.教育回归服务本质

教育的本质是对学习者提供的一种服务，未来的教育将逐渐回归服务本质，教育行业的中心由老师转向学习者，教育机构必将以学员为中心，为其提供全方位、个性化、持续的学习服务。

3.教育平台回归社交本质

教育平台是学习者进行学习的平台，它需要为学习者营造出强烈的学习氛围、强制化的学习状态以及真实有效的互动，它的本质应该是众多学习者的社交平台。未来，教育平台将提供更多的优质课程资源，并且向学习者免费开放，吸引更多的学习者汇聚在教育社区平台，盈利方式将通过为学习者提供个性化的增值服务来实现。

4.在线教育概念消失

未来，所有的教学都将借助云计算、大数据、移动互联网等技术实现，所有的教学过程都在互联网环境下发生，线上与线下只意味着不同的环境和教学手段，即便是线下教育，也离不开互联网的应用，其本质上也是在线教育，所以也就不再有这个概念。

5.个性化的学习方式出现

通过对用户数据的采集，借助云端大数据的计算和分析，在线教育可以跟踪每一名学习者的学习特点、行为和过程，掌握每一位学习者的优势和短板，从而有针对性地进行更精准的教学，帮助学习者提高学习质量和学习效率，真正实现因材施教，有效促进人才的培养。

6.优质教育资源平等共享

与传统教育形式相比，在线教育的成本很低，即便是优质的高校教育资源，也能够以相对低廉的成本进行大范围传播，触达世界每个角落的所有人群。从这个意义上来说，在线教育可以大大促进规模性的人才培养，从而增强国力。

7.4A（Anytime、Anywhere、Anybody、Anyway）学习模式的到来

在线教育突破了时空的限制，颠覆了传统教学的形式，人们可以在任意的时间地点进行学习。在互联网大资源里，学习者可以自由选择学习资源，还可以自由选择学习设备，无论是下班等车时用手机学习，还是睡觉之前通过平板学习，或者周末在电视屏幕观看在线课程都可以成为现实。

8.教育娱乐化

传统课堂教学模式下，学习材料枯燥无味，老师讲课严肃呆板，导致学习者心不在焉，很多学生沉迷于不断升级打怪的网游。在线教育可以有效改善这种状况，通过精巧的设计将学习过程趣味化，学习像玩游戏一样通过不断的挑战而不断得到即时激励，吸引学习者持续学习。

9.在线教育实现社会认证

传统教育下，在结束相应课程的学习并且通过考试之后，学习者会得到社会承认的资格认证，如毕业证书、学位证书以及各种资格证书等。在线教育尚不能做到这一点，这也是在线教育的硬伤。未来，在线教育的学习者也能够在完成相关学习任务之后得到相应的资格认证，并且这种认证能够被社会认可。

10.互联网解构与重构学习模式与教育体系

在线教育，是在互联网上做教育，最基础的行业形态是将传统教育搬到互联网上，高级一点的形态则将二者进行更为有机的结合，充分发挥互联网的优势，改善教育模式。未来，互联网教育可能实现传统学习模式与教育体制的解构，彻底颠覆几千年来以教师为中心的授课模式，重新制订一套以学习者为中心的教学互动模式。

第四章 "互联网+"时代高校人才培养改革的必要性

第一节 传统人才教育的缺失

在人才教育方面，互联网的影响越来越明显。这种影响既是对传统人才教育方法的突破和创新，又在一定程度上让人才的培育更加具有科技特色。以文化产业的人才培养为例，可以看出传统教育的缺失，从而从另一个侧面看到互联网对于这种传统教育缺失因素的积极优化作用。

随着文化产业的蓬勃发展，文化产业类专业也逐渐成为考生们追逐的热点。根据《中国文化产业年鉴2013》的统计，截至2013年底，仅全国211大学共开设多达3 200个包括本硕博各层次的文化产业及相关专业。从数量上来看，文化产业及相关专业已经达到相当规模，文化产业各类毕业生也不少，但是业界依然感到文化产业人才缺乏。一方面是人才培养数量的较快增长，另一方面却是适用人才的持续短缺。造成这种"育人"与"用人"之间偏差的原因很多，而核心的原因在于现有专业培养体制已经远远不能适应文化产业发展对人才的多元要求，主要表现为"有什么设什么""会什么讲什么""专业融合不够"和"理论与实践二度失衡"等问题。因此，文化产业人才培养机制需要"全面深化改革"。

一、课程设置上"有什么设什么"

在我国，文化产业属于新兴产业，实务发展明显快于理论的构建与完善。早期的研究人员，多是从文学、艺术学、经济学等领域跨界而来，而且取得了不俗的研究成绩。这既是我国文化产业研究的一种既定态势，同时也是文化产业学科交叉性极强的一种表现：文化产业是一个系统性、综合性、交叉性突出的业态，范畴非常广泛,新闻出版、广播电视、网络服务、会展服务、演出服务等各种纷繁复杂的产业对象都包含其中。在没有形成自身强有力的核心理论体系之前,学科交叉的多元性将是文化产业学科的常态,即同样是文化产业学科,但是课程的特色、研究的方向都不会相同,甚至是百花齐放,特色各异。在这种态势下的文化产业人才培养,各个学校的人才应该是各有专长。

然而,实际上的培养结果却与预期相差太多。由于文化产业涵盖的领域太宽泛,高等院校、社会培训机构、文化企业对文化产业概念、范畴的理解各不相同,对人才的定义和要求也存在一定的模糊性和不确定性。因此,一些学校理解为只要是文化领域的教师,都可以转行来教文化产业。所以文化产业的人才培养就出现了两种不良态势。第一,但凡有文化产业临近专业的师资,开设文化产业专业就"不缺师资"。盲目开办专业,导致全国文化产业及其相关专业的数量在几年内突飞猛进。第二,由于"不缺师资",导致的结果就是有什么样的老师上什么样的课程。在对部分高校课表及教学内容的调查中发现,文化产业专业的课程开设具有很大的随意性,往往根据学校的自身特点、师资力量来开设,教师的授课内容也多借鉴自传统学科,不能将传统学科与文化产业密切结合起来,没有掌握文化产业人才培养的自身规律,无法实现文化产业人才需求与市场的无缝对接,是典型的"换汤不换药"。

二、课堂教学上"会什么讲什么"

课程设置的不合理,使得教师们在课堂传授上也处于一种比较尴尬的局面。文化产业的综合性、交叉性对授课教师的学科背景有极高的要求,至少需要老师对一般的经济、艺术、文化等多个领域有所研究,尤其是文化产业高度的实践性,要求老师们必须具备一定的从业实践经验,否则在案例的分析与解读,特别是重大文化项目的把握上会严重缺乏掌控力和感染力,使得教学变得理论化、死板化。现实中,很多高校的文化产业课程设置虽好,但由于授课教师多来自文学、艺术学、管理学、设计学等传统学科,对文化产业运营规律并没有深入的研究,很难将原有学科背景与文化产业进行有机融合。

师资力量的先天不足导致教学效果出现折扣。课程设置过于宽泛,教师不能深入地教,学生不能深入地学,结果就是学生在毕业时对文化产业所有领域都似懂非懂、一知半解,不具备精专的技术,也不具备创新型的思维能力和宏观的分析能力。针对这一问题,中国传媒大学文化发展研究院提出了"1+2"的教学模式,即1个学生和2名导师(校内学术导师和业界实践导师)。通过导师之间的互补性，弥补师资的短缺，打通课堂理论教学与实践操作的大动脉，为学生提供多元化的学习路径。

三、培养模式上缺乏"合纵联合"

文化产业的毕业生虽多，但是适合于市场需要的复合型人才却依然紧缺。由于文化产业还不是独立学科，所以其专业特性明显地打着隶属学科的印记。例如，新闻传播下的文化产业学生更加倾向于传媒产业；艺术硕士领域的文化产业学生更专注于艺术相关领域等，而对于真正复合的"懂艺术、会管理"的高级复合型人才却重视不足。这里的复合型人才是指掌握精专技术基础上的宽口径全方位发展型的人才，而不是各学科知识的简单叠加、低水平重合。

因此，在培养模式上需要双管齐下。一方面需要打通专业之间的藩篱，实现横向链接。当前我国的分科教育使得现有专业壁垒森严，不同专业的课程、师资尤其是优势教学力量、设施等都有明确的权限范围，这就为专业与专业之间的融合人为地设置了障碍。一般情况下，在同一所学校，专业负责人或者更高级别的负责人之间达成了资源共享的育人共识的话，这两个专业的融合会比较容易。反之，出于对自留地优势资源的保护，专业之间的互动一般较难实现。因此，需要在专业建制上实现突破，通过相关专业集聚式发展，实现多方面的融合。而这种聚合，是有主有次的聚合，强调主专业，再复合其他专业知识，而不是过多地强调全面分散式的教育。另一方面需要加强纵向融合。纵向融合的关键就在于学生培养模式的本硕连读甚至是本硕博的全面复合。通过本科＋研究生＋博士生的多层次联合，实现前专业复合或后专业复合发展。譬如：本科专业为文化相关专业，硕士可以攻读经济管理类；本科专业为科技类，硕士可以攻读文化艺术类等，通过前后不同学科的连续攻读，实现不同专业的有效融合，同时经过一定的实践，强化对不同学科背景的融合贯通，切实提升动手能力。

四、实践与理论二度失衡

高等教育不是职业教育，出于就业和人才的综合发展，文化产业教育需要提倡"实践性"，但是也同样需要注重理论的构建与学习，实现"理论"与"实践"的平衡统一。

一方面，文化产业是一门实践操作性很强的学科，需要体现学生的动手能力。因此，学校需要创新现有的体制来强化学生的实践意识，通过产学研合作的方式积极为学生搭建更多的实践平台，提供更多的实践机会，形成鼓励实践、勇于创新的机制氛围。但是另一方面，绝不能因为"重实践性"而忽略了学生对于基础理论的掌握。当前，不少高校在艺术硕士、新闻传播硕士等专业学位领域设置文化产业方向。以往的文化产业教育过分侧重理论，而现有的考核体制对"实践性强"的专业硕士的要求又过度突出了"实践"。

总体上，文化产业的发展极为迅速，就"学术"而言，学生固然需要掌握文化产业的"术"，但是"学"的工具性才能更利于学生的进一步发展成长。过于强调理论基础而忽视了学生的实践能力培养，会造成"有学无术"，不能适应社会发展需求；而过于强调实践忽视了基本理论的学习，则会导致学生根基不牢，不利于学生的可持续发展。因此，文化产业人才的培养，需要做到理论与实践相结合，两者缺一不可。

文化产业人才的培养，是新时期产业发展对于教育体制提出的新要求和新任务。因此，必须创新理念，根据产业实际的需要适时地改革教育的方法与模式，必须以"全面深入改革"的魄力，为这种新型人才的培养提供体制机制上的松绑，用新思路去培养新人才。而"互联网 +"则以其无限的内容容量、多元的互动方式和全天候的对接模式使得文化产业人才教育显得更加符合实际。

第二节 互联网时代教育新形式的转变

互联网时代的到来给传统的教育模式带来了翻天覆地的变化。在线教育使得优秀的教育资源突破时间、空间的限制，使知识得到前所未有的普及和传播，这是一个非常巨大的进步。目前，互联网教育还处于探索阶段，走在时代前端的探索者取得了一些举世瞩目的成绩，如美国 Coursera 公司创办的慕课，引发了教育界的一场"海啸"，更多的互联网教育企业却在不断试错中成长。但总体上，互联网教育还没有形成成熟的商业模式。

一、互联网时代出现的教育新形式

在 2015 年 7 月印发的《国务院关于积极推进"互联网 +"行动的指导意见》中，提出要探索新型教育服务供给方式："鼓励互联网企业与社会教育机构根据市场需求开发数字教育资源，提供网络化教育服务。鼓励学校利用数字教育资源及教育服务平台，逐步探索网络化教育新模式，扩大优质教育资源覆盖面，促进教育公平。鼓励学校通过与互联网企业合作等方式，对接线上线下教育资源，探索基础教育、职业教育等教育公共服务提供新方式。推动开展学历教育在线课程资源共享，推广大规模在线开放课程等网络学习模式，探索建立网络学习学分认定与学分转换等制度，加快推动高等教育服务模式变革。""互联网"＋教育有着巨大的市场潜力，正在成为很多商业投资追逐的热点。然而，作为新兴事物，互联网教育还没有形成成熟的运营模式和盈利模式。国内受制于体制、环境、技术等因素影响，互联网教育模式还相当初级，很多企业的理念还停留在将课堂内容转变为电子文本形式并在网络平台上共享这一阶段。

结合当前国内外实际，总结近年来出现的互联网教育新形式，可以概括为以下四种。

（一）内容模式

以内容生产作为企业的核心竞争力，互联网只是作为内容传播的平台，通过将教学内容放在互联网上，从而吸引人气、赚取流量、获得创收的模式，其内容形式包括视频内容和文档内容，二者平分秋色。

视频内容又可分为两种类型，一种类型是传统远程教育或网络学校，主要教育形式是把传统教学的内容以视频的形式在网站上播放，让更多的人可以不通过到学校学习也能接受教育，使教育突破了时间、地点的局限，其缺点是互动性差，缺乏针对性。主要用于 K12 课外辅导和成人从业资格培训。代表产品有学而思网校、华图网校、101 网校、新东方在线等。另一种类型是最近几年流行起来的慕课（大规模开放式在线课程），任何人都可以将教学视频通过网络进行全球范围内的分享，优质的慕课网站可以聚集全球顶尖学府的优质教育资源，可以使教育突破学校的限制，每个人都有机会上名校。代表作品有国内的网易公开课、超星学术视频、腾讯微课堂，以及国外的 TED、EDX、Coursera 等。目前，慕课正在探索多元化的互动形式，以解决慕课教学模式中现有互动性不强的弱点。

文档内容以提供文档资源作为平台的主要功能，将散落的知识资源集中到一个平台上，使平台成为学习资料库，从而提高资源利用效率。国内最常见的提供文档内容的在线平台包括百度文库、豆丁网，国外有 slirleshare。还有一种形式的文档资料平台，类似社交网站，大家可以在网站上随意提问，其他成员将会对问题进行回答，互动性较强，是内容平台的后起之秀。这类平台包括百度知道、知乎、百度百科、维基百科、博客、微博、各类论坛及专业网站、微信公众号等。凡是能提供某一领域某一门知识，都可以算作知识提供平台，这些都属于教育范畴，本质上讲。从人们通过接收这些信息都会内化为自身的知识和智慧，并因此获得成长。

（二）平台模式

以提供平台作为企业运营的侧重点，网站本身不生产内容，仅仅是为资源和用户之间创建连接的平台。根据服务对象不同，目前这种模式的在线教育网站又分为四种类型。

第一种类型是 C2C 模式，即个人对个人的交易平台，个人可以作为资料提供方，通过网站发布自己想要发布的内容，同时，个人也可以作为资料索取方，通过网站得到自己想要得到的知识。代表网站有多贝网、几分钟网，国外的 Udemy 等。目前，C2C 模式面临着管理混乱，教育资源质量难以保障、学员付费意愿不强等问题。

第二种类型是 B2C 模式，即企业对个人的模式，内容提供商负责生产内容，通过网站平台直接提供给用户。这种模式的教育产品有很多，国内比较知名的品牌有沪江网校、91 外教、51talk，国外有 University Now、可汗学院、Codecademy 等。这类网站运营好的前提是 B 端作为内容提供方，能够保证提供教育资源的质量，而平台的运营也必须建立在足够的流量基础之上，对于企业而言，既要提供保证提供好的内容，又要有能力维护好网站的运营。目前，这种模式主要运用于语言学习类产品，在 K12 领域、幼教领域、高等教育领域、职业教育领域均有所涉及。

第三种类型是 B2B2C 模式，这种模式的主体包括三个环节，即内容供应商、平台供应商、用户。内容供应商将内容提供给平台供应商，由平台供应商负责发布，然后用户才能对内容进行消费。目前，一些在线教育品牌（如 YY 网）就是采用这种模式，传统教育机构将自己优质的教育资源提供给 YY 网，由后者进行发布，然后用户通过 YY 网进行内容学习。在这里，内容供应商只负责内容的提供，平台供应商则负责平台的技术维护，拉拢优质教育资源以及保证网站能够吸引足够多的学员。

第四种类型是 B2C+O2O 模式，即机构到个人，线上到线下模式。依靠 B 端的品牌优势和师资优势，吸引用户先到网上进行注册，然后再进行线下体验，最终建立起机构和个人的连接。这种模式运营的关键在于线上与线下的相互转化，尤其是线上资源向线下的变现，是非常难实现的，需要企业有较强的运营能力。

（三）社交模式

这种模式注重网站社交功能的开发，提供类似在线社区的服务平台，使学员之间，学员与教师之间能够更为便捷地沟通交流，相互学习。代表产品有课程格子、三人行、微课网，以及国外的 Openstudy 等。比如，课程格子就是一款移动社交产品，能够将课程表相同的学生集中在一个平台上，相互之间进行沟通交流。目前，此类网站仍处于开发摸索状态，有很大的发展空间。

（四）工具模式

此类在线教育产品主要是提供各种有助于便利学习的工具，形态比较分散，功能较为单一。代表作品有专门背单词的扇贝网、用来做笔记的印象笔记、提供各类考试训练题目的猿题库、提供课程采购的淘客网等。这类网站功能较为单一，只是针对某些专门领域的特定人群开设。形式正在走向多元化，如扇贝网，提供单词量在线测评、单词库、学习进度控制、阅读、写作以及在线交流等多项服务，正在受到越来越多单词爱好者的欢迎，未来也有很大的发展空间。

二、"互联网"+教育的特点

无论形式如何灵活多变，互联网教育的核心和实质是不会改变的。互联网教育肯定是围绕教育的本质，用互联网的思维实现教育的目标。从促进教育改革的意义而言，互联网正在迅速改变着教育的形态。

（一）资源共享

互联网教育正在拆去传统教育的时空围墙，改变传统的知识传授方式。从有教育活动以来，优秀的教育资源向来只被少数人或特定群体占有，而互联网时代的到来，使得优秀的教育资源向更广泛的群体扩散，让更多人分享知识成为可能性，最大限度地实现了教育民主和教育公平。无论你在全世界任何角落，只要打开网络，都可以接收全世界最优秀的教师讲最好的课。在传统教育中，由于优质资源有限，许多学生受到所在大学、专业、院系的限制，不能随心所欲地选择自己喜欢的课程，更有很多人没有机会进入心仪的大学接受教育，而在线课堂的开设则让学生可以不受时间、空间、所在学校、专业的限制，不受身份、地位、年龄的限制，选择自己喜欢的课程，让以往学习过程中的不可能变成可能。网络课程大规模开放性的特点，使得它与传统课程一次只能接受几十个或几百个学生听课的情况不同，一门课程动辄上万人，甚至几十万人听课，并且通过网上完成，极大地提高了知识传播的效率。未来，象牙塔内外的界限将逐渐模糊和淡化。

（二）交互性

在线教育的交互性体现在对传统单向交流授课模式的颠覆。例如，翻转课堂的授课内容由学生自学，在课堂上主要针对有争议的问题，或者有困惑的问题，师生之间、生生之间进行交流和讨论，增强了互动。同时，互联网可以使学习交流突破时间和空间的限制，通过在线社区或网络留言，交流可以在任何地点、任何时间进行，网络的屏障也使得师生之间少了交流的拘谨，可以更为真实自由地表达自己的看法。大数据的辅助更是让互联网时代的沟通如虎添翼，通过对学生学习行为、学习能力的分析，教师对学生有更科学全面的了解，可以更有针对性地进行沟通交流。

（三）学习游戏化

互联网教育为了吸引学生的注意力，开发了许多网络游戏式的学习方式，从而做到寓教于乐，激发学生的学习兴趣。例如，在考核方式上，有些网络平台推出随堂考试，满10分过关的形式。传统教育采用60分及格的考试方式，60分以上者本门课程算是通过验收，60分以下者需要补考或重修。这种方式的弊端在于，学生对于丢掉的40分知识点并没有掌握，没有达到优秀的教学目标。而互联网教育采用随堂考试的方式，要求学生在掌握一个知识点后，马上进行在线测试，而且就像游戏里的通关设置一样，只有全部答对，才能继续上下一堂课。差几分就要回去重看一次课程视频，看完后再考。考后马上给分，有时候还给出学生在考过这个题的人中的排名。这种"即时奖励"的游戏式教学，能够充分调动学生的学习热情，并且使学到的知识更扎实。

（四）个性化

可汗学院的创始人萨尔曼·可汗曾说："传统的教学法是非人性化的教学，30个孩子不许讲话，不许相互配合，一个不论多么优秀的教师，都不得不按同一个步调教30个学生。"他称此为"监狱型学校"。在不久的将来，学习也将变得可以"DIY"，充满个性化的学习将真正成为可能。大数据和自动化教学系统使个性化教学成为可能。互联网教育运用计算机特有的数据库管理技术，为个性化教学的实现提供了可行的路径。首先，计算机系统针对学生的学习状况进行完整的跟踪、记录和分析，得出每个学生的学习特点和学习规律，然后，根据这些规律，学习软件系统将推荐适合该学生学习的课程和学习计划，更加人性化，真正做到"因材施教"，避免传统教育的千篇一律。如万学教育的主打产品海文考研和金路公务员考试，通过更加精细化的课程开发和管理，达到传统课堂教师无法实现的教学效果。

在未来，随着互联网的普及，互联网教育将会不可避免地给学校传统教育带来冲击。空间的无界化、内容的多元化、学习的自主化和管理的个性化，必将成为教育变革的方向。

第三节　培养目标与能力要求的转变

教育历来受到国人的极度重视，历经千年的栉风沐雨，我国的教育形成了一套完整的教育体系，现有的教育体系是在中国传统教育的基础上，结合西方现代教育管理体系所形成的，以学校教育为中心，以知识传授和人才培养为目标，具有规范的管理模式。然而，互联网给传统的教育体系带来了前所未有的冲击，使我们不得不对传统的教育模式进行反思和重构。文化产业具有高度的融合性，受互联网的影响非常巨大，其教育模式更应该适应互联网时期的教育特点。

一、"互联网+"时代的人才培养目标

还是以文化产业人才培养为例。文化产业是文化艺术与产业运营高度融合的产业，人的头脑所产生的创意是文化产业的基本生产原料，通过将创意融入产品设计、市场推广、企业经营的各个环节，可以提升产品的文化附加值和设计附加值，提升产品档次，增强企业的文化传播能力，塑造企业文化品牌。在此过程中，技术手段的运用是基本的生产工具。因此，文化产业对人才的知识与能力结构有着特殊的要求，即要求高素质复合型人才。文化产业人才的复合型，主要是指文化产业是一门综合性、交叉性很强的学科，对人才的要求也与其他学科不同，既要求文化产业从业人员具备深厚的人文功底、广博的知识储备、良好的艺术修养，又要清楚文化创意与生产制造产业之间的关系，准确区分其经济意义与文化意义，能够进行科学的管理运营，同时又掌握必要的科技知识，如数字化技术、信息技术和网络技术。

总体而言，当前关于文化产业人才培养目标所达成的共识是，文化产业是一门综合性、交叉性较强的学科，必须按照"厚基础、宽口径、强能力、高素质"的要求，培养国际型、复合型、应用型、创新型文化产业管理人才。

在传统的人才分类体系中，可以将文化产业人才分为以下几种类型：从职业的角度分类，文化产业人才既包括具有创意能力和技术能力的专业人才，又包括将创意转化为经济价值的人才，是受过多重教育、有创新精神的艺术、管理、技术"三栖"复合型高级人才。北京大学文化产业研究院向勇教授将文化创意人才分为七类，其中包括：创意人才（艺术家、设计师、导演等），技术人才（音乐制作人、录音师、摄影师等），经营人才（社长、团长、经理人等），营销人才

（营销总监、市场推广主管等），通路经营人才（戏剧经营者、拍卖经销商等），管理人才（经理、总编、总监等），研究人才（教授、研究员、咨询顾问）。根据文化产业发展产业链，文化产业人才可分为创意、策划、经营、管理四类。创意人才指将创意融入产品设计、生产和经营的各个环节中，以技术和创新介入产业化生产方式，提升产品的文化附加值和艺术附加值的人才；策划人才指从事知识咨询、专业评论、活动策划、信息对接及组织承办等的人才；经营人才是指从事市场调研预测、生产、营销、售后服务等的人才，为资产资本运营方向负责；管理人才能够对产业环境进行科学评估和把握，站在行业角度审视企业发展方向，制定发展战略的人才。

然而，随着"互联网＋"时代的到来，文化产业的人才培养目标发生了改变。

首先，文化产业的融合发展使原有的专业界限和知识格局被打破。随着文化产业内部行业的融合，文化产业与其他产业之间的融合，以及文化产业发展与政治、经济、文化、社会各领域建设的融合，专业及行业间的壁垒不断被打破，新的行业形态不断产生，原有的知识格局及专业之间的界限不断淡化和模糊。同时，文化产业的产业化发展需要完备的产业链作为支撑，在互联网时代，这个产业链不再仅表现为垂直型，而是表现为垂直水平相混合的全产业链复合形态，同一行业内部上下游联动和不同行业类别之间分工协作的发展态势日益明显，相互触动、相互传导、相互影响。从文化产业与其他产业融合来看，文化产业的结构已经跨越了一二三产业，现有的任何产业业态或经济活动都或多或少地渗透了文化内涵和文化元素，产业门类交叉整合，产业界限日渐模糊，并不断催生出新的产业业态。

其次，"互联网＋"教育为复合型人才的培养创造了更好的条件。文化产业涉及门类众多，对人才素质和能力要求极高，又要求具备行业的经验和实践的操作。很显然，以传统的人才培养模式，单纯的本科层面教学是不可能做到的。为此，有学者建议文化产业的人才培养层次重点在硕士及以上阶段，最好创新开设"文化产业管理硕士"（Master of Cultural Industries Adiministration，MCA）专业学位，培养具有文化产业核心思维理论和操作运营技能的硕士生。在本科层面，开设文化产业双学位，即在学习文化产业管理的同时选修其他相关学科，在进行传统学科训练的同时，针对创意管理能力的核心胜任力进行训练。但是这种思维模式仍是基于传统分科制教育模式的。

在"互联网＋"教育时代，随着慕课及其他类型在线教育平台的开放，网络提供了全球范围内大量优质的文化产业教育资源，教育不再受时间、空间和学院、专业的限制，无论是在校学生还是文化产业实际从业者，完全可以根据自己的兴趣爱好和工作需要选择全球范围内名校名师的课程，通过自主学习完成对自己的能力培养，完善自身的知识结构，使自己成为业界发展所需要的复合型人才。

二、"互联网+"时代的人才能力要求

文化产业人才培养的根本在于培养人才的核心能力，以使本专业人才具备核心竞争力。这种能力不同于文化研究、产业经济学及艺术学所要求的专业能力，而是文化产业管理专业学生特有的核心能力。传统的文化产业人才培养，要求学生具备文化项目策划能力、文化企业经营管理能力、文化资本运营能力等，在"互联网+"时代，这些能力仍然是文化产业从业者需要具备的核心能力，但是却对文化产业人才的能力培养提出了更高的要求。

首先，需要具备自主学习能力。文化产业门类庞杂，知识谱系复杂，优秀师资力量稀缺，单纯依靠传统的学院式教育已经不是最佳的人才培养方式。互联网教育与传统的学院式培养最大的区别之一是学生可以自主选择自己想要学习的课程。在线教育使学生不仅能够自主选课，而且可以参加线上社区和线下小组的讨论。学生与学校、学生与学生之间的关系不是疏远了，而是更为紧密了，沟通渠道更为畅通了。这种参与式学习、讨论式学习，将取代传统的灌输式学习。在网络教育模式下，学生之间的相互交流也是自主学习的重要组成部分。学生之间相互学习效果如何呢？印度有一位教授苏伽特·米特拉（Sugata Mitra）曾经做过一个实验，选择一些从来没有见过电脑，不知道什么是互联网的贫穷村落，在墙上安装电脑并连上网络，然后挑选一批从未接触过电脑的孩子，让他们自由使用，整个过程中工作人员和老师不得干预和指导。米特拉教授观察到，第一个来到电脑前的是一个13岁的孩子，经过8分钟的摸索后他学会了上网。然后，他将村子里的其他孩子带到电脑前，并教他们上网，一天之内就有大约70个孩子学会上网了。这个实验告诉我们，孩子们的学习能力是超强的，只要给他们提供一个可以相互学习、相互交流的平台，就会产生意想不到的化学反应，他们会在相互比较、相互模仿中快速掌握某些知识和技能，所以要善于利用学生的自主学习能力和相互学习能力。例如，现在有很多学习型的在线社区，针对同一门课程，社区成员之间可以相互交流，你的疑问会有其他同学替你解答，你的观点会引发大家的争议和讨论。假如这个群体有5 000人，你就可以从这5 000人那里进行学习，而不仅是针对一个老师一门课程进行学习。这种巨大的学习资源是传统教育无法企及的。具备了自主学习能力，文化产业从业者才能适应网络时代瞬息万变的文化产业新兴业态。

其次，具备创意创新能力。文化产业作为创意产业，最核心的能力在于创

意创新能力。西方国家的学者高度关注创意阶层，并形成了一系列研究成果。例如，国际创意产业研究专家佛罗里达在《创意阶层的崛起》一书中指出，才能和创意是当今社会财富的主要来源，一个城市的经济能否繁荣取决于这个城市能够吸引多少创意工作者，来从事城市的新经济建设，而不是有多少工厂、高楼或者多优惠的税收政策。佛罗里达进而提出了创造创意社会的"3T"理论技术（technology）、人才（talent）、宽容（tolerance），以此来观照中国的文化产业，刚刚起步的文化产业尚未形成创意阶层，但已具备了创意阶层形成的基本条件：一是技术上，互联网及现代信息技术的发展为创意阶层提供了强大的技术基础，如众多的科研单位以及对技术的大规模投资都为技术的完善提供了条件。二是中国政府越来越意识到人才的重要性，为人才创造宽松的政策环境。在国家"十二五"规划中把创新型人才建设提升为首要目标。中央和地方各部门正在尝试研究以媒介消费网络完善创新型城市建设，为创意人才建立更好的信息共享空间和创意环境。三是人才的培养，在这方面仍存在薄弱环节。高校传统的人才培养方式缺少对创新能力的塑造，创意能力的培养需要创意型教育模式，以应试教育为目标的教育模式无力解决创意人才的短缺。为此需要改变现有的人才培养模式，注重跨学科人才的培养。创意的产生需要一定的条件，正如罗伯特·弗兰兹在《创意无限》中所说，创造能力的发挥需要辅助以各种智慧能力和思维品质。跨学科知识有利于创造能力的发挥；多接触文化产业实际工作，创意并不能凭空产生，需要在不断的实践和试错中寻找灵感；注重对学生思维能力的训练。而这些都可以通过互联网教育的形式来进行。

最后，具备持续发展能力。文化产业培养的是应用型人才，这一定位使当前的文化产业人才培养过于关注对人才一技之长的培养，注重学生的具体操作能力和专门知识的培养，而忽视了对学生基础知识和基本素养的培育，在具体教学中表现在两个方面：一是专业设置过于偏重技能型课程，人文素养类课程偏少；二是专业划分过于细化，学生知识面过窄。在人才培养中存在功利化、浮躁化的倾向，学生也很难练就扎实牢固的基本功。这使得学生综合素养不高，发展潜力不大，在职场中很难做到可持续发展。学生可持续发展能力强调的是知识的内化和人的潜能发展，意味着要不断提高一个人的综合素养，在职业生涯中具备无限上升的可能性，能够胜任各个层面的职业岗位。例如，在广告公司工作的文案人员在未来职业发展中可以上升到部门经理、副总经理、总经理，甚至可以跨界到其他领域从事综合性更强的工作，这就是个人的可持续发展能力。

只有这样，才能应对互联网时代新生事物层出不穷的文化市场。可持续发展能力的培养意味着终身学习的必要性，而互联网教育为终身学习提供了可能。值得注意的问题是，当今中国文化产业呈现出蓬勃发展的趋势，需要大量的应用型人才，如果在人才培养中过于迎合市场的浅层次需求，文化产业教育就会沦为职业教育的工具。即使是职业教育，不注重人文素养的积累，过分关注本专业、本工种的技能和知识学习，会使学生失去可持续发展的能力，不能适应"互联网＋"时代的社会发展需求。

三、"互联网＋"时代的学科创新

创新是学科发展的必然要求，根据库恩的范式理论，一个学科成熟的标志是形成自己独立的学科范式，其中包括标志性的学科理论，学术共同体，明确的研究对象，独立的研究方法，规范的人才体系。学科建设是一个漫长的过程，需要不断沉淀积累，才能慢慢臻于完善。文化产业作为一门新兴学科，要想在未来道路上走向成熟，让自己与传统学科相比，有所创新，必须形成自己的学科范式。

（一）学科建设

学科建设是学科发展的根基，是拿什么培养人的依据。传统的文化产业学科建设注重学科的师资力量、招生规模、办学层次等硬性指标，在互联网时期应该作出相应的调整。作为相对独立的知识体系，文化产业不同于传统的研究型大学那种基础性的学科，而是教学应用型的学科，它与文化产业实践密切相关，因此在学科建设中，要与文化产业的学习对象的认知结构对接和合拍，要充分考虑到文化产业内在的规律和人才需求。在学科建设中需要考虑学科定位的问题，学科建设以扩展外延为侧重点，还是以内涵建设为侧重点，这是学科定位的前提。在互联网时代，作为应用型学科，文化产业的学科定位应该是扩展外延在前，深化内涵在后。"扩展外延"在前，就是支持和服务于现在高校所开设的文化产业本专科层次教育，充分利用互联网教育资源，鼓励企业、社会机构与学校合作开发更多的在线课程，普及文化产业基础知识，鼓励更多的人加入文化产业理论学习队伍。"深化内涵"之后，就是在文化产业学科建设达到一定规模的基础、基础理论和基本框架已经确立的基础上，提升文化产业的理论深度，建立文化产业特色办学示范点，优化文化产业办学质量，提升办学层次。鼓励文化产业分支学科的发展，培育出一批能够代表学科学术水平和师资水平的、有高度的教育品牌，尤其是互联网教育品牌，以提升学科的整体建设水平。

（二）教学学术

利用互联网推进创新教学学术，为文化产业的人才培养提供学术支撑。传统的教学学术主要是研究教学问题，聚焦"教与学"的研究，宗旨是追求最优化的教学和有效的学习。教学学术的研究内容包括如何根据社会和人的全面发展制订人才培养目标和质量目标，如何设计相应的知识、能力和素质结构，以及如何实现这种结构。大学必须开展教学学术研究，没有一流的教学学术便没有一流的教学相长。文化产业的人才质量有赖于人才培养模式的有效创新，而人才培养模式的创新离不开教学学术。在互联网教育时代，文化产业教育的内容、形式、方法、测评、管理都与传统的人才培养模式有所不同，这就要求文化产业必须重视新时代背景下的教学学术研究，以提升人才培养的内涵和高度。一是要建立新的学术规范，根据互联网教育的特点重新设计研究对象、研究方法和研究程序。二是完善教学学术评价体系。互联网时期的学术评价不能采用传统的科研评价体系，要加大网络影响力在教学和科研中的认可程度，创新教师奖惩与晋升制度、创新教师专业发展机制。三是加强学术交流。充分利用现代信息技术手段，搭建教学学术交流平台，通过学术会议、高峰论坛、交流研讨的方式，使学界前沿信息得以传播，优秀学术观点得以推广，学术传承得以实现。

（三）课程开放

传统教育中评价一门课程好坏的重要标准是看它属于哪一层次的课程，层次越高，表明课程越好，这个评价标准是官方指定的。而在互联网时代，评价一门课程的好坏不仅取决于该课程是否是精品课，还取决于这门课程的网络影响度。信息时代为网络课程的传播提供了渠道，一门课程的影响也不再局限在本校师生的小范围内，而是可以在全社会范围内传播。一门优质的课程可以创造上千万甚至上亿的点击量，使几十万人受惠，这是以往时代所没有的。因此，大学教师不仅要有提升课程质量，创造优质教学产品的意识，还要注意提供课程相应的支持和服务，即注重对课程的宣传渠道，做好课程的周边服务，如这门课程适合什么年龄段、有什么知识背景的人学习、能够提升哪些能力和素养等，从而帮助学习者找到适合自己的学习资源。大学也应该转变观念，大学不再属于特定的精英人群，而是属于全世界全人类，应该有打开大门办大学的心态，使所有愿意接受教育的人都有机会获得教育资源。世界范围内已经有好多开放大学的先例，这些开放大学的课程学习对象包括各个年龄阶段的学习者，开设课程种类繁多，学习者可自主选择，学校为学习者提供便于学习的各种条件和帮助。

（四）教育形式

在线教育改变了传统教育教学组织教学模式和教学方法、教学手段等。例如，对成千上万的学习者而言，利用移动终端、网络就可以挑选自己喜欢的学校、教师和课程等。又如，微课、慕课、翻转课堂、手机课堂，这些新颖的课程模式、教学模式正改变着我们接受教育的方式，也为学生提供了全新的课堂学习时空，知识的来源不再限于教材和教师。再如，在互联网时代，网络提供了海量的课程资源与电子资源，打破了时空限制，使得各学科课程内容全面拓展和学习者受教育实现了前所未有的便利。

四、任重道远：互联网教育应该关注的问题

互联网给文化产业的人才培养带来了发展机遇，但这并不意味着互联网带来的全部都是机遇而没有挑战，更不意味着互联网能够解决文化产业学科发展中的一切问题。我们需要客观分析在互联网背景下，新兴教育模式与传统教育模式的关系，不能顽固守旧，也不能矫枉过正。同时，还应该看到，互联网教育还处于起步阶段，未来还有很大的发展空间，对其发展趋势进行正确的判断，也是我们必须关注的问题。

（一）互联网教育与传统教育的关系

新兴互联网技术来势迅猛，伴随着大数据、云技术的发展势头，已经引起思维方式、教学方式、教研方式的系列变革，给传统教育带来了颠覆性的冲击，开启了教育的新时代，同时给教育教学领域带来更大的挑战，如互联网教育也存在碎片化、表面化以及失控的特点。

人们发现在线教育不能完全替换传统的学校教育。在线教育为学习者提供了丰富的教学资源、智能化的学习软件、便利的学习工具，但对于学习者而言，如果没有老师的正确引导，很有可能在浩瀚的知识海洋中迷航，失去方向。因此，不是说互联网技术越先进、速度越快，在线教育越生动和富于表现力，就越有效率，教学效果就越好。因为教育最终还是需要教师和学生之间的互动才能完成。

因此，在当前"互联网＋"背景下，既要发挥互联网教育的优势，彰显在线教育的多元性、立体性、主动性，也要充分发挥传统教育的学科规范性、教师引导和班级课堂隐性教育、集体熏陶性和合作性等作用。

新美国基金会教育政策部主任凯文·凯里（Kevin Carey）在出版的《学院的终结：缔造学习的未来及无处不在的大学》一书中充分肯定了慕课的价值取向，但同时也指出慕课无法撼动当下传统教育，彼此是一种共存共融关系，充当"学习的粒子加速器"。悉尼大学校长迈克尔·斯宾斯（Michael Spence）也曾表示："现实课堂教育将不会被取代。教师的作用、学生间的交流、课堂氛围将不会被取代。"

互联网教育可以为学生提供优质的教育资源，较之传统教育，互联网教育更

为便捷、更能激发学生的学习兴趣，同时费用和成本也较低，这是互联网教育的优势。然而，作为新生事物，互联网教育也有很多不够完善的地方。

人们对互联网教育最大的担心就是其互动性不足，通过网络进行授课，会让原本的师生面对面交流变得虚拟化，使学生的注意力下降，合作意识淡薄，甚至会影响学生对于课堂的接受程度。相对而言，传统课堂更容易带动师生进入深入的交流和探讨的活跃气氛中，有利于学生合作意识和沟通能力的培养。美国《国家利益》杂志 2013 年预测，"未来 50 年，美国 4 500 所大学，将会消失一半。"大学校长们都在担心，人们再也不愿意每年花几万美金到大学里去学习了。事实上，这种担心是没有必要的。大学最重要的是浓郁的学术氛围和开放自由的学术风气，让学生们在校园中、在课堂上感受老师的人格魅力以及同学间朝气蓬勃的气氛。从这个意义上说，传统课堂和传统校园的地位是不会动摇的。

从教学目标上讲，互联网教育最大的优势在于信息量大，课堂资源丰富，学生可以根据自己的爱好自主学习。然而，这同时也是一柄双刃剑，信息量大也意味着信息泛滥。学生在大量信息中如果缺乏自主选择能力，很容易迷失学习目标，难免走一些弯路。在这样的情况下，教师的引导作用就成了必不可少的要素，能够使学生有明确的学习目标，掌握课程的总体脉络和主线，发挥传统教学的指向作用，同时加强课程效果的反馈监控，及时了解学生的学习状况，并对其进行及时恰当的指导。

从教学内容上看，互联网教育的运营模式往往采用学校和企业结合的形式，由学校提供教学资源，企业提供技术支持。这样做的优势在于促进学校和企业的密切合作，培养的人才更能迎合社会需求。容易出现的问题是，企业为了追求更多的商业利益，可能会对课程内容进行干涉，从而造成课程内容的过度商业化，影响到学术的独立性。而传统教育作为相对独立的教学体系，能够纠正互联网教育所带来的偏差，保证教学内容的科学性和知识的系统性。

那么，传统教育与互联网时代的教育应该走相互借鉴、互为补充的道路，也就是混合式教学是融合二者最好的模式。通过混合式教学，可以把传统教育和在线教育做到优势互补，既能充分发挥教师的能动作用，提高学习效率，又能充分发挥学生创造性、参与性、主动性的主体作用。甚至有人认为混合式教学可以充分扮演和发挥双主导角色和作用。许多事实告诉我们，在线教育无法替代教师的教学设计、课堂引导，无法囊括学生的不可预知的反应和各种生动且神秘的课堂生命体验。

混合式教学是近年来国际教育技术界逐渐开始重视的概念，由何克抗教授在全球华人计算机教育应用第七届大会上首次正式倡导。何克抗教授认为"混合式教学"是未来教育技术的发展趋势，是国际教育技术界关于教育思想和教学观念的大提高与大转变。这些思想实际上是当代教育技术理论的回归，是一种螺旋式上升。混合式教学正迎着科技的发展前进，它汇聚了传统教学与多媒体网络教学的优点，它协同各种新的理念一同推进教育的改革，把教育推向一个更高的层次。因此，混合式教学的发展前景是很辉煌的，它将成为教育的主流。在线教育有利于学生的自我参与、自我建构的学习，实现自主探究、材料收集处理、多元选择等活动，进而达到知识的主动建构。而传统教育有利于师生沟通协商，直面情感交流，处理突发反应等。所以混合式教育将成为现代教育的一个趋势。

（二）专业能力与人格培养的关系

互联网为求知者提供了更丰富的教育资源和更便利的学习条件，从专业能力培养角度来说，更有利于人才的培养。然而，教育的内容不仅是知识的学习和能力的培养，还包括健全的人格养成、良好的学习习惯和正确的思维方式。有人认为，互联网生态下的开放教育有可能会弱化教育的育人功能。传统的教育中，教师通过面对面的交流将知识传授给学生，在传递知识的过程中，教师将德、智、体、美等育人工作融入进去，通过言传身教的方式向学生传道正确的人生观、价值观，及时矫正学生人格发展中的偏差，通过老师和学生之间的情感交流，培养学生尊师重教和教学相长的良好气氛。然而，在互联网时代的教育中，师生之间更多的是知识和信息层面的交互，教育的育人功能和情感关怀被弱化。

一是学习能力的培养。互联网为我们提供的教育内容鱼龙混杂、良莠不分，学习者，尤其是初学者，面对纷繁庞杂的学习内容，对专业知识没有足够的道德判断能力，很难保证正确的人生观、价值观、良好的道德品质的养成。"外事问百度，内事也问百度"，已经成了当前许多学生的思维习惯，过于依赖网络，过于信任网络所传递的信息，离了百度很多学生就会觉得无所适从。这些习惯让学生失去了对知识的加工和独立思考能力，不利于学习者智力的培养。碎片化学习使得学习者专注度下降，学习深度下降。互联网降低了学习的门槛，随处可见的知识分享和信息传播给人们的学习提供了便利，学习者可以随时随地选择自己感兴趣的知识进行学习，学习的广度大大增加了。然而，学习时间、学习内容却严重碎片化，学习者利用乘坐公交车、课间休息、睡前十分钟等零碎时间，学习了解一些零碎知识，这样会导致学习者养成懒于思考和知识加工的坏习惯，对于唾手可得的大量碎片化知识和信息一目十行而不加思考，学习内容的碎片化会使得知识与知识之间的关联难以建立，从而学习者学到的都是很多零散的点，而难以加工成有意义的知识网络。如此，学习者的学习深度很难保证。

二是健全人格的培养。健全人格是个人成长和成才的基础。人格是通过社会化而形成的具有相对稳定性的个人特质的综合，是个人知识、品德、经验、情感、思维方式、价值观念、行为方式等因素构成的有机统一体。健全的人格主要包括"三心"（仁爱心、进取心、自信心）、"三感"（幸福感、价值感、责任感）和"三力"（自制力、耐受力、创造力）。人格健全的人具有正确的价值观，能够积极乐观地去适应和改善环境，具有独立、坚强、开拓、进取的优良品格和健康开朗的心理素质，具有较强的承受挫折的能力和自我调节的能力、良好的沟通能力和团队合作能力，也就是当前流行的"全人教育"。教育的最终目的是培养有健全人格的独立个人，然而，当前的互联网教育在这方面仍然处于薄弱环节，在线教育更多的是对知识点的传授，教师面对的学习对象是不确定的人群，不同性格、不同文化背景、不同智力水平的人千篇一律地接受同样的教育，缺乏针对性，虚拟的环境使人格培养无法通过网络教育的方式进行。从这个意义上讲，传统教育有着互联网教育不可取代的优势。教师可以通过面对面交流，有针对性地对学生进行全面的人格培养，更有利于学生的身心健康全面发展。

三是情感意识的培养。学习的过程不仅是知识的获得，还是情感交流的过程，在学习过程中，老师通过"学高为师，德高为范"的言传身教，通过教学相长和人格魅力的发挥，给学生做出榜样。同学之间通过良好的学习氛围，积极向上的学习态度，友好合作的交流沟通，相互影响相互学习，学生在学习过程中感受到爱与关怀，体会到师生情、友情、亲情和爱情。学习的过程有助于学生情商的培养，提高学生的感知能力和情感表达能力。互联网教育使得学生"不出门便知天下事"，学习者的学习快捷方便，但是学习环境是封闭的虚拟的，所有的知识学习都可以通过互联网独自完成，缺乏与老师、同学之间的情感交流，学习者与外界的情感纽带被割断，长久下去，学习者可能会变得孤僻、情感冷漠，不会与人交往，缺乏适应社会的生存能力。

在专业能力与人格培养的关系上，前者固然重要，但后者是前者的前提和保障，教育的本质更多的是对人本身的关注，而在这方面，互联网教育还存在明显的缺失，这种缺失可能是互联网教育本身无法克服的，需要与传统教育相结合，才能共同达到教育的终极目标。

（三）"创客教育"与文化产业人才培养

《新媒体联盟 2015 地平线报告》（高等教育版）指出，"创客教育"是高等教育信息技术中期应用趋势。国家政府报告中也提出"健全创业辅导指导制度，支持举办创业训练营、创业创新大赛等活动，培育创客文化，让创业创新蔚然成风"。所谓"创客教育"是指培养学生创新、创业所需的知识、能力、视野等方面的教育行为。在文化产业未来的人才培养中有效运用互联网手段，发展"创客教育"，将会解决文化产业人才培养中的短板问题，对互联网时代的文化产业教育来说，这是趋势也是挑战。

首先，创业课程的设置。"大众创业"时代的来临，为从事文化产业从业者带来了创业的利好条件。然而，在文化产业人才培养体系中，创业教育却属于薄弱环节。创业课程不够系统、缺乏可行性，理论与实践两张皮等问题，使得文化产业的创业教育远远不能满足学生的学习需求。其原因在于多数学校没有优秀的创业老师，很多学院派的老师缺乏实际创业经验，照本宣科，不能有效指导学生的创业实践，从而使创业课程流于形式。互联网教育能够利用网络平台，邀请一批成功和有经验的文化产业业界精英（如马云、李彦宏、俞敏洪等）从实际创业经验中对如何创业进行讲解，推出一批有价值的、高品质的精品课程，将会为众多创业者就创业中遇到的困惑指点迷津，更加具有现实可操作性。此外，创业课程应该是一个开放的系统，不断吸收业界前沿、最新动态，并通过网络视频平台，如爱奇艺、优酷等与国际知名院校（如麻省理工学院、哈佛商学院）建立联系，学习他们的创业课程，能够最大限度地开阔视野和思维，以国际化的思维方式进行创业，能够提高创业的格局，开拓更为广阔的市场，加快文化走出去的步伐。

其次，应该关注学生就业问题。近年来，文化产业发展势头迅猛，社会对文化产业人才需求有很大的缺口，然而，每年文化产业管理专业的毕业生却存在找不到工作，或者找到的工作与专业不对口的问题。"专业热、就业冷"这种局面存在的原因，很大程度上在于学校人才培养与社会需求不对应，培养出的人才不能满足文化产业实际工作需求。鉴于此，可以通过互联网改变现有的局面，如创建网络平台，一方面，将企业的培训课程和实际工作流程通过视频展示给学生，学生通过学习了解业界真正的工作情况，有意识有针对性地培养自己的实际工作能力，做到毕业就能就业；另一方面，网络平台可以为每个学生建立数据库，记录学生从进入大学到毕业期间的学业、生活、创业及实习经历，以便企业对学生的素质、能力及性格有个全面动态的了解，找到合适的人才。

最后，需解决学生创新能力欠缺的问题。文化产业关键在于"创意"，对学生创新能力的培养是文化产业人才培养的核心目标。然而，中国现行教育体系是以被动学习和应试教育为导向的，僵化的教学模式和评价模式不利于学生创新能力的培养。"为什么我们的学校总是培养不出杰出人才？""钱学森之问"困扰着一代又一代的教育工作者。如何培养文化产业管理专业学生的创新能力是我们当前必须思考的问题。

创新需要具备的土壤包括三个方面，即自由宽松的社会氛围、多元开放的学习环境、深厚广博的知识背景。而互联网可以帮助我们构建这样的土壤环境。慕课把名校名师的讲座搬到网络上供全世界分享，并通过在线社区等形式供学习者相互交流，这样的学习形式有助于拓展学习者的知识面，磨炼发散性思维，从思想的碰撞交流中产生创新的火花。与此同时，作为网络时代的新生族，90后的年轻人对网络有着天然的亲和力，愿意生活在数字化的虚拟环境里，喜欢二次元事物，这些都为互联网教育的推广提供了良好的条件。可以说，90后的天马行空、异想天开与互联网教育的开放包容、自由多元相结合，将会产生无限的创意，推动整个社会的创新步伐。互联网教育作为一种新的教育形态，能否利用好学习者的这一特性，激发和利用好他们的创新能力，也是未来需要考虑的课题。

除以上列举的三条之外，互联网教育中还有很多需要关注的地方。比如，作为创新的手段，教育业在推动"互联网＋"的时候面临着延续性创新和颠覆性创新之间的选择，也是在"＋"与不"＋"之间的选择，更重要的不是技术，而是新兴教育形式和传统教育形式之间的资源调配问题，这牵涉到很多教师和学校的利益问题，如何进行协调，将会是"互联网＋教育"面临的一大难题。又如，教育产品的知识产权保护问题。互联网教育的推广不是简单的技术层面的问题，还需要与之相配套的经济发展水平、法律制度保障、文化素养水平，用经济发展水平保证互联网教育的盈利基础，用法律制度保证教育产品的知识产权，用文化素养保证互联网教育内容的优良品质。离开了这些大环境，互联网教育的实现也只能是镜花水月。

在"互联网＋"的研究中，一直存在一个争论，到底是"互联网＋"还是"＋互联网"，结合到教育领域，到底是传统教育向互联网教育靠拢，还是互联网教育向传统教育靠拢，其实这个问题不是很重要，在这次"互联网＋"的浪潮中，不是互联网教育和传统教育鹿死谁手的问题，也不是谁输谁赢的问题，更多的是二者如何融合的问题，是如何融合得更快的问题。古往今来，从孔夫子到亚里士多德，从古代私塾到网络课堂，所有教育的最终目的都是为人的全面发展，为了实现更幸福完美的生活。无论茹毛饮血的远古洪荒时代，还是瞬息万变的现代信息时代，教育的本质没有发生变化。不忘初心，方得始终。无论技术如何发展，我们要始终牢记教育的初衷是育人，而互联网只是用来提升和变革教育的技术手段。信息技术为我们带来了教育形式和教育内容的全面更新，相比传统的学校课堂教育，网络教育有着无可比拟的优越性，但同时我们也应该保持冷静清醒的头脑，既不能割裂"互联网＋教育"与传统教育的联系，也不能固步自封，抵制现代化的教育浪潮。应该看到，互联网教育的核心是优质教育资源低成本、大规模的分享，它是教育的方式与手段在互联网时代的一次革新，能够为传统教育提供优化的工具，甚至引发教育思维方式和教育哲学理念的变革。互联网教育不能取代传统教育，但也会在教育领域掀起一场深层次全方位的变革。面对"互联网＋"的挑战，教育不能坚守避战，也不能任由互联网"肆意妄为"，而是应该从教育变革的真正需求出发，抓住机遇，直面挑战，让教育在"互联网＋"的"风口"飞得更高、更远、更稳。

第五章 "互联网+"给中国高等教育带来的机遇与挑战

第一节 "互联网+教育"的核心与本质

一所学校、一位老师、一间教室，这是传统教育。一张网、一个移动终端，几百万学生，学校任你挑、老师由你选，这就是"互联网+教育"。在教育领域，面向中小学、大学、职业教育、IT培训等多层次人群开放课程，可以足不出户在家上课。互联网+教育的结果，将会使未来一切教与学活动都围绕互联网进行，老师在互联网上教，学生在互联网上学，信息在互联网上流动，知识在互联网上成型，线下的活动成为线上活动的补充与拓展。

"互联网+教育"不只是影响创业者们，还有一些平台能够实现就业的机会，在线教育平台能提供的职业培训就能够让一批人实现职能的培训，而自身创业就能够解决就业。总理提出的"大众创业，万众创新"对于教育而言有着深远的影响。教育不只是商业，极客学院上线一年多，就用近千门职业技术课程和4000多课时帮助80多万IT从业者用户提高职业技能。

2015年6月14日举办的"2015中国互联网+创新大会"河北峰会上，业界权威专家学者围绕"互联网+教育"这个中心议题，纷纷阐述自己的观点。"互联网+不仅不会取代传统教育，而且会让传统教育焕发出新的活力；第一代教育以书本为核心，第二代教育以教材为核心，第三代教育以辅导和案例方式出现，如今的第四代教育，才是真正以学生为核心。"中国工程院院士李京文表示："中国教育正在迈向4.0时代。"

其实在"互联网+"提出之前，互联网教育已经有了近10年的发展历史，这表示即使政府不制订"互联网+"计划，"互联网"+教育的模式探索与尝试也已经开展，大数据、云计算、互联网……逐渐与教育相互结合，教育的形态被"智能"的力量重塑，教育行业已经实现了互联网化。互联网成为教育变革的一大契机，但是它只是对传统教育的升级，其目的不是去颠覆教育，更不是颠覆当前学校的体制。基于此，我们认为，"互联网"＋教育的核心和本质就是基于信息技术，实现教育内容的持续更新、教育模式的不断优化、学习方式的连续转变以及教育评价的日益多元化。

一、"互联网＋教育"：教育内容的持续更新

互联网＋课程，不仅产生网络课程，更重要的是它让整个学校课程，从组织结构到基本内容都发生了巨大变化。正是因为具有海量资源的互联网的存在，才使得高等院校各学科课程内容全面拓展与更新，适合大学生的诸多前沿知识能够及时地进入课堂，成为学生的精神套餐，课程内容艺术化、生活化也变成现实。通过互联网，学生获得知识的丰富和先进，完全可能超越教师。除了对必修课程内容的创新，在互联网的支持下，各类选修课程的开发与应用也变得天宽地广，越来越多的学校能够开设上百门的特色选修课程，诸多从前想都不敢想的课程如今都成为现实。

二、"互联网＋教育"：教学模式的不断优化

互联网＋教学，形成了网络教学平台、网络教学系统、网络教学资源、网络教学软件、网络教学视频等诸多全新的概念，不但帮助教师树立了先进的教学理念，改变了课堂教学手段，大大提升了教学素养，而且更令人兴奋的是，传统的教学组织形式也发生了革命性的变化。正是因为互联网技术的发展，以先学后教为特征的"翻转课堂"才真正成为现实。同时，教学中的师生互动不再流于形式，通过互联网，完全突破了课堂上的时空限制，学生几乎可以随时随地随心地与同伴沟通，与老师交流。在互联网天地中，教师的主导作用达到了最高限度，教师通过移动终端，能即时给予学生点拨指导。同时，教师不再居高临下地灌输知识，更多的是提供资源的链接，实施兴趣的激发，进行思维的引领。由于随时可以通过互联网将教学的触角伸向任何领域的任何角落，甚至可以与远在千里之外的各行各业的名家能手进行即时视频聊天，因而教师的课堂教学变得更为自如，手段更为丰富。当学生在课堂上能够获得他们想要的知识，能够见到自己仰慕的人物，能够通过形象的画面和声音解开心中的各种疑惑，可以想象他们对于这一学科的喜爱将是无以复加的。

三、"互联网＋教育"：学习方式的连续转变

互联网＋学习，创造了如今十分红火的移动学习，但它绝对不仅是作为简单的即时随地可学习的一种方式而存在的概念，它代表的是学生学习观念与行为方式的转变。通过互联网，学生学习的主观能动性得以强化，他们在互联网世界中寻找到学习的需求与价值，寻找到不需要死记硬背的高效学习方式，寻找到可以解开诸多学习疑惑的答案。研究性学习倡导多年，一直没能在中小学真正得以应用和推广，重要的原因就在于它受制于研究的指导者、研究的场地、研究的资源、研究的财力物力等，但随着互联网技术的日益发展，这些问题基本都能迎刃而解。在网络的天地间，学生对于研究对象可以轻松地进行全面的、多角度的观察，可以对相识与陌生的人群做大规模的调研，甚至可以进行虚拟的科学实验。当互联网技术成为学生手中的利器，学生才能真正确立主体地位，摆脱学习的被动感，自主学习才能从口号变为实际行动。大多数中小学生都将有能力在互联网世界中探索知识，发现问题，寻找解决的途径。互联网＋学习，对于教师的影响同样是巨大的，教师远程培训的兴起完全基于互联网技术的发展，而教师终身学习的理念也在互联网世界里变得现实，对于多数使用互联网的教师来说，他们十分清楚自己曾经拥有的知识，是以这样的速度在锐减老化，也真正懂得"弟子不必不如师，师不必贤于弟子"的道理。互联网不但改变着教师的教学态度和技能，同样，也改变了教师的学习态度和方法。他不再以教师的权威俯视学生，而是真正蹲下身子与学生对话，成为学生的合作伙伴与他们共同进行探究式学习。

四、"互联网＋教育"：教育评价的日益多元

互联网＋评价，这就是另一个热词——"网评"，在教育领域里，网评已经成为现代教育教学管理工作的重要手段。学生通过网络平台，给教师的教育教学打分，教师通过网络途径给教育行政部门及领导打分，而行政机构也通过网络大数据对不同的学校、教师的教育教学活动及时进行相应的评价与监控，确保每个学校、教师都能获得良性发展。换句话说，在"互联网＋"时代，教育领域里的每个人都是评价的主体也是评价的对象，而社会各阶层也将更容易通过网络介入对教育的评价。此外，"互联网＋评价"改变的不仅是上述评价的方式，更大的变化还有评价的内容或标准。例如，在传统教育教学体制下，教师的教育教学水平基本由学生的成绩来体现，而在"互联网＋"时代，教师的信息组织与整合、教师

教育教学研究成果的转化、教师积累的经验通过互联网获得共享的程度等，都将成为教师考评的重要指标。

总之，随着"互联网+"被纳入国家战略的顶层设计，就意味着"互联网+"时代的正式到来，教育工作者只有顺应这一时代变革，持续不断地进行革命性的创造变化，才能走向新的境界和高度。

第二节　"互联网+"给中国高等教育带来的机遇

随着工业社会向信息社会的过渡转型，国际化和信息化已经成为高等教育发展的必然趋势。特别是"互联网+"时代的到来，以及最近几年大规模公开在线课程的广泛兴起，正在引发世界范围内高等教育格局的竞争与变革。在这种背景下，中国高等教育的发展方式正在全面转型，而这种转型也给中国大学教育带来了更多的机遇。

一、"互联网+"让大学教育从封闭走向开放

"互联网+"打破了权威对知识的垄断，让教育从封闭走向开放，使优质的教育资源不再局限于少数名校之中，人们不分国界、老幼都可以通过网络接触到最优质的教育资源。在全球开放的时代下，正在加速形成一个基于全球性的知识库，通过互联网，人们可以随时随地从这个知识库中获取各国各地区优质的学习资源。

在我国，教育尤其是大学教育的质量具有较大的差距，进入大学之前，虽然城乡之间不可避免地会出现师资力量的差距，但由于总体上大家接受的都是基本相同的标准化教育，相互之间的差距也并不是那么明显。但是大学教育却与之不同，同一个专业在不同的学校所开设的课程不尽相同，培养手法也是不一样的，再加上学校开设课程时间的长短以及教师对于课程方面研究的程度、课程解读的不同，都会产生不同的效果。1959 年《中共中央关于在高等学校中指定一批重点高校的决定》中，决定设置全国重点高等学校，保证一部分学校能够培养较高质量的科学技术干部和理论工作干部，提高我国高等学校的教育质量和科学水平。而后在 1960 年，《中共中央关于增加全国重点高等学校的决定》中，在原有的基础上增加了 44 所大学，一共 64 所院校。1978 年国务院转发教育部《关于恢复和办好全国重点高等学校的报告》，恢复之前 60 所全国重点高等学校，并增加了 28 所高校为重点大学。至此，我国基本上确定了重点

高校的格局。我国高校数目从 1985 年的 1016 所上升到了 2015 年的 2845 所（如图 5-1），但是国家重点高校依旧是只有 985、211 这样的 112 所，根据国家建设重点院校的政策可知，为了支持学校的建设，国家的财政性教育经费很大一部分给了 985、211 工程的学校，而剩余的经费才能分入到其他院校。

但是，2000—2012 年国家财政性教育支出、预算内教育支出虽然在稳步地上升，但是与发达国家相比还是具有较大的差距。此外，财政性支出占 GDP 的比重这一项能够影响教育支出的数额，而我国的财政支出比重一直都在 20％ 左右，但是发达国家这一数字可以达到 50％，最少的也在 35％。这样一来，我国高校的资源就出现了僧多粥少的现象，随着高校数量的增加，那些普通院校得到的国家支持也就越少，能够提供的教育质量也随之减少。因此，导致最优质的教育资源都集中在少数的 985 等重点高校中，而其他院校则很少能得到优质的教师和政策支持。但是通过互联网，高校学生能够通过网络接触到 985 等重点高校的教育资源，同时通过互联网，可以跨地域跨时间段重复地针对一个知识点进行反复学习，加深对知识的理解，不至于在短短的 45 分钟或是一个小时的课堂上强行接收所有的知识点，且不担心知识点的遗漏。由此，知识获取的效率大幅提高，也为终身学习的学习型社会建设奠定了坚实的基础。

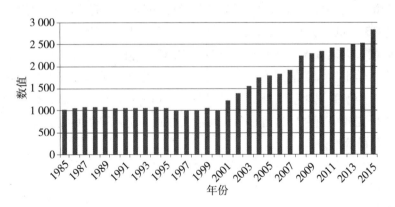

图 5-1　1985-2015 年我国高校数目增加图

二、"互联网+"降低了学生接受大学教育的成本

美国佩尤公众与媒体研究中心 2013 年 3 月份的一项研究发现，60％ 的美国成年人认为，大学对于国家的发展具有积极的作用；84％ 的大学毕业生认为，对他们而言，接受高等教育的费用支出是一项很好的教育投资。但是，该中心 2011

年的另一项调查发现，75%的受访成年人认为，对大多数美国人来说，上大学太贵了，几乎难以负担；57%的受访者说，美国高等教育体系没能让学生及其家庭的花费物有所值。TapioVaris是坦佩雷大学荣誉教授、联合国教科文组织首席研究员，他认为不同的教学实施模式会强化不平等，提出"经济因素将在很大程度上决定高等教育的命运，传统的面对面式的高等教育将成为少数人的特权，部分教育领域则需要实现全球的标准化，在许多情况下，这还将会降低教育水准"。

根据中国统计局的调查表明，自从2005年开始，我国家庭中子女的教育支出在家庭可支配收入中占的比重不断增长（如图5-2）。2004年，我国教育占居民可支配收入的比重从3.3%到2012的5.9%，上涨了将近2倍。大学学费在近20年内上涨了近25倍，而我国居民的人均收入仅增长4倍，在扣除了通货膨胀的因素之后增长仅有2.5倍，大学学费的增长幅度几乎是居民收入的十倍，但是大多数学生，尤其是所谓的非热门专业的学生，在毕业后却很难得到相应的投资回报。但是，"互联网+"出现后却不一样，互联网强调的用户可以免费享用各种资源。"互联网"+教育使得高校学生能够通过较低的成本得到更优质的教育资源，从而促进更多的学生去主动学习，避免很多因为家庭贫困而上不起大学的学生得不到优质的教育。中国广西大学教授DonaldG.BarneS、美国环境保护署科学顾问委员会前主任预言："大学日趋增长的成本难以为继，尤其是在大学教育全球化日趋增长的情况下，更是如此。所以，借助网络实施高等教育的做法才会迅猛发展，这种方式更加经济、高效。"

互联网极大地放大了优质教育资源的作用和价值，从传统一个优秀老师只能服务几十个学生扩大到能服务几千个甚至数万个学生，使得大学教师能够从繁重的教学任务中解脱出来。另外，互联网联通一切的特性让跨区域、跨行业、跨时间的合作研究成为可能，这也在很大程度上规避了低水平的重复，避免教师一年又一年重复的教学讲解。

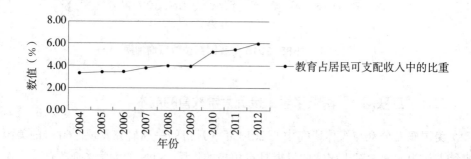

图5-2　教育占居民可支配收入中的比重

三、"互联网＋"改变了大学教育的教学模式并加速了教育的自我进化能力

互联网使教师和学生的界限不再泾渭分明，并改变了传统的"以教师为中心"的授课形式，使其转变成"以学生为中心"的形式。在"校校通、班班通、人人通"的"互联网＋"时代，学生获取知识已变得非常快捷，师生间知识量的天平并不必然偏向教师，教师必须调整自身定位，让自己和学生成为学习的伙伴和引导者。

要做到"以学生为中心"的教育就必须强调学生的个性化特征，中国的应试教育以考试结果作为划分学生优劣的标准，甚至更为偏激地认为成绩优秀的学生必然品德也是优良的。这种划分方式致使许多偏科但具有特殊才能学生的发展受到了阻碍，泯灭了许多学生的才能。而在互联网中的用户思维就是指在价值链的各个环节都要"以用户为中心"去思考问题，根据用户的需求进行服务。在"互联网＋"时代下，利用大数据分析学生的特点，准确分析学生的兴趣爱好、认知水平、接受能力等，然后在此基础上因材施教。例如，美国亚利桑那州立大学，是美国最大的公立大学，拥有 72 000 名学生。学校在采取了一个在线教育服务商 Knewton 的"动态适配学习技术"来提高学生的数学水平，2 000 名学生通过使用该系统两个学期之后，辍学率下降了 56％，毕业率从 64％上升到了 75％。因此，利用大数据进行学生特性的分析，然后为学生提供相应的教学能够更为有效地提升学生的学习效果。现在为了满足学生的需要，互联网为学生提供多种学习模式，体验式学习、协作式学习及混合学习等模式。而其中最具特点的是 4A（Anytime、Anywhere、Anyway、Anybody）学习模式，即学生可以在任何时间、在任何地点、以任何方式、从任何人那里学习。这也在一定程度上体现了我国培养学生尤其是大学生自主学习的理念。

第三节 "互联网＋"给中国高等教育带来的挑战

进入 21 世纪，互联网的广泛应用和普及对人类文明和社会进步带来的巨大冲击，促进了人类学习方式、方法和习惯的改变。2015 年政府工作报告明确提出"建设世界一流大学和一流学科"，这是继 2011 年政府工作报告中提出要"加快建设一批世界一流大学"之后，又一次提出这一目标。可以预计，今后很长一段时间，大学教育都会统筹所有的重点建设经费到一个目标之下，那就是建设世界一流大

学和世界一流学科。然而，如何建设世界一流大学和世界一流学科？加州大学伯克利分校原校长田长霖认为："世界一流大学的重要标志是要有世界一流的科研成果，但不能只看论文发表的数量有多少，最重要的是要在某一个领域真正达到世界一流。"由此可见，随着"互联网+"时代的到来，中国的大学教育必将面对新的挑战。

一、"互联网+"使中国大学教育面临市场化的冲击

千百年来，大学一直被认为是知识和学习的中心。其间，尽管科技手段带来了巨大的社会变革，如活字印刷机、工业革命、电报、电话、无线电、电视机和计算机等的发明和使用，而大学生产和传播知识、评价学生的基本方式一直未变。有一种观点认为，正像那些以信息为核心的产业（如新闻媒体、报纸杂志、百科全书、音乐、动画和电视等）一样，高等教育很容易受到科技的破坏性影响。知识的传播已不必局限于大学校园、云计算、数字课本、移动网络、高质量流式视频、即时信息收集等，技术方面的可供性已将大量知识和信息推动到"无固定地点的"网络上。这一现象正激起人们对现代大学在网络社会中的使命和角色的重新审视。有关大学未来的争论，一个主要的驱动因素，集中在它已陷于四面楚歌的商业模式上。学生和家长们为不断飙升的学费而苦恼，他们越来越质疑自己对高等教育学位的负担能力，以及学位作为求职证书的最终价值。

在上述背景下，新技术催生出了相关的教育市场，大规模公开在线课程开始备受人们的关注。2011年夏，斯坦福大学计算机科学教授塞巴斯蒂安·特龙（Sebastian Thrun）宣布将在网上免费公开自己的秋季课程，并附上课后练习题和随堂小测验后，其选课人数迅速增加。社会公众认为：大规模公开在线课程不仅能充分利用有限的教师资源来教授大量课程，达到教学成果最大化的目的，还可以降低人们求学的经济成本，缓解大学教育面临的经济压力。虽然在线课程让更多人"走进了"课堂，但它依然饱受争议，美国教育家德尔班科坚称："传统课堂上的教学体验是在线课程无法替代的。"德尔班科表示，"如今真正需要思考的是，有多少人能从在线课程中获得真才实学？关于学生是谁、学生的具体问题是什么、怎样有针对性地解决学生的问题等问题，都需要教师与学生进行面对面的交流来寻找答案"。

无论是否存在争议，大学已经发现竞争对手正在侵蚀自己的传统使命。弗吉尼亚州大学有关大学校园变革的紧迫性和变革速度的争论很是热烈。校董事会认为，校长 Teresa Sullivan 未谋求快速的变革，因而经过表决要求她下台。教师、

学生和校友一片哗然，一阵骚动之后，董事会改变了原来的决定，恢复了 Teresa Sullivan 的校长职务。不过，学校在她复职的一周内宣布：本校要加入私人开办的在线教学服务公司 Coursera。这意味着该校将会加入其他诸多精英研究性大学的一个团体——这些学校包括杜克大学、约翰霍普金斯大学、普林斯顿大学、斯坦福大学、宾夕法尼亚大学等，成为 Coursera 网络联盟机构的一个成员。截至 2012 年，Coursera 的大规模开放式网络课程（MOOC）已对其学生免费提供，从而使全球数百万人获得了不受限制地聆听该国一些最知名大学课程的机会。

二、"互联网＋"使中国大学教育面临国际化的冲击

事实上，经济全球化的迅猛发展，使得人力资源和物质资源在世界范围内的跨国、跨地区流动成为新常态。这种资源的流动已经渗透到教育领域——教育要素自发在国际流动，教育资源自发寻求优化配置，世界各国间的教育交流日益频繁，竞争更加激烈，形成了教育国际化的大趋势。教育国际化既是经济全球化的必然产物，也是各国政府教育战略的重要目标。各国在人才培养目标、教育内容、教育手段和方法的选择上，不仅要以国内社会经济发展的需求为前提，还要适应国际产业分工、贸易互补等经济文化交流与合作的新形势。因此，教育国际化的本质，归根到底就是在经济全球化、贸易自由化的大背景下，各国都想充分利用"国内"和"国际"两个教育市场，优化配置本国的教育资源和要素，抢占世界教育的制高点，培养出在国际上有竞争力的高素质人才，为本国的国家利益服务。

从方法论的角度讲，教育国际化就是用国际视野来把握和发展教育。从各国的教育国际化实践来看，教育要素在国际的流动，最早始于各国高等教育之间，并由此波及中等教育、基础教育、职业教育等领域。著名教育问题研究专家钟秉林认为：教育领域的人力资源流动就是教师和学生的流动，物质资源流动就是教学资源的流动，如课程、教材、课件等。而这些要素流动的载体，就是各类不同形式的国际教育项目。截至 2012 年年底，我国依法批准设立和举办的实施本科以上高等学历教育的中外合作办学项目 732 个、办学机构 43 个。实际上，未经审批的、但是已经实际存在的合作办学项目，可能是这个数字的几倍之多。从全国高校整体情况看，包括本科、高职高专，至少 2/3 的高校已经有自己的中外交流或合作办学项目。"合作办学就是一个载体，通过这个载体，国际化的课件、教材都可以流动起来，同时还伴随着学生和教师的国际流动。更重要的是，随着师生资源和教学资源的流动，必然伴随着教育观念、教学方式、管理方式的跨国流动与融合。这是各国教育谋求发展的一个重要机会，很有挑战性"。通过教育国际

化进行资源重新配置的方式很多，如出国留学与来华留学、访学游学与国际会议、合作研究与联合培养、结成友好学校等，这些途径为教育国际化搭建了平台，为国际教育要素的流动提供了载体。

三、"互联网＋"使普通高校面临缺乏优质生源的挑战

如图 5-3 所示，自 1992 年开始，参加高考的人数在不断地上升；到 2008 年 1050 万人达到一个高峰，而后又开始不断地下降，而这个时间段刚好又是互联网火热发展的阶段。其次，从数据中可以看出高校录取比例在近年来不断下降，而国家政策也在不断地调整高校的录取人数，这两方面可以看出高校正在面临生源不断减少的危机。

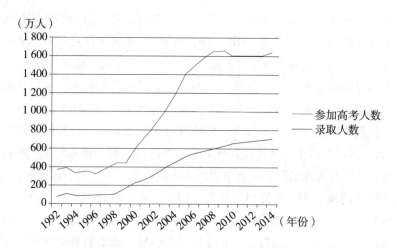

图 5-3　1992—2014 年高考人数预录人数状况

互联网将最优质的课程以一种近乎免费的方式提供给广大的学生。例如，2010 年在海地地震之后成立的"人民大学"，这所学校就是互联网教学的雏形。在这里，学生能够免费或是缴纳少部分的学费进行学习获得学分。按此模式发展，如果互联网教育发展到了一定的程度，并且能够提供受到社会认可的证书，那么，相当一部分学子即使没有进入重点院校，也不会退而求其次的进入一所普通院校，甚至是学习自己不喜欢的专业。他们可以通过互联网学习大学应该学到的知识，并且得到社会的认可。这样一来，首先，我国很多二本、三本院校以及高职等专科院校的师资资源本就比不上重点院校的师资资源丰富，而在"互联网"＋教育的时代，又不能与网络上提供的教学资源相比。其次，学校为了维持其基本的运转和

基础设施的建设，就必须向学生收取超过互联网时代网络学校的费用，这样在成本上面又无法相抗衡。最后，在互联网教育不够发达的时代，高校学生之所以选择一所普通高校就读，甚至在分数不够的情况下选择一个自己并不喜欢的专业就读，很大一方面的原因是为了获得学位，得到社会认可。但是，当互联网教育也能够提供一样的学位认可，且学生能够自主进行专业的选择，那高校就会受到互联网教育的冲击。而且高校进行的是学生基础理论的教学，主要目的是让学生学会思考。这注定了高校即使自降身价，也无法与一般的技术院校去争夺学生资源，高校无法招收到学生，没有资金的运转，也就不可能去获取更好的教师资源，如此循环下去，普通高校势必面临严重的优质生源危机。

四、"互联网＋"使大学生受到学习碎片化的影响

我国教育家祝智庭认为，学习碎片化起始于信息碎片化，进而带来知识碎片化、时间碎片化、空间碎片化、媒体碎片化、关系碎片化等，即学习者可以利用乘坐公交车、课间休息、睡前十分钟等的零碎时间，通过网络获取一些零碎的知识进行学习。碎片化学习资源具有短小精悍、结构松散，传播迅速、生命周期短、去中心化、多元化与娱乐化以及多方式表达、多平台呈现的特点。也正是因为这些特点导致学生对网络学习产生障碍。首先，碎片化知识短小精悍、结构松散促进了学生认知方式的转变，对新知识的呈现形态提出新的要求，学生适应了简短的信息阅读方式，可能会对较长的信息和图书阅读产生不适感。而且长期以来，我们受到的大学教育都是系统的知识教育，而结构松散的知识要求学生能够对知识进行加工建构，否则学生就会产生认知的障碍，甚至以偏概全。其次，碎片化知识传播迅速、生命周期短，这样就对学生的记忆能力提出要求。一直以来，高校学生都习惯了纸质书籍这种连续的、线性的知识获取方式，先后信息相互联系具有一体性，这样便于学生对知识进行记忆。但是碎片化知识以短时间记忆为主，因此，学生日后进行信息的提取时可能产生虚构和错构，导致信息失真。最后，碎片化信息去中心化、多元化和娱乐化等特点，导致学生的思维不能集中，产生思维跳跃。知识碎片的多元化容易使学生正在思考的内容很容易被环境中时刻变化的新信息吸引，尤其是被娱乐信息吸引，而无法围绕一个主题进行深入思考。同时，由于大量碎片化知识和信息唾手可得，而其中大量的信息内容空虚、缺乏价值甚至毫无价值，而学生对于这类信息全盘接受而不加以思考，导致思维活动空洞，毫无深度可言。正是因为互联网下的教育与各行各业的知识在不断融合，知识不断更新拓展，知识的复杂度加强，信息以指数级增长，且呈现出碎片化的

形式，可用的资源虽丰富却也鱼龙混杂。而在传统的学习模式下，学生一直接受的是填鸭式教育，对于知识实行的是全盘接受，不须考虑其他。但是在互联网时代，却需要学生对知识信息进行加工处理，而这对于学习能力、信息加工处理能力不足的学生来说，是一个巨大的挑战。

五、"互联网+"使大学生受到心理健康和人际关系的双重冲击

2014 年是中国接入国际互联网 20 周年，据中国互联网网络信息中心发布的报告，截至 2013 年年底，中国网民规模突破 6 亿，国内域名总数 1844 万个，网站近 400 万家，全国信息消费整体规模达到 2.2 万亿元，其中又以青少年为主要的网络群体。互联网由于其信息的易得性和娱乐性成了人们主要的信息获取和沟通来源，但是由于我国对于互联网管理的法制不健全，管理比较被动等原因，导致互联网上的信息以及教育视频良莠不齐，包含了许多反动言论和宗教色彩的信息。另外，由于技术不平衡的原因，网络上超过 90% 的信息为英文信息，而且国外发达国家也较早从事互联网的教育工作，导致现在网络上比较有名的几个互联网教育机构或是雏形都是国外的产品。这样一来，我国学生尤其是大学生在接受了一些比较前沿的科学知识的同时，也受到了国外文化的影响，甚至是不好的文化影响，产生外国的月亮比较圆的思想。最糟糕的是少数国外发达国家凭借对网络高技术的垄断，极力推行网络霸权主义。通过互联网大力宣传西方文化的同时还宣扬一些暴力和色情信息，致使在大学之前较少接触网络的高校学生，因为青春期的萌动导致心理扭曲，造成不良的影响。

与此同时，虚拟性是互联网的一个重要特点。在互联网中，一切事物都是虚拟的，正是这一特性，使学生具有了虚拟的身份，而现实中的人际关系却变得冷漠起来。传统的教学使学生在集体环境中生活，参与到了多样化的集体活动，在与同学的交往过程中，无形中就培养了他们的群体意识、集体主义观念和团结协作的精神。而网络环境是一个相对自闭的环境，纯粹的网络学习是通过一套网络设备完成相互交流，这样人与人之间直接交往的机会急剧减少，教师与学生之间的情感不能直接感受到，教师与学生之间仅通过 BBS、E-mail 等网络工具进行交流，人与人之间建立的关系是一种虚拟的人际关系，一种不现实的关系。这种虚拟的关系，使学生的群体意识淡薄，不利于健康个性及人格的发展，不利于人与人之间的协作共事、共同生活。

第六章 "互联网+"时代音乐教育教学方法的改革

第一节 突破传统的音乐教学模式

音乐教学模式，就其本质而言，是在一定的与实践相结合基础上的音乐教学理论，是为完成特定教学任务而构建的、比较稳定的、具体可操作的教学活动程序的框架，是教学模式在音乐教学上的应用。就模式本身的内容和原则而言，它具有操作性、针对性、整体性以及开放性。而转变传统音乐教学模式，可以帮助我们从整体上去探讨和综合认知在新时代背景下的新型音乐教学过程中，各种因素之间的综合关系及其丰富多彩的艺术表现形式，借以提高音乐教师对教学结果的预见性和传统音乐教学设计的科学性，持续性转变传统音乐教学模式。音乐教学模式变革的成功与否，重要的一点在于构建一支优良的音乐教师队伍。没有一支高素质的新型音乐教师队伍，再好的教学思想、教育改革方案、教育模式都难以得到充分实施。因此，良好教学师资队伍的培养对于新型音乐教育的发展有着重要的意义。

众所周知，德国的音乐教育无论是在教学上还是实践上，在世界范围内都具有较强的实力，这与其一贯高标准、严要求地进行师资培养是密不可分的。在对传统音乐的教学模式与师资培养探索的道路上，我们不仅要探索适合我国国情的新型音乐教学模式，也要积极借鉴国外先进的教学经验，这对转变传统音乐教学模式、构建适合我国新型音乐发展的音乐教育产生深远影响。

一、加强思想转变，建设一支现代化音乐教学师资队伍

创建一支师资力量雄厚的现代化音乐教师队伍，首先要树立对我国民族音乐

文化以及流行音乐文化的自尊自信观念。在世界性多元音乐文化格局中，我们首先要尊重自己的、有乡土特色的民族音乐文化，通过科研讨论，归纳总结出有鲜明特征的、有规律的民族音乐和流行音乐文化体系。其次，要树立与教育体制相适应的新型音乐人才育人观。在当今信息化教学环境中，音乐教师既要有崇高的职业目标，又要有高尚的职业道德。加强青年教师的师德建设，使其尽快成为学校音乐师资队伍的生力军。同时，将音乐人才规格的设定结合当地音乐文化生态的实际，使其自觉地致力于建立当地音乐文化资源的良好互动机制。形成转变教学观念、构建现代化音乐文化教学体系的基础力量。一方面，音乐教师应负担起重构当地音乐文化生态的职责，以此来设定培养传统音乐人才的规格；另一方面，要吸纳当地的音乐文化资源充实其自身的教育内容，还要通过提高音乐教师的自身素质来鼓励音乐教学的创新意识、科学意识。

当今社会复合型人才的培养要求教师必须要有良好的创新素质，教师必须善于采用先进的教学手段，在教学实践中不断积累经验，并结合传统理论的长处，来创造新的教学模式。此外，还要逐步完善音乐教师岗位聘任制，创建和谐有序公平竞争的教师工作环境，激励广大教师的工作热情。建立包括学生评价、院系评价、教学督导评价、学校评价等相结合的音乐教师评价体系。使聘任、激励和评价成为一个有机的整体，以达到转变传统音乐教学模式与思维的制度性基础与实践性基础。

二、构建具有民族性而又多元化的新型音乐教学模式

培养学生的创造能力是素质教育的教学目标，也是满足未来社会发展需求的具体要求，而传统音乐教学模式已经不能适应时代的发展，只有改变传统音乐教学模式，才能使这门理论性和实践性较强的艺术学科重新蓬勃发展，以培养学生的民族情感、提高学生的创造力。瑞士音乐教育家达尔克罗兹认为，对音乐的学习要遵循这样的过程，即听—动作—感受—感觉—分析—读谱—写谱—即兴创造—表演。而即兴创造包括在每一次循环中。诸如此类的音乐教育模式都可以借鉴到新型音乐教育模式构建的框架之中，用来充分调动学生学习传统音乐的积极性，并以此来培养学生的想象力和创造力。新型的音乐教学模式不仅要积极融合到本土文化之中，而且还要坚持多元化的艺术思想，以提高学生对民族音乐思想的认同，树立学生的民族情感。另外，多元化的音乐教学思想在促进人才的全面发展和音乐文化的创新发展方面起着重要的作用。现今，不少国家的音乐教育都认为音乐教学必须融合各种文化，这不仅代表着时代的发展要求，也融汇了传统

音乐文化发展的客观规律。目前为止，我国的音乐教育者们已经取得了一定的成绩，如柯达伊的手势教学、铃木的母语教学，结合我国的民间音乐对学生进行音准合唱训练；达尔克罗兹体态律动学、奥尔夫节奏教学结合我国的民间锣鼓来培养节奏感等。20 世纪音乐教育所体现出来的多元化趋势，是值得我们深思和学习的。构建具有民族性而又多元化的新型音乐教学模式，是转变传统音乐教学模式与思维的关键性力量，因此，我们要从构建新型音乐教学模式中取力量，创新音乐教学模式的发展。

三、构建新型中小学音乐教学模式，促进音乐教学模式的全面转变

我国中小学音乐教学模式是差异化较大的，由于我国城乡差距较大，城市和农村的中小学音乐教学模式形成巨大落差。相对于城市的音乐教学，我国农村地区的中小学音乐教育存在很大的问题。比如，基础音乐教学设备落后、音乐教育师资力量薄弱，这使农村基础教育中音乐教学模式相对落后。由于基础设施比较差，我国农村地区基础教育阶段的音乐教学模式基本上是以老师为主，学生参与少；在教学上，主要是以传授技能为思想，为应试教育服务。因此，要想转变传统音乐教学模式，首先要解决的就是完善农村地区中小学音乐教育的师资力量和设备。在构建和谐农村的前提下，我们应该大力发展农村基础教育阶段的音乐教育，提高对农村音乐教师的培训，积极在农村利用电教课，引进并改良适合农村的中小学音乐教学模式，培养年轻的音乐教师利用新的方式进行课堂教学。引导激发学生们对音乐的学习兴趣，教师还需要充分鼓励学生参与到音乐的教学过程中来，扩展他们对音乐文化背景了解的视野，实现师生之间的互动，提高学生学习音乐的兴趣，将传授音乐知识转变为促进人的全面发展为主的新型音乐教学模式。

总之，我们要用结构、功能和系统等观点研究并改良已有的或尚待开发的各种音乐教学过程或方法，让理论与实际相结合，从而形成一个多样化与系统相统一的音乐教学策略体系，为教授音乐的教师们提供一个设计和实施教学的系统参照，以此来构建一支师资力量雄厚的音乐教育队伍，并促进我国传统音乐教育模式的转变，实现我国音乐人才的科学培养和创新性发展。

第二节　突破传统的音乐教学设计

信息技术与课程的整合引起了课堂教学的深刻革命，更引起学习目标、学习方

式和评价手段的深刻变革。所谓课程整合，就是把技术手段有机地融合到课程中，就像在教学中使用黑板和粉笔一样流畅。音乐与信息技术整合，对提高学生审美能力，变革音乐学习方式具有重要的意义，这将给音乐学科教学带来新的生机与活力。

一、音乐课程的教学设计

在音乐教学中，教师是把学生看作接受的机器，还是视学生为认知的主体，这是传统教学与新教学的本质区别。因此，教师应是一个优秀的设计师，他必须考虑被设计主体的各种情况以及主体将要发展的目标，以便设计出最适合学生学习的环境和氛围。音乐课程强调了音乐是听的艺术，是以审美为核心的艺术教育，音乐知识的学习要在各种音乐活动中进行。在探究过程中用感受和体验的方式，培养音乐探究的能力，学习音乐的方法，形成音乐的审美态度、情感、价值观。音乐课程是基于这种理念的目标和方式，所以教学设计应把握以下原则：

（一）听觉的设计原则

音乐是听的艺术。在教学中，要把握听音乐的时间比例。

（二）以审美为核心的设计原则

音乐新课程以审美为核心的教学设计特点是：从感性入手，采用体验的方式，以情动人，以美感人，重视教育的潜效应。遵循情感性原则、体验性原则、形象性原则和愉悦性原则。

（三）创造表现的设计原则

音乐教学过程应是音乐的艺术实践过程。要把艺术实践作为学生获得音乐审美体验和学习音乐知识与技能的基本途径。音乐教师要尽可能地为学生提供参与音乐实践活动的机会，引导和鼓励学生运用音乐的形式表达情感，交流思想。对所听音乐做出语言反应、身体反应、内在反应和歌唱反应。

（四）在音乐活动中学习音乐知识的设计原则

知识与技能的教学是人整体素质的需要，也是学生学习音乐的基础。新观念告诉我们，音乐知识的学习应该放在整体音乐实践中进行，将其视为音乐表现活动的一个组成部分。在教学方式上，改变单纯传授音乐知识，以讲授代替体验的理性方式，改变机械训练音乐技能，以枯燥练习代替探究的倾向。把音乐知识与技能的学习，放在丰富、生动、具体的音乐实践活动中，同情感、态度、兴趣、智慧等因素紧密结合，通过体验、比较、探究、合作等方式来完成。

（五）教师转换角色的设计原则

教师的职责应是越来越多地激励思考，除传授的职能以外，他将成为一位顾问，一位交换意见的参与者，一位帮助发现矛盾焦点而不是拿出现成真理的人。过去教师是教教材，现在是教师用教材，与学生一起感悟体验学习音乐。因此，在教学中教师应做到：师生关系的民主平等；教学关系的多边互动；教师角色的多元化。

（六）音乐环境设计的原则

音乐教学环境设计是重中之重，一般包括视觉环境设计和听觉环境设计两部分。教师要根据教学内容设计环境，从而引起学生的兴趣，不要喧宾夺主，装点门面。

二、信息技术下的教学设计

现代教育技术、教学媒体是辅助教学的工具，这种教学设计主要有以下环节。

（一）确定学习主题

学习主题是指在某一阶段学习中需要研究的主要问题，它可以是一些知识，也可以是有待于解决的实际问题。采用研究性教学时，确定适合的学习主题是学生主动参与到探究活动中来的必要条件，教师需要分析教学目标和学习内容以及学生情况来确定学习"主题"。

（二）创设教学情境

学生的学习活动是在一定的情境下独立自主地或在他人帮助下，利用必要的学习资料进行的，学习环境中的情境必须有利于学生对学习主题进行意义建构。利用信息技术可以为学生创设与实际情景相似的学习环境，学生可以利用生动、直观的情境有效地激发联想，唤起记忆中有关的知识和经验，去发现、研究、解决问题，并通过体验、实践、搜集处理信息、表达与交流等研究活动而获取知识和应用知识。

（三）提供信息资源

计算机的发展和应用为获取利用信息资源提供了技术手段。在设计信息资源的过程中，教师应帮助学生收集本主题所需的各种资源，并在从何处获取以及如何有效地利用这些资源等方面给予指导。

（四）自主学习

"自主学习设计"应考虑以下问题：

（1）要在学习过程中充分体现出学生的独立性和创新精神；

（2）要让学生有多种机会在不同的情境下去感悟体验音乐活动；

（3）要使学生能根据自身行动的反馈信息，形成对各种音乐活动、音乐现象的认识和找到解决实际问题的方案。

（五）协作学习

在独立探索的基础上，进行小组或班级协商讨论，集体会话，成果相互交流、碰撞、启发、会话，使信息量大大增加。这一共享集体思维成果的阶段非常重要，通常协作学习过程由教师组织引导，讨论中的论题由教师提出。

（六）效果评价

学习效果分自评和互评两种，具体包括自学能力、学习态度、协作贡献、探究实践、资料价值、认识高度及研究成果。

在设计评价时，我们应设计出使学生有适度的紧张感和挑战性，并能相对客观、确切地反映出每个学生学习效果的评价方法。不仅使学生可以参加到评价活动中来，成为学习活动中评价的主体，而且要使学生更清楚地认识到学习的目的。

三、基于多媒体网络环境的音乐教学设计

互联网作为全球最大的开放网络，是一个连接全球无穷无尽的信息资源库，它的近乎实时的交互性、跨越时空限制快捷而方便地传递信息，显示出强大的教育功能。它的发展不仅改变着人们的工作和生活方式，也改变了教育和学习方式。

互联网与音乐教学过程的整合主要教学方式是：

（1）利用计算机网络的信息功能，针对教学内容，为学生开发、选择、提供较丰富的网上音乐学习研究资源。音乐教师应该依据学习内容和教学特征，将课程学习内容与网络资源加工处理转化为网络学习资源，开发音乐探究性学习的主题网页，创设一定的教学情境，以便学习者在情境中运用网络技术获取相关的资料进行问题探究。

（2）利用计算机网络的交互功能，开发网络课堂，进行音乐自主与合作学习。网络不仅可以提供丰富的信息，而且有其便利的交互功能，为自主学习与合作学习的实现提供了必要的支持。通过网络教室，可以开展自主学习、合作学习、网上交流共享。学生间在网上采用对话、商讨、争论的形式进行主题论证，初步培养学生的自主与合作学习的能力，以期达到学习目标。

但在多媒体网络支持的音乐探究性学习中，必须以教师教学观念与职能的转变为前提。教师是学习活动的参与者、组织者、引导者。教师和学生共同围绕研究主题，收集分析信息、平等协作；教师有序组织探究性学习活动，个人、组间交流与全体研讨；设法引导激发学生的探究欲望，了解学生的学习进度，按学生需求做教学辅导。因此，教师的角色趋于多元化。这对教师的信息能力、研究能力、技术能力和组织调控能力都提出了更高的要求。

四、积累多元文化知识、培养技术和教学的能力

文化艺术的多元，决定着音乐作品内容表达方式的多元。音乐的材料来自生活现实，生活现实的多样性也决定着模拟的多元性。模拟本来就是还原生活现实这种朦胧的"印象"。所以，模拟的那种能力和文化修养应该要在多方面具备。多元文化知识教育和能力培养是模拟能否达到的前提条件。这种多元文化知识教育和能力，包括故事表叙、语言表达、诗词配乐朗诵、绘图绘画、舞蹈创编等能力，以及音乐、舞蹈、文学、历史、地理、美术、美学等多种文化修养。这种多元文化教育和多元能力培养在西方发达国家的音乐教育中已根深蒂固。

就拿美国国民音乐教育为例，他们的音乐教育内容标准中就有"在具体指导的范围内作曲并改编乐曲；读谱记谱；听赏、分析并描述音乐；对音乐和音乐表演进行评价；理解音乐和其他人文艺术与人文艺术以外的学科之间的关系；理解音乐与历史和文化的关系"等各种文化和能力的教育。

因此，我们在多元文化知识教育和能力培养上，不仅要进行音乐文化的教育，还应注重学习不同边缘学科的文化和掌握不同技术能力等。这样，才能达到对一个学生真正综合素质的培养，达到以不同技术能力和文化认识激活音乐。以加强多元文化知识教育和能力培养来达到模拟教育目的。在这一方面，我们应该学学外国人。

音乐从它表现的思想内容来看，大体分为写实性音乐和写意性音乐两种。写实性音乐注重描写，叙事性，经常表现一定的情节，比较外在，西方19世纪以前的作品多属于这一类；写意性音乐注重抒情，概括性，通常表现深刻的内心感情，比较内在，中国传统音乐作品多属于这一类。下面具体音乐具体分析，不同类型的音乐作品采用不同的模拟教学的方法。

（一）写实性音乐形象的模拟

1.根据不同的音乐创编故事情节模拟

有些音乐作品有一定的故事内容，作品完整的故事内容或艺术构思是通过各个不同的段落表现得以实现的。不同的段落里又有不同的故事情节（重复的段落除外），这些故事内容又都是创作者来自生活现实的各种朦胧的"印象"，一个朦胧的"印象"其实就是一个生活故事的情节。这些"印象"通过学生自己的情感体验后用语言表述，就等于还原了一段生活现实，还原了一个生活故事情节。然后，把各个段落的情感体验串联在一起用语言表述，就是一曲动人的故事。所以，在欣赏过程中，要求学生分别听各段音乐，通过自己的体验，用叙述故事的形式，

把听到的音乐用故事模拟出来。这就是根据不同的音乐形象来模拟故事情节的教学方法。例如，圣桑《动物狂欢节》中的前奏与《狮王进行曲》，根据学生的经验可以用动画片"狮子王"的故事来模拟。

2.听故事组合音乐或听音乐组合故事

既然写实性音乐具有叙事性和一定的情节，那教师就可以先把音乐所表现的情节内容介绍给学生。先听故事情节，再听音乐。但是，在听音乐前，教师可选择不同的角度打乱（剪接）音乐出现的段落次序，让学生听后根据情节内容重新组合。反之，先听音乐，打乱（剪接）情节亦然。目的都是培养学生的形象思维能力，培养学生自己判断来自生活现实的各种朦胧的"印象"能力。例如，柴可夫斯基《1812序曲》或琵琶武曲《十面埋伏》的战争场面，可以结合学生在电影、电视中获取的战争场面的"印象"进行模拟等。

（二）写意性音乐形象的模拟

1.听音乐以图画模拟

写意性音乐注重抒情，通常表现深刻的内心感情，比较内在，没有故事性，但具有一定的意境。特别是中国传统作品重在写意，或以景抒情，或以物言志、借物咏怀等。教师可以通过生活现实中景物的可视性来模拟某种音乐形象，还原生活现实中的景和物或其他。例如，《渔舟唱晚》的两段可以模拟出"捕鱼情景"和"满载而归"两幅图画；穆索尔斯基《图画展览会》的每个乐章都可以模拟出不同的画面等。

2.根据不同的音乐用简单的形体动作模拟

音乐与其他艺术一样是通过特定的艺术形式来表现一定的内容。这个内容既是创作者来自生活现实的各种朦胧"印象"，也可以理解为欣赏者自己对生活现实的感受，然后把这种感受用肢体语言表达，就是某种舞蹈动作模拟。这种音乐形象的模拟可以培养学生的形象思维能力和创造力。

3.配（唱）乐朗诵的意境模拟

教师选择与音乐作品的思想意境相同或相似的文学作品片段，根据播放的音乐，让学生自己进行艺术处理朗诵，或在全班其他学生哼唱作品（歌曲）旋律的意境中朗诵。这种意境模拟方法，虽说没有具体的"印象"出现，但在很大程度上也借助了生活现实中的某些经验。意境模拟完全可以锻炼学生对音乐的理解力。

（三）常规的模拟

如借用打击乐器模仿歌曲中的节奏；学跳音乐中的舞蹈（特别是民族舞蹈）；教学生唱音乐主题，然后根据主题思想内容要求学生重新填词；选择主要节奏型，让学生根据歌词重新编配节奏；选择重要段落的歌词（或内容相近的诗词），让学生编配旋律等。

第三节　现代化手段以及网络信息的使用

随着时代的快速发展，音乐教育的教育方式也在不断吸收新鲜血液，新时代不断更新的信息，对于教育进程来说都是新的元素。网络素材的应用随着科技的发展，不仅可以在课堂中有所应用，更是深入到课堂之外的各种环境中，利用网络的便利将音乐教育贯彻发展。网络时代下的生活和学习状态均发生了转变，音乐教育的发展也要抓住网络信息的进展而改革，利用网络来改进音乐教育。随着逐渐成熟的网络技术和音乐制作能力，将网络系统带入教学模式，推动音乐教育事业的发展。网络系统中信息传递和共享为音乐教学提供了更为直观和具象的内容，对音乐教育进程的推广效果显著。网络技术在音乐课堂中出现的频率也逐渐提高，教师将网络资源充分使用，运用在教学准备、实施以及完善的过程中，不仅如此，也有许多音乐资源可以通过网络的传递轻松地被欣赏者所欣赏，这些信息都可以说明在网络时代下，音乐教育的发展必须要重视网络资源。

一、网络音乐教育模式的构建

将音乐这门艺术作为学科带入课堂，就是为了将音乐作为知识来满足个人技能和欣赏价值的需求。通过音乐学习，能够将专业的音乐表演技能和音乐评赏的能力有所掌握。进一步对分析和创作进行学习，更能够获得创造音乐的能力。多样的音乐活动提供了丰富的娱乐欣赏效果，传播的同时还具有教育能力。网络时代的到来，为音乐的学习道路带来许多资源，正是因为这样，音乐教育的模式也在不断贴合时代有所进展。要对网络音乐教育模式构建有所了解，就要先对构建的可行性和有效性进行分析。

（一）教育模式构建的可行性

网络自由开放的属性为其在人们生活中迅速蔓延发展做好铺垫，在信息的传递和储存的能力上尤为突出。网络作为信息的承载地，将大量的音乐信息和资源提供分享。在时代和信息快速更替的情况下，教师教授和学生摄取信息的方式也产生变化，充满信息变化和更替的网络正是提供了这样一个满足对新思维追求的状况。多元内容和多角度的网络发展在如今是不可缺少的部分，将音乐教育与网络挂钩，建立时代信息发展的基础。将网络这个平台作为音乐资源和信息的传播载体，能够承载巨大的信息含量，还能将"零距离"的传播速度作为显著优势，配合电脑和网络的普遍性，让音乐教育的网络发展具备了可行性。对于过去音乐教育模式中，如何运用新颖的元素来推行音乐教育是新的挑战。在这一过程中，首先要对网络音乐教学中所涉及的多个角色进行调控，对学校的网络系统、教学对象和管理这些元素进行监控，预见教学的实施过程，避免不必要的错位和冲突。这样的准备让网络音乐教育的模式构建实施起来十分轻松，网络化的发展也是音乐教育模式发展的需求。

对网络环境下构建的音乐教育模式来说，需要立足在网络传播时的便利效果、资源重复利用、及时实时的再现、共享的传播结果，有效提高了音乐教学在网络环境中的构建和发展。在认识学生对音乐的学习和把握知识的基础上，充分利用网络这个平台，将网络传播时的特点充分发挥在音乐教学中，使用能够推广音乐教育发展的网络特性，构建网络时代下的音乐教学模式，从而利用网络来帮助音乐事业的发展。通过网络平台作为信息传播的载体，大大提高知识体系和感受体系的结合，达到多体系结合的成效，增加音乐课程的艺术魅力，为其吸引更多学生的目光。音乐在交流中也会因为网络载体的出现，所塑造的内容和情景的画面感会更加生动和轻松，运用网络技术和资源来推动音乐教育的发展，可以让音乐事业的发展更具扩散效果。

（二）教育模式构建的有效空间

在网络信息时代中，根据音乐教学中的现实要求，将网络这一载体作为施展音乐教学的新平台，使多个场所随时可以成为开展教育的地方，打破了过去对于时间和空间限定的理解。在这种观念的基础上，建立在网络资源之上的音乐教学应当跟随信息和技术的变化进行革新，充分利用网络平台中的有效资源，促进教学效果的改善。在使用网络开展教育、交流和讨论时，网络平台中的有效资源和优势之处得以充分发掘。一方面，因为在网络教学的环境中，教师在传授内容时，学生能够"逃避"传统教学中教师"直接的眼神"，会缓解学生对于"眼神"的直接刺激效果，放下紧张的情绪，为思考提供了更多的空间，保障了课堂进行中的自然气氛。另一方面，因为利用网络进行学习和欣赏的随时性，为学生提供了极大的自由性，在空间和时间上掌握自主性，用自主的主动效果来调动学习进程，让学生有充分发挥自身想法的可能性。对于音乐教师而言，使用网络平台除了能够保障传统的教学内容得以实施外，还能够提高与学生之间的相互作用。教师要将网络音乐教学的重心放在提高学生对网络自主掌握和认识的能力培养上，增强学生自主摄取音乐信息的能力。在自身能力和他人能力共同提高的过程中，完成网络平台的使用过程。

在网络信息平台的使用中，音乐教师也要熟知自身的涵养如何与新兴的技术融合，通过正面调动效果来实现改善音乐教学的效果。除此之外，网络化音乐教学的进行，也需要学生自身的把控能力，对网络上的音乐资源有选择地使用和吸收，建立一个适于学习的音乐环境。在网络时代的发展下，网络音乐教学模式应通过处理网络的把控能力来避免教育中出现的种种问题。网络是音乐教育中新出现的平台载体，教师对于网络种种优势的把握和劣势的剔除是十分重要的。多角度的音乐传播，让音乐学习又多了一重保障。音乐的网络化发展是一个逐渐推进的工序，作为一个新的平台载体和教育模式，音乐教育要加强对网络资源的利用和重视，做出系统的规划和整理。在学校的网络资源中将音乐内容渗透其中，让学生和教师充分深入其中，利用自身的文化素养建立健康的音乐网络学习模式。

网络信息的迅速膨胀，对传统的音乐教育来说是革新性的刺激，现代化的网络媒体进入音乐课堂，来拓展音乐信息在学生之间扩散的深度，更加立体的音乐画面占据了课堂，网络环境下的音乐发展模式呈现出全面的高效率面貌，以全新的模式姿态带领音乐教育事业的发展。不仅音乐教学课堂因为网络资源的出现更加立体全面，而且学生自主地使用网络来对音乐内容进行提炼，从而打造自己的音乐课后空间。

二、网络资源在音乐教育中的应用

在网络时代下音乐教育的发展突飞猛进，在具备了可观的可行性和有效性的实施基础时，网络资源被音乐教育充分运用在音乐教学和音乐欣赏两个方面。

（一）应用于音乐教学

网络的多元发展姿态为音乐教育课程的提高推波助澜，在偌大的网络环境中，各种各样的音乐信息和资源取之不尽。不仅各种专业音乐信息网站已经建立，而且各种风格的音乐作品也可以随手听到，这为教师的教学实施提供了有利的基础。

将网络应用在音乐教学中，就是完成网络音乐环境的塑造。对网络音乐环境的塑造，实际上是改变了学生接受音乐信息的方式，通过信息之间的交互和展示，让学生能够主动地参与到音乐信息中并一步步"传递"的这个过程，不仅音乐接受状态从被动变化为主动，而且亲身的实践参与让音乐成为学生自主学习中的一部分，充分让技术服务于音乐学习。用网络建立起来的音乐知识脉络，以音乐信息网站的方式提供给学生学习，随时自主接受音乐信息和音响，在自主音乐课堂的环境中提高音乐素养。在音乐课程中通过网络的互动环境，会提供轻松的"享受"学习的过程。

要想将网络这个新媒体真正运用到传统的音乐教学中，传统音乐教育中的教学步骤和关键都依然要遵守。网络音乐教育同样是以学生的音乐培养为目的，通过更新颖的工具让学生获得想要学习音乐的欲望和态度。通过网络平台来自主地体验音乐，相较过去而言，更接近音乐源头，参与感和存在感的提高更容易感受到音乐的魅力。同时，教师对学生进行摄取音乐涵养的过程要加以干涉，用正确的方法和方向来引领学生的音乐审美和选择。网络音乐教育的新模式让音乐教学呈现出多渠道发展的姿态，面对缤纷繁多的网络音乐资源，需要教师的高涵养去把控。

（二）应用于音乐欣赏

在多媒体网络的发展下，音乐课堂中使用网络资源为了更好提供视听效果，不仅限于音乐知识的传递，而且还在音乐的欣赏层面上更显示其价值所在。音乐教师在网络环境下，结合课本的音乐内容来有选择的挑选音响内容，丰富视听效果，改变传统课堂。网络技术与音乐课程的融合，从根源的音乐教学观念来说是发生了变化，在课堂上所利用的网络信息创造的音乐环境都是与课本紧密结合。音乐欣赏与网络信息结合的教学，能够更好地启迪学生的发觉和感官知觉能力。网络为课堂提供了大量的音乐音响资料，古今中外均能找到，广阔的信息资料对学生知识领域的纵向和横向发展均有明确帮助。

要制订一节音乐欣赏的课程，首先，要根据音乐课本来断定音乐欣赏的主题。音乐欣赏的目的是为了将书本中没有的音响资料及时地反映出来，让学生能够将书本中的音符转化为头脑中的音响效果，让音乐作品直接以画面的形式反映在头脑中；其次，根据主题来搜罗网络音乐资源。这个步骤不仅限于课堂之上，教师可对学生课后的自主音乐学习通过音乐主题进行引导，筛选相关音乐音响；最后，对学生进行音乐互动。这个步骤的实施是确保学生能够真正地参与到网络音乐资源的利用当中，而不是让前面的工作付诸东流。

三、网络音乐教育模式的特点和优势

音乐教育事业的发展之所以开始引入网络资源和技术，正是因为网络的蓬勃发展是时代的需求，而在音乐教育中加入这一有利助手，可谓应运而生。而网络媒体之所以能够被音乐教育充分的利用，就是通过这一新型教育模式的特点和作用显现出来的。网络音乐教育模式的特点如下：第一，广泛的音乐信息。在网络环境下所选择的音乐信息存在于任何有网络的地域，所涉及传播范围可想而知。

音乐信息转化为数据以多种形态存在于网络世界中,通过网络可以接触到多种形态的音乐信息,不仅涉及区域广而且内容丰富。第二,及时的音乐信息。正如前面所说,网络音乐信息遍及任何网络区域,有网络的地方,想要随时随地欣赏音乐内容并不是问题,也正是这样,网络音乐教育才能够打破时空的拘束。第三,共享的音乐信息。网络平台是一个资源共享的环境,同样的音乐资源可以提供给多个地区、多个课堂使用,使音乐信息在网络的平台上具备了共享效果。第四,互动的音乐信息。基于网络平台进行的音乐教育,网络中的交互性也同样具备,在音乐信息传递时,能够具备交流功效。正是这个特征,让共享的音乐信息能够及时作出调整。

在具备了如此鲜明的新特点之下,网络音乐教育也就有了独特的优势所在。音乐资料能够以多方面的形态呈现出来,利用网络教学将音乐历史、乐谱、音响、表演等多种形态的音乐信息融合在一起,以一条线贯穿起来,让整个音乐课堂能够全面展示这些信息,这是过去很难做到的。网络为音乐教学提供了更多展示信息的机会,并且给了各个国家的多种音乐风格的音乐作品近距离展示的机会。事实上将网络技术融入音乐教育中,就是对传统音乐教育发展的一次革新,用技术来推动音乐教育事业的发展。

在网络和技术飞速发展的今天,音乐教育事业的发展要基于音乐文化的属性特征,对网络化教育模式的发展推广加大力度,还要借助各种推动手段把音乐教育的发展范围一再拓展。当然,在网络环境下进行音乐教育也有不足,如资源的不确定性和不稳定性;不同的音乐风格种类所占有的资源总数不同等。所以在充分发掘网络音乐教育的同时,要把控网络资源中的不足之处,保障要将网络作为推动音乐教育事业发展的利器,而不是障碍,这样才能让网络资源长久地为音乐教育所用。

第七章 "互联网+"时代音乐教育多样化模式的创新

第一节 人才培养模式与市场取向变革的融合

从社会化角度看当下基础音乐教育人才培养模式，是进一步对基础音乐教育人才以市场为导向进行应用型人才培养的核心，关乎人才培养目标、教学内容、课程设计等各个方面与市场取向变革之间的适应与融合。本书充分考量以就业为导向的基础音乐教育人才培养模式，思辨基础音乐教育人才培养面向基础教育实际，面向市场多样化的需求，建立起大众化高等教育新的质量观，努力实现"教育—社会—市场"高度融合与统一的结合体，使基础音乐教育人才培养，成为一个自觉遵循高等教育内外部关系规律、自觉适应社会发展需求和学生发展需求的动态过程与良性结果。

当前，是我国教育发展的重要时期，也是教育改革与转型的关键期，不论从国家教育目标、教育体制与教育改革的层面去看待人才培养确立方向的重要性，还是从各高等艺术院校艺术教育人才培养层面，去审视关于基础音乐教育人才的市场适应性上，不可否认的是在竞争日益激烈的今天，每一所高校，每一个教育工作者都无法逃避去面对社会、人才与市场之间的关系。横亘在其间的是我们的办学理念、办学特色、人才培养质量、课程构架以及围绕其中的诸多复杂因素。这些因素交织在一起，形成了概念的屏障，突破这一屏障的窠臼，势必需要破题的手段和方法。因此，对社会化格调下的基础音乐教育人才培养模式研究，尤其是人才培养模式与市场变革取向之间的融合性研究显得尤为重要。《国家中长期教育改革和发展规划纲要》中提及的主线是基本实现教育现代化，建设人力资源强国，强调的是素质教育。这些方面都最根本地涉及人才培养模式问题，正因如此，也为高等艺术院校基础音乐教育人才培养模式的变革和创新提供了广阔的空间，为人才培养模式改革与发展提供了创新、创造的平台与契机。

《中共中央关于进一步推进素质教育的决定》提出，在人才培养模式中，特别要关注高等院校培养什么人？怎样培养人？两个辩证性问题。人才培养的特殊性以及基础教育人才培养的价值性，对于推进素质教育起到积极的作用，这也是本文研究的关键所在。

一、人才培养模式变革背景

自 20 世纪 80 年代以来，我国高等教育发展发生历史性转变，由精英型教育向大众型教育转变，招生数量急剧扩张，随之各高等院校看到人才数量扩大后的核心性问题，即人才培养与教育教学质量提升匹配度问题。随着高等教育的这种历史性跨越，高等学校为迎合数量上的需求，在教学基础建设上也形成了大规模递增。不论是从数量还是规模上看，我国高等教育水平还都处于相对起步阶段。因此，我们需要面对我国教育在数量和规模上跨越性发展这一阶段所存在的相应问题（例如，自 1993 年到 2005 年间，我国义务教育普及率由 48% 急剧提升到 95%），随之而来的是作为高等教育如何迎合这种改变，形成"结构、质量、效益"相统一的问题。面对这一问题，我国高等教育开始进行体制与发展方向性的变革。21 世纪初，《国家中长期教育改革和发展规划纲要（2010—2020 年）》明确规定了教育体制改革的重要性和必要性。

二、基础音乐教育人才培养模式变量观照

对于教育目标、培养目标、课程目标、教学目标以及社会、学校、企业等形成全方位、交叉式人才培养模式，其核心目的就是为了极大促进高等教育发展中所形成的问题，将高等教育发展的重心从上一个阶段的数量发展逐步转向人才培养质量提升上。人才培养质量的良莠是高等教育发展与稳定的基础，更是高等教育发展的核心部分。从更广泛的角度讲，高等教育国际化的竞争核心其实也是人才培养质量竞争，这一竞争的核心层绝对不是数量上的竞争。由于高等教育扩张所引发的人才就业问题，引发了"关于高等艺术院校基础音乐教育人才培养模式问题；关于在社会化背景下的基础音乐教育人才培养模式与市场导向、取向变革之间的问题"，这一系列问题主要需要解决的就是高等教育人才培养能够满足社会艺术教育与发展对人才需求的本质性问题，归根结底就是教育质量的问题。不改变这种现状，就只能意味着高等教育与社会需求的脱轨，只有改变现有的人才

培养模式，才能够更好地体现出每一所高等艺术院校的个性化办学成果。

伴随着政治经济文化的不断发展与推进，教育改革是时代性的改革，更是一种知识性的转变，从知识社会到人才素质，从人才素质到市场需求，从市场需求到全民素质教育实施，从全民基础素质教育回归到高等艺术教育人才培养模式的适应性与关注度，每个环节都是一个内推力，每一个层面都是不可忽视的端点。人才培养模式的转变，从某种意义上讲，就是提出了关于学校教育与终身教育的关系问题，普通教育与职业教育关系的问题，应用型人才与拔尖创新人才教育的问题，知识结构与能力结构关系问题，市场化与国际化之间的问题，信息化与人力资源关系的问题。这些问题都是人才培养模式变革应该予以正视并融合、借鉴、解决的问题。

三、社会化格调下人才培养模式变革的主要内容

所谓的社会化，从基础音乐教育层面理解，其含义是泛指基础音乐教育专业学生，在特定的社会文化主体环境中，积极主动学习、掌握和运用基本理论知识与基本技术技能，基本教学语言与教学规范，基础音乐教育价值观、教育观等社会行为方式和人格特征，能够适应社会及市场需求，积极作用于社会，具有创新、创造、创业能力的过程。受教育者通过学习社会中的标准、规范，形成社会化的一种持续终身的经验。

我们之所以研究社会化格调下的人才培养模式变革，并不是要肯定我们当前的一切，也不是要极力否定所做的一切，而是要辩证地去看待问题。将传统人才培养模式的学历本位、知识本位、课堂本位、教师本位转化为有效的学生为本、能力为本、实用适用为本，从封闭的学校教育到社会化学习体系构建的最终价值期望。

（一）基础音乐教育人才培养模式之学习方式的革命

从传统教育由教师教到学生学的转变；从整个教育教学过程变革的转变，从教育者与受教育者管理与被管理、尊重与被尊重、爱与被爱的关系与角色的改变；从教学手段方式方法的多元化到基础音乐技术技能学习的个性化，从教学模式的教条化到不断推进的自主式学习、参与式学习、探究式学习等多种学习模式的渗透，我们的学习方式正在发生巨大的改变与革命，以学生为中心的教学和学习模式，变得更加具有深层的含义。联合国教科文组织 1997 年在《教育：财富蕴藏其中》报告中指出，教育一词的英文原文并不是"Education"，而是"Learning"一词。这是教育模式的转变，更是学习方式的转变。

（二）基础音乐教育人才培养模式之实践课程的革命

对于当下的高等艺术教育而言，实践课程体系的有效建设，更能够形成社会

需求的支撑，能够更好地将市场与学校人才培养有机结合在一起。校企合作、校校联合、实验室建设、实习基地建设等一系列举措，切实将学生能力体现在教育教学的整个过程之中，逐步建立起一种"社会、市场、学校"三重螺旋结构，将学校教育延伸出新的教育组织形式，学校与社会需求相链接，社会与市场需求相适应，市场与学校人才培养相结合。学校教育不能成为人才培养的唯一途径，实践课程的全方位建设，强化了教育资源的广泛运用。

综上所述，以社会化格调思辨基础音乐教育人才培养模式与市场取向变革的融合性研究，是基于对当下高等艺术院校基础音乐教育人才培养模式变革中所形成的社会性、市场性内在本质研究。其意在阐释基础音乐教育人才内部教育规律的同时，对于人才培养的统一性与多样性、单一性与综合性、专业性与复合性、理论性与应用性等多维度关系的协调与统整。从制度建设到内涵改革，从学校自身评价体系建设到"社会、政府、学校"三位一体评价体系的构建，要考虑一个全方位的人才培养问题，衡量基础音乐教育人才的社会适应性与市场变革价值取向之间的必然联系。在市场要求人才培养规格不断提升的当下，我们似乎更加关注人才培养的知识体系与结构问题，这也是社会与市场需求层面的问题。

第二节　新时期音乐教育教学手段的创新

深化教育改革、推动素质教育，是党和国家制定的实施科教兴国战略的重大举措。音乐教育是全民素质教育的一个重要组成部分，随着经济的发展和社会的进步，人们对这个问题重要性的认识更加清晰。一般而言，音乐教育的目的不是为了培养音乐家，而是为了培养和提高全民族的素质。其中，最重要的是培育人的想象力创造力，提高人的综合素质，这是全面建设小康社会、使我国立足于世界民族之林的需要。"音乐是把钥匙"，是打开通向自然科学、社会科学各个领域大门的钥匙，虽然音乐本身并不等于这些领域。好的科学家并不一定是那些仅潜心于本专业的人，在某种程度上，对艺术和人文学科的熟悉会使科学家的观察力更为敏锐，更能迸发出想象力和创造力。爱因斯坦的成功是一个典型的例证，许多人可能忘了这位被称为"20世纪的哥白尼、牛顿"的科学巨匠同时还是一位音乐家，他自认为自己在科学上的成功是音乐给予了巨大帮助。音乐教育的地位和重要性由此可见一斑，从某种意义上说，音乐教育具有超音乐的功能和目的。

随着实践活动的深化，各级相关部门和广大民众对音乐教育在素质教育中的重要作用和深刻影响有了广泛认同，但由于经济、历史和现实的种种原因，音乐教育在现代国民教育体系中，特别是在一些经济较落后的地区，仍然得不到应有的重视。这就不能保证大专院校未来生源的基础素质，应试教育向素质教育的转变仍然十分艰难。同时，长期以来在音乐教育的天地里，特别是在音乐教育手段上，多沿用传统的模式，更多地关注和重视教学经验，以人为本、不拘一格、因材施教不够，研究探讨和创新精神不够，从而使教学理论与教学实践脱节，缺失了不竭的动力。

传统的音乐教学手段，常见的有口传心授式、灌输讲解式、示范模仿式等，这都是前人在实践中总结出来的，虽然形成体系、省时省力，但通常也压抑了人的创造性和主观能动性。随着生源条件的不同和变化，时代社会的变迁和进步，对传统的音乐教学手段及模式要批判地继承，在继承中发扬，在继承中创新，决不能一味地原封不动照搬照抄，要使教学模式始终保持旺盛的生命力。在教学手段的创新和实践中，必须把握教育改革的趋势，以素质教育思想为指导，以现代教育理论为依据，注重科学性、开放性和民主性，通过问题式、讨论式、参与式、发现式的教学，着力培养学生的创造性思维能力，调动激发学生学习和解惑的内在兴趣和内在动力，使创造性思维和技能的发展有机统一起来。教师在音乐教学中，担任学生的团队长、领路人、合作者的角色。教师与学生互动，从多角度培养学生自主学习、解决问题、独立思考、善于创新的能力，使教学进程始终处于学生参与活动的全过程，强调以学生为主体，学生的活动离不开老师的指导，老师的指导又依赖于学生活动的开展。

一、改革教材，开放办学，形式多样拓展时空环境

我们现有的一些教材比较陈旧，一些教育方式也比较落后。作为音乐教师，要大胆改革与创新，不要被过时的教材和教育方式所束缚，积极寻找学生喜闻乐见的内容与形式。课堂、课本教学是音乐教育工作的重点，这无可厚非。但现在学生的时空环境很单一，基本上是教室—琴房—宿舍，局限性很大，长此以往，学习就机械、任化了，走进生活、感受音乐、表现音乐就无从谈起，对学生实践能力和创造能力的核心目标构成了挑战。中国是一个诗的国度，民间音乐浩如烟海，教师可以有计划地组织学生走出书本、走出课堂、走出校门，去收集、去探索、去寻"根"。例如，在教学实践中，我们大胆选入了一些中国传统的说唱音乐、戏曲音乐、京剧、豫剧、秦腔等，与学生一起研究它们之间的关系及生成与演变过程，并请来民间艺人现身说法，大家一起感受民间音乐的审美观和至美境

界。例如，在有 41 个民族聚居的甘肃，无时无刻不被民族音乐的多样性和资源的丰富性所簇拥，这是何等的财富。还要有意识地组织不同年级的学生到少数民族地区去采风，如到"花儿"的故乡——甘肃临夏莲花山，去聆听抑扬顿挫、高亢嘹亮、轻微淡远的原生态音乐，去感受"花儿"情与爱、"物我两忘"的境界，去体会甘肃、青海、宁夏"花儿"的韵味和风格、特点，去感悟大自然的纯美、博大和律动。学习同样是一种发现，学习者自己发现的才是最重要的和富于个人特色的知识。学生用自己的头脑亲自对事物进行分析、整理，弄懂了就提高了，比老师教的印象深刻得多。通过结合实际开放式办学，挖掘民间音乐艺术的宝藏，使学生更加热爱学习、热爱生活、热爱大自然。

二、转换角色，突出主体，搞好倾听和参与的音乐欣赏

一切教育活动都要服务和服从于受教育的主体——学生，都要充分调动主体自觉积极地参与教育过程，都要最大限度地把他们的智力潜能发挥出来，并潜移默化形成认识世界、改造世界的能力。在音乐教学中，要克服和改变"一言堂""灌输式"，注意鼓励培养学生认真倾听、喜欢提问、独立思考、善于联想的学习习惯和品质，这样才符合国家关于培养创造性人才的要求。例如，原来上音乐欣赏课，沿用的教学模式是先介绍作品，包括体裁形式、创作背景、作者生平等，然后分析讲解作品的思想和艺术特点，再演唱或演奏主题音乐。当教学过程进行完毕后，一堂课的时间就差不多了。这种方式对学生较系统掌握所学作品有一定帮助，但最大的弊端在于方法死板，无法激活课堂的学习气氛，限制了学生的想象力。美国当代著名钢琴家、作曲家科普兰曾说："如果你要更好地理解音乐，再也没有比倾听音乐更为重要的了。什么也代替不了倾听音乐。"因此，我们注意改变传统的方式，引入借位思考，让学生在音乐欣赏教学中唱主角。即先不告诉作品名称、作者、创作背景等相关情况，让学生先聆听音乐作品，感受音乐特点、情绪，根据自己的经验理解音乐，展开想象，然后引导同学们进行相互交流，共同探讨。让学生在听的过程中，根据自身对音乐的体验、对作品风格的把握，说出作者或流行区域，说出节拍、速度、演奏乐器及表现内容，然后解释为什么。这个过程实际上是一个创造性活动。这种教学方式，教师只作为导人者、点拨者、合作者，无须步步传授，学生即可比较好地把握音乐的内涵和本质。当然这种教学，有可能会与作者的表现意图有所出入，甚至五花八门，但学生所说的音乐形象，都是通过认真聆听而得到的，极大地调动了学生的生活积累，充满了个性创造的魅力。课堂上，往往学生听得认真，教师上得轻松，气氛活泼热烈，从而收到事半功倍的效果。

音乐欣赏关键要突出主体，重在欣赏。一是欣赏出作品的思想美，如《怒吼吧，黄河》《在松花江上》《英雄赞歌》《歌唱祖国》等歌曲，先让学生聆听，然后谈理解和感想，还可以讲一段历史或故事，它对促进学生热爱祖国、塑造完美人格具有独特的、潜移默化的教育作用。二是欣赏出"作品的意境美"，如歌颂对大自然热爱之情的《蓝色多瑙河》，描绘美好爱情的《梁山伯与祝英台》，表现节日喜庆之情的《春节序曲》等。三是欣赏出"作品的形式美"，如《义勇军进行曲》，通过缓慢的语调，充满撞击力的节奏，体现出一种长期积压而形成的巨大力量，势不可挡，滚滚向前，唤起人们团结奋进、改变现实的原动力。再如《二泉映月》《江河水》的曲调一出现，马上产生一种伤感、惨淡、苍凉的感觉，使人浮想联翩。以学生为主体，去倾听、欣赏、感受、讨论音乐很有必要，也很重要。决不能忽视学生的认识基础、个性特点，把老师的理解强加给学生，把充满艺术活力的音乐作品固化。

三、兼容并蓄，不拘一格，培养、锻炼和提高演唱能力

学声乐的学生能否当众演唱并发挥与其实力相符的水平，有技术问题，但更重要的是心理问题。很多学生在人前演唱，普遍比较紧张，不敢张嘴，不敢放声，不敢抬头。作为教师，可积极创造条件，通过多种形式去培养、去锻炼、去提高学生这方面的能力，在这个过程中，教师要坚持鼓励加肯定的原则。

一是大小课相结合，集体合唱与个体演唱相结合。在改进教学模式中，应该积极采取推广大、小课相结合的声乐训练，即集体练声和个别辅导相结合。采用这种教学模式，可以将被动的集体灌输改变成为主体的个人探索，发扬"团队"精神，将基础理论、演唱技巧、教学方法融会于示范演唱、声乐见习、课堂点评之中。首先，采用大小课相结合的声乐训练模式，有利于树立展示自我的竞争意识。要在多次的反复和实践中，有针对性地培养学生的激情、自信，克服心理障碍，在演唱技巧与心理素养的贯通中，提高学生的演唱能力。其次，有利于营造一种群体声音环境。大课中由于有教师的讲评，每个学生处在一种群众的声音环境中，精神得到鼓舞，歌唱技能的调节比个别课练声时要灵敏得多。大家一起练习，便于学生之间互相观察、互相模仿、互相启发、互相讨论、互相纠正。教师可以根据每个学生的发声情况进行比较和讲评，指出谁比较正确，谁还不够，存在哪些不足和问题，应该怎样矫正，学生也易于接受。第三，有利于基本功训练与理论知识传授的有机结合。因为课时所限，在个别课教学中，练声与歌唱总是在匆忙中进行的，教师只能根据学生的具体情况给予一些零星的"对症下药"式的指导，而无法给学生作更详

细、更全面、更深入的讲解。在集体课教学中，教师统筹调度时间，系统安排基础学习，既可以针对诸如歌唱的姿势、呼吸、咬字等进行个别的基础训练，又能够进行系统的理论知识传授。第四，有利于声乐教学与声乐见习融合为一。教学中，在集体训练讲评之后，紧接着进行个别课即歌曲的演唱，这是在大课声音训练的基础上，进一步训练气息、改进音质、扩展音域、发展技巧、纠正咬字、提高演唱水平、深刻表现作品内容与情感的过程。在课堂上，教师一对一地进行歌曲演唱的训练与指导，其他学生则安静地去听、去体会。

合唱凝聚人们的力量，鼓舞人们的斗志。合唱是声乐教学中不可缺少的重要组成部分，要根据不同情况，把集体合唱与个体演唱有机结合起来。但群体多声部合唱的表现形式是多种多样的，它离不开个体演唱的协作和配合，如《长征组歌》就很典型，组织学生演唱，增强集体意识，表现个性特点，使之得到了锻炼和提高。

二是突出一个"情"字，注意形体语言运用。学生演唱能力的培养与提高是音乐教学的重要方面。因此，在教学中，一定要注意改变过去只重视声音技巧训练的倾向。笔者认为，要提高学生的综合演唱能力，必须突出一个"情"字，重视学生的理解力、想象力和创造力的培养，重视形体语言的运用。

音乐是声音的艺术，更重要的是情感的艺术。声乐教育中不可忽视的一个重要环节，就是要培养学生分析、理解声乐作品内容和体验作品情感的能力，把歌曲中的喜、怒、哀、乐之"情"充分表现出来。当然，没有一定的声乐技巧就很难唱好歌。但是，有好的声音、好的技巧也不一定就能唱好歌，就能感染听众，必须要有一定的思想和艺术修养，对生活、对音乐有深刻的理解，有较深的艺术造诣和较高的歌唱技巧，才能通过表情将自己的感受用饱含丰富色彩和特有风格的美妙声音，去拨动听众的心弦，给人留下深刻的印象。学生中普遍存在的问题是：有的唱时缺乏内在的感情，表情冷漠，全身呆板，只是按音符唱词去唱，却不知表达什么情意；有的学生只为了注意声音技巧，缺乏激情，口中所唱与心中所想似乎毫无关系，表情不自然，声音空洞乏味。一首再好的歌，它的词曲终究只是写在纸上的东西，要靠歌唱者创造性的发挥，才能将它唱活。

声乐不仅要歌唱，而且要进行"形神兼备"的艺术表演。只有美好的歌唱和"形神兼备"的形体语言运用相结合，才能使音乐教学模式更加传神，更加形象化"。手势是"无声的语言"，声乐演唱离不开招手表演。手势动作千姿百态，要充分运用"引、定、开、合、托、错"等几种手势，做到随情而动，把手势动作放在有意无意间，形成辅助歌唱的"无声的语言"，使歌唱、手势与感情完全融合在一起。眼睛是"心灵的窗口"。不同的眼光、眼神,反映着不同的心态与感情。一般的把"眼法"分为"看、视、眇、盯"等几种,要懂得"眼法"的表现力,眼睛要有神,用眼神与大众交流,用眼光示意景物的高、低、远、近,用眼睛表达不同的感情。面部表情要有"春、夏、秋、冬"。表达歌曲中的感情,一定要在面部表情上体现。

第三节　新时期音乐教育教学模式的创新

音乐几乎无处不在,世界上各个国家、民族都有其独特的音乐,音乐可以使人与人之间的交流变得更加容易。在我国,音乐教育在学生发展中占据着不可替代的位置,借助音乐的特点,结合老师的指引可以让学生在实际锻炼中获得新的知识与创造能力。不仅如此,音乐本身还可以让那些孤独、自闭、内向的学生走出人生阴暗的角落,获得自由。那么,当前我国音乐教育模式多样化的发展现状是什么呢?

一、传统民族音乐文化传承和保护面临严峻形势

中国民族音乐有着悠久的历史传统,它是我国各族人民共同创造的珍贵财富,也是我国人民对世界音乐文化宝库的巨大贡献。它的传承、发扬、保护是发展中国民族新音乐的重要前提。新中国成立以来,许许多多的音乐艺术家、音乐教育者在如何繁荣传统民族艺术,继承和发扬民族民间音乐的工作中,取得了丰硕的成果。然而,随着市场化倾向增强和现代化进程的加快,中国的文化生态发生了巨大的变化,符合商业和市场规律的流行音乐和其他各类因素极大地冲击着民族音乐。民族音乐文化的传承和保护面临着严峻形势,民族音乐的文化生存环境急剧恶化。回顾历史,我国的音乐教育从 20 世纪初秉承"西乐东渐"发展脉络的"学堂乐歌"运动,到 20 世纪 20 年代接受欧洲音乐教育模式,50 年代借鉴苏联的音乐基础理论,80 年代引进欧美流行音乐及西方现代作曲技法。"欧洲音乐中心论"长期在国民音乐教育和学校音乐教育中占据主导中心地位。西方音乐的冲击和影响,让传统民族音乐文化观念无法在国民音乐教育和学校音乐教育中根深蒂固和完美体现,中国音乐教育逐渐失去动力和方向。

二、中小学音乐基础教育的忽视

由于应试教育的影响,我国大多数中小学为了抓升学率,致使音乐教育长期

得不到重视。同时，学校对音乐教育的投入和学生音乐素养的要求明显落后，音乐课的开设形同虚设，同时缺乏必要的教学条件、教学设施、考核制度。音乐成绩不记入学生成绩总分，与学生的升学率无关，造成了音乐学科在中小学校中地位的低下，音乐教师地位的低下，收入较低，大多数教师投入到私人教授和社会音乐教学机构中去。所以说，中小学音乐教育的忽视造成了与以审美为核心的美育教育的脱节。失去了实施美育教育的内容与途径，严重制约了我国音乐教育的大发展。

三、音乐教育对象价值观逐渐功利化

近年来，我国大力发展繁荣文艺事业，人们对文化艺术活动的需求日益增大。各种浮华喧嚣的音乐选秀节目就同当年的彩铃一样，被看成拯救中国音乐产业的救命稻草，它对推动音乐教育发展起着积极的作用。但大量的以音乐为名义的选秀节目其泛娱乐化、市场化、商业化和极重的名利化给音乐教育带来了负面影响。首先，广大青少年把参加音乐选秀看成改变命运的唯一途径，致使报考音乐专业院校的考生人数较多、专业基础功底较低、价值观念扭曲。其次，在校音乐艺术专业学生，其求知欲较强，人生观价值观尚未成熟，对新生事物的弊端认识使他们产生错误的价值观和价值取向，致使他们只热衷于名和利的追求，在方向迷失中求取学业。同时，这也使音乐专业教师教学难度大大增强，也增大了音乐专业毕业生的就业压力，这无疑是音乐教育的一种悲哀。

四、高等院校音乐艺术专业大量扩招

新时代要求基础教育必须实现由应试教育向素质教育的转变，而音乐艺术教育则是进行"以艺术教育为突破口的素质教育"。近年来，我国音乐教育事业展现出蓬勃发展之势，教育部门宏观调控，扩大办学规模，昔日的音乐"精英教育"已逐步转向"大众普及教育"。在此形势下，各高等院校音乐艺术专业在创新专业设置、生源招收等方面都作了一定的调整和增加，音乐教育发展呈上升趋势。但随着规模不断扩大，艺考学生人数逐年递增，大量文化素质较低，专业技巧掌握较差的学生进入大学校园后，无法树立科学的价值观、人生观和学习观。同时，繁重的教学任务也会让音乐教育专业教师失去科研、自我充实和提高的机会。笔者认为，这种遍地开花，盲目扩招的教育模式制约着音乐教育的发展。

五、社会音乐艺术教育的兴起与发展

音乐艺术教育是以音乐艺术为媒介，以审美为核心的一种教育形式。学校音

乐艺术教育作为音乐艺术教育的重要组成部分，它对培养学生理想趣味、审美情操、艺术辨别、创新想象能力等方面起着举足轻重的作用。社会音乐艺术教育的兴起和发展为提高国民素质教育、驱动音乐艺术教育快速发展提供强大的推动力，是学校音乐艺术教育的重要补充。

改革开放以来，大量具有商业性质教学理念新颖的青少年宫、艺术培训中心、琴行、群众艺术馆等社会音乐艺术教育机构如雨后春笋般应运而生。它们为音乐教育的全面化、社会化、普及化发展发挥了积极推动的强大作用，为高等艺术院校的人才培养和生源输入奠定了深厚的基础。但其规范性较差，急功近利的浮躁让音乐教育陷入一个大的误区。很多孩子是否真正具有学习音乐的天赋和潜能往往会被忽略，有的孩子学习音乐技巧的意识淡漠，只是热衷于背后隐藏的名和利。这种现象已大幅蔓延渗透到社会各阶层，其负面影响不可低估。有专家指出："艺术考级实际上已经成为追求考试分数的功利目的与追求商业利润的经济目的相结合的社会性活动。"大面积发展这种具有片面性和危害性的社会音乐教育，是否又回到了以应试和考入大学为目的的淘汰式教育——应试教育？这对我国音乐教育的发展极其不利。

对于这些音乐教育的现状，笔者认为音乐教育应该在改革中逐步调整自己的思路，在工作中树立与时代要求相适应、与经济发展相符合、与国民要求相一致的发展意识，正确把握市场经济浪潮冲击新形势下音乐教育工作的特点和规律，保护传承传统民族音乐，抓住时代机遇，迎接全新挑战。

六、我国高校音乐教育模式改革存在的突出问题

立足于我国高校音乐教育改革的现状，我们来看一看我国高校音乐教育模式改革存在的突出问题。

（一）高校音乐教育师资力量较弱，创新思维和先进的教学理念缺乏

从我国目前的高校音乐教育的现状来看，我们不难发现，我国高校音乐教育十分缺乏具有先进的教学理念的教师以及具有创新思维与能力的教师。从传统教学来看，教学中十分推崇资历较老的教师，而这些教师缺乏创新思维，是不能很好地与时俱进的，这就对高校音乐教育改革造成了一定的阻碍。此外，世界在不断地前进，先进的教学理念在不断涌现，我国的教师教学理念相对陈旧，很难跟上世界发展的速度，这对我国音乐教育改革的推进是十分不利的。

（二）众多高校都注重音乐理论教育，忽视了音乐实践参与

高校的音乐教育主要是增强学生的专业知识与能力，增加学生的音乐素养，而如何检验学校教育的成果呢？那就需要增加学生实践活动的参与，一定要增加

学生的实践课程，不能过于偏重理论知识的教育。这种情况在我国高校的音乐教育中普遍存在，值得我们关注。

（三）一些高校音乐教育的模式依然老套，在改革中没有进一步创新

虽然高校音乐教育模式的改革在这些年不断推进，但是一些高校的音乐教育模式毫无创新。高校音乐教育模式的改革具有十分重要的意义，对高校音乐教育的发展起着至关重要的作用，所以一定要注意改革的速度与成果。创新在任何的改革中都是具有进步意义的，在高校音乐教育改革中也不例外。

（四）我国高校众多，音乐教育资源有限，使得教育模式的改革受到限制

由于我国人口众多，我国的高校也应势而起，高校众多就使得音乐教育资源分配不均匀，一些重点高校资源相对较充足，但是重点学校毕竟是少数，那些普通的高校音乐教育资源十分有限，但是它们承载的学生却多于重点学校的几倍，而教育资源缺乏使大多数的学生接受不到较好的教育，这就给普通高校音乐教育改革带来一定的阻碍，影响了高校音乐教育的发展。所以，增加高校音乐教育的资源是很有必要的。

（五）高校的音乐教育模式改革没有从实际教学出发，阻碍了改革的推进

就现在的实际情况来看，高校音乐教育改革已经发展到一个重要的时期，然而改革的推进却与实际的教学发生了一定的冲撞，原因在于高校音乐教育的改革主要在于改革模式，而实际的教学设置并没有进行相应改革，两者之间不和谐使高校音乐教育改革的步伐很难再顺利开展下去。

七、我国高校音乐教育模式改革创新建议

音乐，拥有一种神奇的力量，它可以拉近人与人之间的距离。音乐教育作为高校的一门主要课程，它可以潜移默化地改变学生的思维空间，促进学生身心健康发展。在我国，学生群体正在发展与壮大，发展的同时势必会出现相应的问题，其主要原因是教师和学生受传统音乐教育的影响，对音乐的真正内涵理解不足所造成的。因此，提高并改善我国学生的音乐教育势在必行。

（一）要转变音乐教育者的思想观念

音乐教育的发展最重要的是音乐教育者思想观念的转变和发展。在创新为灵魂的新型经济社会发展形态下，作为实施美育教育重要内容和途径的音乐教育，必将受到巨大的挑战。因此，我们应该转变"欧洲音乐中心论"的思维观念，呼吁学校教育机构和社会艺术教育机构审时度势，更新思想观念，创新中国自己的音乐教育体系，要以"中国音乐文化为中心，汲取欧洲音乐教育模式之精华，让

传统音乐文化观念，在学校音乐教育和社会音乐教育中根深蒂固，彻底改变音乐教育不受中小学教育机构重视的局面。让事实证明，音乐教育不仅要在中小学、大专院校、社会音乐教学机构中存在，而且还要强大下去、发展下去。另外，广大音乐教育者在转变音乐教育观念的同时，还应该充分认识音乐教育的特征、功能和效应，牢固树立终身教育观、素质教育观、系统教育观、综合质量观和全面效益观。在教学实践中大力推进以传统为主，舶来为辅的教育内容和形式的创新，不断探索新的教育体制和机制，从而推动音乐教育的改革发展，促进音乐教育事业的巨大飞跃。

（二）要创新音乐教育的新模式

音乐教育是传播文化和培养艺术人才的重要途径，面对新的形势，过去以"欧洲音乐论"为中心的只传授固有音乐理论知识和专业技巧，不注重素质教育的模式已经不合时宜，必须探索和创新适应新时代、新形势要求的音乐教育新模式。笔者认为，要建立音乐教育的新模式，首先高校音乐教育机构要严把艺考考生质量关，控制招生规模。加强考生思想素养和价值观的考察，同时放慢扩招的速度，控制办学规模，实行音乐教育中精英教育与大众教育的有机结合。再者，音乐教育必须由传统的"应试"教育为主，转变到以素质教育为主的轨道上来，让个性教育和因材施教不再成为空洞的口号。由视学生为被动"接收器"的灌输式教育转变到"教师主导、学生主体"的轨道上来，由"一拉平"式教育转变到因材施教的轨道上来。让学生从音乐中学到知识，体会到学习音乐的快乐，感受到音乐的尽善尽美。致使其成为不仅能够掌握音乐理论与实践相结合的音乐专业人才，而且还能成为注重情感体验、张扬个性特点、基本素质全面发展、个性特长充分发挥的优秀人才。

（三）要增强音乐教育者的本领

创新型经济社会发展主要依赖于科技的进步，科技的进步必然依赖于教育的发展，教育的发展直接依赖于高素质的教育工作者。而作为教育系列的音乐教育工作者，要适应新时代音乐教育发展的需要，最重要的途径就是全面提高自身素质，增强音乐教育教学本领。音乐教育既具有教育的基本属性，又具有其自身的特殊功能。当前音乐教育大环境下，各大专院校音乐艺术专业学生专业技巧和文化理论知识掌握层次良莠不齐，学生价值观偏离。为了让音乐教育方向步入正常轨道良性发展，音乐教育工作者就必须时常不忘社会和时代对自己的要求和期望，以积极的态度迎接音乐教育发展的需要，增强教学本领，除了学习和更新音乐理论知识和专业技巧外，还要掌握人文自然科学方面的知识，以充分发挥它们之间在音乐教育中相得益彰的作用。进而不断在实践中充实完善和提高，扎实自身本领，升华思想境界，既做音乐的传播者，又做音乐的创造者，努力使自己真正成为紧跟时代前进步伐的合格音乐教育工作者。

（四）要改进音乐教育的教学方法

发展音乐教育，必须讲究教育手段和方法。要使音乐事业不断蓬勃发展，就必须根据学生心理特征和个性特点改进音乐教学方法。兴趣和个性发展是学生学习音乐的重要心理特征之一。首先，音乐教育工作者应该寻找和创新多种途径，培养学生学习音乐的兴趣。其次，还要通过丰富的教学手段，增强学生音乐感性体验。同时，音乐教育与其他学科教育之间存在着合作互补的关系，这就要求未来的音乐教育必须更快地吸收和学习其他学科教育分析、解决问题的方法，让音乐教育定位于尊重理论的复杂性、互动性、丰富性的新方法上来，成为学生拓展知识和专业技巧的手段，而不是训练和灌输的工具。创新发展的音乐教学方式将会让具有良好道德观念、正确思维方式、独立实践能力的音乐人才如雨后春笋般不断涌现。

（五）要拓宽音乐教育的新领域

市场经济的深入发展与和谐社会的有效构建，为音乐教育展示了广阔的前景。音乐教育要更好地为社会服务，就必须努力拓展新的领域。笔者认为，拓展音乐教育领域，首先，音乐教育的价值取向要多元化。这就必然要求我们的音乐教育工作者必须充分认知音乐教育道德教化、裨益智育发展、协调身心健康的功能。既要培养热情讴歌时代，践行德艺双馨的优秀专业人才，又要培养出甘当人梯，乐于奉献的音乐教师。其次，音乐教育的开放要社会化。这就要求音乐教育必须面向社会，面向经济建设和改革开放主战场，努力在"合作"上下功夫。音乐教育作为与社会和自然相沟通的一种手段，必将会促使社会成员之间的紧密合作，给他人更多关爱，有利于经济发展、社会和谐。再次，音乐教育的视野要角度化。市场经济的发展，必将导致音乐教育在社会经济活动中比重的增加，促进音乐教育不断地向多方面、多元化发展。在学科发展和教学实践中，也会更多地采用多学科、跨学科的教育方法，让教师和学生都具有统一的跨学科视野，逐步构建强调基础、精炼专业理论技巧，既注重音乐的娱乐功能，又注重实用的社会功能、一专多能的音乐教育新体系。

国家和人民赋予了当代音乐教育工作者神圣的使命和责任，伟大时代为音乐教育事业发展提供了良好机遇和广阔舞台，历史使命呼唤音乐教育工作者为发展先进文化、构建社会主义和谐社会创造出新的业绩。随着具有真正素质教育意义的音乐教育的普及，中国未来的音乐教育将形成一个健全的、具有中国特色的音乐人才培养体系，并将真正培养出更多更好传承我国传统民族音乐、为实现中华民族伟大复兴的高素质音乐艺术人才，相信中国音乐教育将出现前所未有的美好新局面。

八、大学音乐教学模式教学改革措施

就当前大学音乐教学来看，依然在沿袭传统的教学模式，教学过程中忽视学生的主体作用，进而影响到教学质量。随着高校教育改革的发展，对高校教学也提出了更高的要求。大学音乐教学在培养我国当代社会发展所需的人才中发挥着重要的作用，而要想培养出专业的人才，在大学音乐教学中，就必须加大教学观念，重视学生的作用，以培养学生综合能力为目标，从而提高教学的有效性。

（一）大学音乐教学模式创新的必要性

在现代社会里，人才的需求越来越大，而人才的培养途径主要就是教育，教育教学质量的好坏关系到了人才培养效果。就当前大学音乐教学来看，虽然音乐教育能够带给学生美的享受，提升学生的审美能力，提高学生的综合素质，但是大学音乐教学还停留在传统教学模式中，课堂上以本为本，忽视学生的作用，既不利于学生能力的培养，同时也影响到教学质量的提高。随着高校教育改革的发展，传统教学模式已经不适应大学音乐教学的需要，要想培养社会发展所需要的人才，大学音乐教学模式的创新已成为必然。只有加大教学模式的创新，才能更好培养学生各方面的能力，促进学生的全面发展。

（二）大学音乐教学模式存在的问题

1. 教学观念落后

在大学音乐教学中，依然是采取以"教师为主"的教学，教学过程中忽视学生的主体地位和作用，学生处于被动接受知识的地位。同时，教师对音乐的认识不够全面，还停留在初级阶段，也正是因为教师错误的认识，使得教师往往抱着应付的心态去教学，不利于学生掌握专业能力。

2. 教学内容单一

就当前大学音乐教学来看，教师在教学过程中依然是照本宣科，一味地按照课本来进行教学，这样的教育模式会造成学生的反感，因为教师所教授的知识大多都可以在课本上找到，教学内容比较单一，难以激发学生的学习兴趣。

3. 理论与实践脱节

音乐作为一门艺术学科，它强调的是理论与实践的结合。然而就当前大学音乐教学来看,理论与实践脱节,由于课堂上教师一直在向学生灌输理论知识,学生没有实践的机会,从而挫伤了学生的学习积极性。

(三)大学音乐教学模式的创新途径

1.观念的创新

传统教学观念下,教师为主,学生为辅,这种观念不利于学生能力的培养,而在高校教育改革背景下,学生为主,教师为辅的教学观念受到了重视。在大学音乐教学中,要想提高教学的有效性,培养学生专业的能力,就必须创新教学观念,在教学过程中重视学生的主体地位和作用,充分发挥学生的主观能动性,从而激发学生的学习主动性和积极性。例如,在学习乐器的时候,教师可以让学生先谈谈对乐器的认识,在学生发表自己的见解后,老师可以放一张排笙和一张筝的图片,让学生对这两张图片进行对比,学生通过讨论后得知排笙属于吹奏乐器,筝属于打击类乐器,通过这种方式更好地培养学生的自主学习能力,激发学生的学习兴趣。

2.理论与实践的结合

对于大学音乐教育而言,通过理论与实践的结合,可以更好地激发学生的学习兴趣,加深学生对音乐知识的理解,使学生掌握专业的技能。在大学音乐教学中,为了更好地培养学生的能力,在强化理论知识教育的同时,还必须结合实践,让学生多参与实践,通过实践来温习知识,培养学生的艺术灵感。例如,在学习五线谱知识时,教师可以拿出一首歌让学生画出这首歌的五线谱,或者给出一首歌的五线谱,让学生标出歌曲的音节,这样的方式能方便学生更好地理解五线谱知识。

3.拓展教学内容

在高校教育改革环境下,以本为本的教学很显然已经不适应现代教学的需要,传统教学模式下教学内容比较单一,难以激发学生的学习兴趣。而在大学音乐教学中,要想提高教学的有效性,就必须拓展教学内容。例如,教师可以利用多媒体教学手段来拓展教学内容,多媒体集合了声音、文字、图片、音频、动画等多种功能,在大学音乐教学中利用多媒体技术可以将课堂转移到互联网上,让学生接触更多的音乐知识,让学生观看更多的音乐表演、音乐弹奏,从而更好地激发学生的学习兴趣,培养学生各方面的能力。

4.加强教师队伍建设

高校教育改革背景下,要求教学以学生为主,不断培养学生的能力,但是在培养学生能力的过程中,教师的作用也是不可替代的,因而要求教师在教学过程中必须发挥引导作用,专业的教师可以更好地引导学生进行学习;反之,则会影响到学生的学习，不利于学生音乐素养提高。为了更好地提高学生的音乐素养，在大学音乐教学中，就必须注重专业教师队伍的培养，为大学音乐教学培养一支专业的教师队伍。学校必须加强教师专业能力的培养，提高教师的专业水平，同时加强教师队伍职业素养的培养，提高他们的工作责任心和责任意识。作为教师，更要不断提高自身的文化水平，不断学习，进而为教学服务。另外，学校应当采取有效的奖励措施，激发教师的工作热情。

（四）大学器乐教学改革发展的措施

在我国高校音乐教育背景下，器乐教学的改革与发展势在必行。要实现高校器乐教学改革发展的目标，就必须针对我国高校器乐教学目前存在的问题，采取相应的措施，充分体现出器乐在中华文化中占有的重要位置。针对之前所提到的目前高校器乐教学面临的问题，提出以下几方面的建议。

1.革新教学模式

传统的教学模式已不能满足器乐跟随时代发展的要求，因此必须革新现阶段的高校民族器乐教学模式。首先，高校不仅要优化课堂上的教学质量，还要注重加强学生课堂外的实践能力；其次，除了训练学生的专业技能外，还要加强对学生专业素养的培养，让学生可以真正体会到民族器乐的内涵，从而传承发展器乐文化；最后，高校还应根据市场上对器乐人才的需求培养人才，使这些专业人才能够真正学有所用，贡献社会。

2.改革课程设置

对音乐课程的改革主要还是体现在器乐课程设置上。首先，要多设置器乐相关的课程，使学生可以接触更多器乐，了解更多的器乐文化；其次，重视对学生基本器乐技巧的规范化训练，只有扎实基础，才能掌握器乐的根本；最后，要多安排采风实践课程，让学生通过实践身临其境，如此才能有更深体会，并加以思考，实现创新。

3.创新器乐教材

要实现创新器乐教材，达到实现改革高校器乐教学的目标，就要推陈出新，不仅将民族器乐本身所特有的文化色彩加入到器乐教材中，还要懂得吸收西方文化中的精华，加以利用融入器乐文化中，使其不仅保有本身的特色，还能顺应时代的发展。

在现代社会里，教学模式的改革和创新已成必然，它是我国教育事业发展的必然趋势，伴随着教育事业的发展，教学模式也在随之改变，只有结合时代发展需要，不断加以改进，才能向我国现代社会培养更多的专业性人才。在大学音乐教学中，要想提高教学的有效性，就必须转变教学观念，注重理论与实践的结合，要丰富教学内容，在教学过程中充分发挥学生的主体作用，以学生为中心，从而更好地培养学生各方面的能力，促进学生的全面发展。

（五）大学舞蹈教学改革发展的措施

1."互联网＋"舞蹈教学的优势

首先，有利于个性化教学工作的开展。在互联网背景下，借助信息技术，可以建立相对完善的数据库系统，借助数据库系统，通过对学生个人信息的录入，可以实现对学生学习情况的实时跟踪，而且可以根据跟踪结果，对学生的学习情况进行相对完善的分析，进而更好地指导教学工作的开展。其次，有利于学生的自主化学习。在互联网背景下，微课课程的建立为学生的学习带来了极大的便利，对于高校舞蹈专业学生而言，可以利用微课资源进行随时学习，不再受时间和空间的限制。再次，有利于教学管理的自动化。在高校舞蹈教学中，通过建立相应的网络教学平台，不仅实现了教师和学生之间的实时互动，而且有利于学生的管理。

2."互联网＋"背景下的高校舞蹈教学

管理系统的功能在"互联网＋"背景下，针对高校舞蹈教学所建立的教育教学管理系统，可以帮助高校教师收集信息和共享信息，借助这一互联网教学系统，多个高校可以实现教师远程知识交流和共享，而且对于适时应对教学问题也有很大的帮助。因此，互联网背景下高校舞蹈教育教学系统必须具备如下特征：第一，安全稳定性；第二，灵活性；第三，全面性。具体而言，互联网背景下的教学系统功能包括以下几方面的内容。

（1）知识获取功能。为了不断完善高校舞蹈教育教学系统的数据信息，高校必须借助其所建立的知识管理系统从大数据库、图文信息或者网络信息中获取有价值的信息，进而实现知识管理系统的知识获取功能。对于普通高校而言，可以借助其所拥有的教育资源来不断完善其教育系统功能，也可以通过和其他普通高校或者艺术学院联盟的方式来拓宽其知识信息获取渠道，进而不断完善其教育系统功能。

（2）知识应用功能。知识应用是确保所建教育系统功能实现的重要环节，也是知识管理的主要目的。对于舞蹈教学而言，强调知识的实际应用，体现了知识从理论层次到实践层次的过渡。在高校舞蹈教育过程中，如果出现了新问题，如学生的舞蹈动作不规范或者动作不协调，教育工作者则可以通过查询知识管理系统，调用相应的知识内容，然后再通过恰当的运用使得所面临的教学问题得以解决。

（3）知识共享功能。互联网背景下的现代化教育系统必须具有知识共享的功能。这意味着不同高校的舞蹈教师和学生能够突破时间和空间的限制进行教学和学习交流，这可以帮助高校舞蹈专业教师和学生在教学和学习过程中提高效率，而且有利于教育知识的获得。通过内部知识共享，可以帮助高校全面提高舞蹈教师素质；通过外部知识共享，则能够帮助舞蹈教学工作者达成共识，进而更好地推动高校舞蹈教育工作的开展。

3."互联网+"背景下高校舞蹈教学方式探究

（1）建立完善的教育资源数据库信息系统。在互联网背景下，为了全面推动高校舞蹈教学改革，必须建立相应的数据库。数据库的建立就是帮助高校存储其所需的大量舞蹈教学数据信息。高校舞蹈专业教师或学生在访问数据库时，都需要从庞大的数据库中调用所需要的各类信息，所以，数据库的完善性可以为访问者提供强有力的支持。为此，在数据库建立之后，还应该安排专门的技术人员对数据库进行定期的维护和完善。在数据库建设过程中，应该重点做好以下两方面工作：第一，知识获取。在知识获取过程中，要求不断扩大舞蹈教育资源的获取渠道。具体而言，要求高校通过互联网络建立起与其他普通高校或艺术学校的资源共享机制，对互联网络中的各类舞蹈教育资源进行广泛搜集，然后筛选出有用资源；高校还可以购买教育软件开发公司所推出的各类商业性教育资源库；为了确保整个数据库系统的完善，高校还应该提倡教育资源的共建共享，鼓励舞蹈专业教师积极开发各类实用性较强的教育资源，并进行大范围推广，不断提高舞蹈教学资源的利用率。教师可以对其教学方法、教学经验等各类舞蹈专业教学资源进行逐步积累，使其变为数据库的一部分，从而实现教育资源库内容的不断更新，这也有利于特色教育数据库的建立。第二，知识分类。知识分类过程中，要求高校对各类舞蹈教学信息进行编目，这样可以帮助系统访问者进行高效检索和存储，在知识分类过程中，应该遵循相应的分类标准，如可以分为媒体素材、课件、教学案例、网络课程、常见问题解答、资源目录索引等。

（2）建立网络教学平台。在互联网背景下，为了进一步完善高校舞蹈教学工作，应该建立相应的网络教学平台。网络教学平台的建立，首先应该完善相应的硬件设施，其中包括服务器、客户端设施以及相关的网线设施，在选择此类硬件时，必须要考虑到设备运行的稳定性，这样才可以确保所建立网络教学平台的高效运行。所建立的网络教学平台应该具备如下功能：第一，网络教学功能。借助这一全新的教学平台，高校可以安排舞蹈专业教师定期开展专业课程的讲解，学生通过个人账号进入到这一教学平台之后，可以随时随地进行在线学习。另外，网络课程的教学内容更加丰富，教师除了对舞蹈专业教学大纲中所安排的课程进行讲解外，还可以开展一些特色网络课程，如舞蹈表演视频欣赏、不同国家特色舞蹈比较等。第二,信息交流功能。在网络课程的在线学习过程中,学生可以和教师或者其他学生进行在线互动。这一功能的设立,可以帮助学生将学习过程中不懂的问题及时反馈给教师,教师可以通过网络对学生提出的问题进行讲解和说明,其中包括对专业理论知识的讲解和说明,也包括通过现场展示的方式对舞蹈动作要领进行展示。

(3)采用翻转课堂教学模式。在互联网背景下,教师提供以教学视频为主要形式的学习资源,学生借助某种技术工具,在上课前完成对教学视频等学习资源的观看和学习,在课堂上师生则一起完成学习互动交流活动的一种新型的教学模式。在利用这一全新的教学模式开展高校舞蹈教学时,首先教师要为学生安排合理的课前任务。教师可以让学生通过观看微视频,获取相关信息,如实践课中所要学习的舞蹈动作类型,从而高效完成课前准备工作。其次,舞蹈教师要设计制作有特色的微视频。在高校舞蹈翻转课堂教学中,教师制作的微视频通常应该保持在10分钟左右,而且视频画面要突出,力争做到细腻美观。当然,教师也应该根据实际教学内容对教学微视频进行合理调整。

综上所述,将信息技术与舞蹈教学实践相结合,已成为我国高校舞蹈教育的重要改革方向。通过建立完善的教育资源数据库信息系统,建立网络教学平台,采用翻转课堂教学模式是当前"互联网+"背景下的高校舞蹈教学方式改革的有效途径。

九、高等音乐教育人才培养模式改变

我国的高等教育在20世纪末已开始了历史性的变革,即从"精英教育"向"大众化教育"转向。在此背景下,我国高等音乐教育从属于高等教育整体也已发生了系列重大变化。笔者认为,为了适应时代发展,高等音乐教育应朝如下趋势发展。

(一)以扩招为契机,尽快建立多层次、全方位的高等音乐教育体系

这一体系不仅包括传统的专业技能院校的音乐教育,而且还包括教学型及研究型等各种形式的音乐教育。各学校分工明确且各具特色,能充分满足社会经济发展对人才的多元化需求。而且,这种体制对高等音乐教育质量的整体提高,也有着深远的意义。

(二)以"综合性"和"个性化"协调发展为主要的人才培养模式

高等音乐教育需要拓展学科界限,融合多学科知识于一体,走综合化道路。音乐是全方位反映现实生活的艺术,生活是音乐之源。高等音乐教育的人才培养

要体现综合性要求，一方面要求学生具备宽厚的知识储备，有广阔的文化视界，深厚的文化底蕴；另一方面也要求音乐学科内容的综合，如专业知识（如音乐表演、音乐理论、音乐历史、音乐教育等）与相邻专业基础知识（如影视、戏剧、舞蹈等）的综合，专业知识与其他学科知识（如生理学、心理学、教育学、美学、文学等）的综合。也就是说，逐渐消融知识之间的人为划分，合理重构知识结构与弥合知识之间的裂痕。另外，在高等音乐教育过程中，由于音乐教育的特殊性，体现个性化就显得的尤为重要。因此，在高等音乐教育的人才培养模式中，应把个性化作为一项基本特征纳入。

（三）国际化交流日趋活跃

充分利用一带一路带来的机遇，探索和扩展与国外有实力的教学机构合作办学的发展模式及发展空间，并采取多种渠道以多种方式进行国际交流，包括留学进修、参观考察、访问演出、学术研讨等，以开阔眼界，提高音乐教育教学质量。

（四）实现高校内部以及专业院校之间的相互开放

高校内各院系之间的资源共享以及各专业音乐院校之间、音乐专业院校与其他高校之间音乐及相关课程互选、互相承认学分等。这种学科之间的互为开放，一方面有助于校园文化建设和音乐文化的普及；另一方面对专业音乐教育学生文化意识的培养有重大意义。

高等教育发展的大众化阶段还将在未来很长一段时间内持续下去。因此，要完善高等音乐教育教学体制，解决长期存在于音乐教育中的各类深层次问题，就一定要借扩招这股东风，积极探索多元化的办学模式，合理规范教育教学体系，促进我国音乐教育的健康持续发展，使我国音乐教育步入良性的循环运作轨道中来。

十、多元文化背景下的音乐教育发展趋势

多元文化教育兴起于20世纪60年代的美国，是由当时少数民族要求教育平等而提出来的教育理念。20世纪90年代以来，随着经济全球化的发展和科技水平的日新月异，世界各国越来越认识到民族文化的多元化和丰富性受到了极大的冲击。由此，各国文化部门相继开展了在对世界先进文化学习的同时，对本国传统文化进行保护的讨论和呼吁。

音乐作为这一多元文化背景下的文化现象也深受多元文化的影响。世界不同民族文化种类繁多，为多元化的音乐教育提供了丰富的资源和肥沃的土壤。同时，多元化的音乐教育在世界各国的音乐教育领域将成为一种主流发展趋势，非西方

的传统音乐将在西方音乐教育中逐渐获得认可。比如，在美国的威斯廉大学采用非西方的音乐认知方式和音乐传承方式及音乐价值观，已开设了印度、非洲、中国、印度尼西亚、美国黑人的音乐教学。在欧洲，一些国家也意识到多元文化背景下多元文化音乐教育是 21 世纪音乐教育的新起点。那么，多元文化背景下的音乐教育发展趋势又具有什么特点呢？

（一）音乐教育内容多元化

我国传统的音乐教育在教育内容上比较注重以西方音乐尤其是欧洲音乐为教学内容的重点，如西方的乐器，钢琴、小提琴、吉他、大提琴等；西方的乐理，钢琴的五线谱、吉他的六弦等；美声唱法，高音、中音、低音等；歌剧，视唱练耳，和声学等。而在全球多元文化的背景下，随着各民族文化之间的加速融合，音乐教育领域对各民族音乐的深入研究、音乐文化理念的完善及音乐教育多元化理念的传播，使我国在音乐教育中，开始关注并引入其他国家或民族的音乐教育内容。就我国而言，民间音乐概论、音乐史等内容多样，此外还有非洲、拉丁美洲、北美洲、大洋洲、欧洲等世界各国的音乐理论和实践精华，将随着全球化的推进和全球文化的融合被引入我国音乐教育内容中，以丰富教育内容。例如，武汉音乐学院在理论教育内容方面就开设有《中国传统音乐概论》《民族器乐概论》《戏曲音乐概论》《钢琴发展史概论》《说唱音乐概论》等融合不同音乐文化的教育内容。

（二）音乐教育形式多元化

我国传统音乐教育在教育形式上多以学校——班级——教师——学生为教育模式开班教学，在共同音乐志趣的条件下，按照所学音乐知识的教学形式要求，学习相同的音乐知识。比如，钢琴课堂上，全班学生坐在一起听教师讲解理论知识，然后学生到钢琴房去练习，教师加以指导。而在多元化文化的背景下，音乐教育形式也日趋多元化，电化教学模式被越来越多地引入教育领域，尤其是音乐这一抽象性学科引入电化教学模式，将大大提高教学效果。此外，全球多元文化背景下，"地球村"和计算机技术的快速发展，音乐教育中将越来越多地实现教学内容的资源共享。此前有哈佛教授在互联网上开设课堂，讲授公开课。虽然目前还没有教授开设音乐课程的公开课，但笔者相信这将成为一种趋势。将来，我们可以通过互联网观看世界各国名校的音乐教学视频。

（三）教育方式的细分化和小众化

与音乐教育内容多元化相对应的是，在多元文化背景下的音乐教育方式将呈现出细分化或小众化。因为音乐教学内容的多样性即意味着多而杂，而要做到杂而有章，多而不乱，则需要对音乐教学内容和方式进行细化。此外，这也是满足越来越多的音乐学习者小众化要求的途径之一。比如，有的学生喜欢古典音乐，有的偏爱民族唱腔，有的则两者兼具。学校在教学课程的开设中，将充分考虑到这一点，对教学内容和教学方式进行细化，以满足不同学生的学习需要，培养全方位人才的同时也注重单向性、专业型人才的培养。

（四）深入贯彻多元化教育理念

多元文化背景下，音乐教育中将深入贯彻落实多元化的教育理念。首先，有了正确的思想理论指导，才能在全球化的大背景下正确把握音乐教育和教学的方向；其次，对多元化教育理念的贯彻还体现在具体的环节，如音乐学校将进行对教学内容、教学方式、教学器材和方法的教学改革。教师将转换教学理念和职能，较快实现角色的转变，适应角色的需要。学校扩大投资，加大师资队伍的建设，满足学生的学习要求。大量多元文化背景下的音乐图书或音响资料的出版将丰富音乐学科方面资料，注重对各民族音乐文化的平衡等。最后，在全球化和信息化不断加快的背景下，将对整个传统社会的个人行为和价值体系产生巨大的影响。同时，在多元文化背景下，各种服务于音乐教育的文化将得以发展和再造。

第八章 "互联网+"时代音乐专业的创新建设

第一节 人才培养对音乐专业建设的要求

大学是以学科专业为基础建构起来的学术组织，学科水平是高校办学水平和综合实力的最主要体现。研究专业建设方法和人才培养模式、培养满足经济社会所需要的高技能人才，是摆在地方高校面前的重要任务。

一、专业建设的含义

"学科专业"经常被作为一个专门词使用，而在使用中被赋予的内涵却不尽相同。因此，有学者认为它是一个模糊的说法，这个说法的确可以产生歧义。譬如，我们说"优先发展新兴学科专业""改造传统学科专业"等，说的是以这些学科为基础的专业；"学科专业"这一提法又可以解释为专业是学科下的一级建制，即把专业视为学科的分支，视为某一级学科下的次级学科。"专业以学科为基础"和"专业是学科下的一级建制"，差别极大，而后者正是值得商榷的。

专业不是某一级学科，而是处在学科体系与社会职业需求的交叉点上。《辞海》将专业定义为"高等学校或中等专业学校根据社会专业分工需要所分成的学业门类"，并指出"各专业都有独立的教学计划，以体现本专业的培养目标和规格"。其他一些辞书关于专业的定义，与此大同小异。有不少学者也从不同的角度给专业下过定义。从大学的角度来看，专业是为学科承担人才培养的职能而设置的；从社会的角度来看，专业是为满足从事某类或某种社会职业必须接受的训练需要而设置的。本书对专业界定如下：专业处在学科体系与社会职业需求的交叉点上。正是这种"交叉点"的性质决定了专业的基本特征。

第一，专业的教学计划是三类课程的组合，即思想道德、科学与人文知识课程，学科基础知识课程，专业性（专门化、职业化）知识和技能训练课程的组合。第一类课程是对学生进行全面素质教育所必需的基础（大体相当于西方一些大学中的所谓通识教育课程）；第二类和第三类课程是为这个专业培养"高级专门人才"的目标所规定的。无论专业培养方案如何改革，无论这个课程组合中各类课程的分量如何此消彼长，也无论各个学校的同类专业有多少各自的特点，这种"三类课程组合模式"至今也未被突破。这种课程设置所体现的原则，就是"以育人为目标，以学科为依托，以社会需求为导向"。

第二，以一门学科为基础可以设置若干个专业，这些专业因学科基础知识课程大体相同而被称为"相近专业"；一个专业可能涉及不止一门而是若干门学科，这些学科甚至可能属于不同的学科门类。因此，这类专业往往被称为"跨学科专业"或培养"复合型"人才的专业。这里恰好反映出设置专业与划分学科依循的原则是不同的。学科的划分，遵循知识体系自身的逻辑，因而形成"树状分支结构"。学科及其分支是相对稳定的知识体系。即使是在一些学科分化与综合的演变中形成的新的交叉学科、边缘学科和综合性学科，这些学科也都有自己相对稳定的研究领域。专业是按照社会对不同领域和岗位的专门人才的需要来设置的。不同领域专门人才所从事的实际工作，需要什么样的知识结构作基础，专业就组织相关的学科来满足。专业以学科为依托，但它不是学科"树状分支结构"中的哪一个"分支"。如果说，以一门学科为基础设置的若干专业勉强可以视为该学科的"分支"，那么，培养复合型人才的"跨学科专业"无论如何都难以划分为哪一门学科之下的次级学科。这种培养复合型人才的专业，只是不同学科在教学功能上的交叉，而不是学科在自身发展意义上的交叉。换言之，"跨学科专业"并不能视为交叉学科的"分支"。

第三，大学中的专业会随着社会产业结构的调整和人才需求的变化而变动。这种变动表现为新的专业不断产生，老的专业不断被更新或淘汰，有的专业从"冷"变"热"或者相反等。据统计资料显示，从1998年至2001年，我国普通高校本科专业的布点数从8887个增至13344个。其中，信息类专业点的增长幅度是70.01%，生物科学类专业点增长75.97%；有69%的本科院校开设了计算机科学与技术专业，专业点达415个，是布点最多的专业；人文社会科学类专业，尤其是应用文科类专业发展迅速，在布点最多的10个本科专业中，有6个属于人文社会科学类。普通高校本科专业布点总数中各类专业点数的增减，第一志愿报考各类专业的学生数与这些专业录取数的比率，是反映某些专业冷热变化的"寒暑表"。高等学校和学生在专业选择上的行为，虽然并不能完全准确地反映社会职业需求，但也从大体上"折射"出社会职业需求变化的趋势。专业是变动的，学科则具有相对稳定性。

二、专业建设与人才培养

随着高等教育的快速发展，我国基本实现从精英化向大众化的转变（高等教育毛入学率 15%～50%），与高等教育快速发展相对应的是大学生的就业形势愈发严峻。据统计，2007 年全国大中专毕业生人数为 495 万，2015 年达到 749 万。从绝对值上看，我国大学生数量众多，但从相对值上看，与发达国家相比，我国每万人拥有的大学生数量就要少得多。即使从高等教育毛入学率来看，我国 2015 年的36% 的比例依旧远远低于 2006 日本的 48% 和美国的 52%。这与我国经济社会飞速发展的要求相比，中国大学生数量就显得不是太多而是太少。2009 年我国就业人员中具有大专及以上学历的比例仅在 5% 左右，而发达国家普遍在 40% 以上，即使像印度、巴西、印度尼西亚这样的发展中国家，该指标也超过了 6%。根据 2010年第六次全国人口普查数据显示，截至 2010 年 11 月 1 日，我国每万人中仅有大学生 893 人，仅占总人数的 9%；具有高中文化程度的人数为 1403 人，占总人数的14%；只有初中文化程度以下的人数高达 7704 人，占总人数的 77%。全国 15 岁到 59 岁劳动年龄人口中，文盲和半文盲占 4.08%。2009 年，我国获得国家职业资格证书及相当水平的技能劳动者仅占城镇从业人员总量的 33%，包括高级技师、技师、高级技工在内的高技能人才仅占技能劳动者的 21%，而发达国家这两个比例分别在 50% 以上和 30%。与此同时，高技能人才老龄化趋势已经显现，不少老企业的核心技术掌握在 40 岁以上的工人手中，更有甚者，必须返聘退休职工才能完成订单，技能人才严重"青黄不接"。

随着我国制造业水平的提升，对具有专门技术的农民工的需求大幅增加，根据人力资源社会保障部统计，2009 年我国 1.45 亿农民工中，中专以上仅占 10.4%，高中文化程度占 13.1%，初中以下文化程度的占到 76.5%，51.1% 的农民工从未接受过任何职业技能培训。"技工荒"问题也由此诞生并越演越烈。目前，我国大学生数量的不足，大学生就业形势又非常严峻，原因就在于高校培养出的人才没有跟上社会的需求，导致大学生出现结构性失业，针对北京市大学生就业劳动力市场需求的调研显示：60% 的企业反映应届大学毕业生对所学专业知识的利用率不到 40%，除专业知识和技能外，大学生普遍缺乏创新能力、学习能力、人际交往、组织管理等通用能力，责任心、团队合作等技能方面也很欠缺。从2003年开始的"民工荒"也是劳动力市场结构性矛盾的具体反映。

专业是学科承担人才培养职能的基地。任何一所大学培养的人才质量，都取决于这所大学的学科水平专业建设。要在学科建设提供的基础之上，制订专业培养目标和规格，确定专业设置口径，制订专业教学计划（或称为人才培养计划）等。人才培养建设是专业建设的主要内容之一。

专业是高校培养人才的载体，是高校与社会需求的结合点，高等教育是否适应社会需求，适应程度如何，是要通过高校设置的专业及培养的人才来体现。目前国内很多高校在专业设置上普遍存在不合理的地方。我国高等教育重视知识灌输，缺乏素质教育和能力培养，很多教材是十几年甚至更长时间之前编写的，授课的方式和课程基本上一成不变。再加上有些高校基本上不研究社会需求，因人设岗，学校有什么条件就办什么专业，看到市场需要什么专业就办什么专业，在新兴、交叉、综合性专业发展上缺乏力度，使紧贴市场、适应社会需求的一批专业没有得到充分发展。长此以往，导致学校培养出来的学生知识面窄，学习能力和适应能力差，普遍缺乏社会实践能力和实际操作能力，无法与单位所需要的实用性强的岗位相适应。因此，对高校专业设置与就业市场的相关性进行研究，具有重要的理论价值和实践意义。

人才培养体系建设，首先要把握好学科方向、学科专业的调整与组合；其次要加强课程体系建设，特别是要用现代生物技术、信息技术和工程技术改造传统的课程内容；再次要鼓励开设新的课程，学生可以选修其他专业的课程。另外，对学生技能和实际工作能力的培养则主要通过实验、实践和参与指导教师的科技研发及技术推广活动来实现。通过这些环节，使学科方向尽可能地适应学科未来发展的需要，使课程内涵尽可能适应社会经济发展的需要，使培养出的学生尽可能满足社会对高层次人才的需求。通过培养体系建设还可以丰富本科生的教学和实验内容，提高本科生的教学水平，为培养硕士研究生的研究能力提供平台；为博士研究生独立从事本学科创造性科学研究工作和提高创新能力提供保障。国务院学位委员会颁发的《授予博士、硕士学位和培养研究生的学科、专业目录》（2006年更新版）中把学科分成12个学科门类（哲、经、法、教育、文、史、理、工、农、医、军事、管）、89个一级学科和393个二级学科。这是以学科的知识体系为主，兼顾行业的特点对学科进行的归类，一级学科由若干二级学科组成，二级学科由若干学科方向组成。一个学科有多个方向，一所学校由于条件限制不能建设所有的学科方向。学科方向的选择与确立一般遵循三个原则：一是继承，二是发展，三是交叉。从专业目录中可以看出，学科方向的选择与确立则是人才培养体系建设的前提。

三、专业设置与就业市场的关系

高校的专业结构设置主要是指各高校具体专业所构成的比例关系和组合方式，其中包括不同种类高校和学科专业的数量、布局以及相互之间的联系等设置。高校专业设置和就业市场的关系是相辅相成、辩证统一的。通过市场特有的调节机制，专业结构系统与外部环境之间持续进行着物质、能量、信息的交流，从而使专业结构系统与外部环境系统二者的结构都不断趋于合理化。

首先，两者存在着统一关系。一方面，高校进行专业设置要根据社会发展、职业变化的需要，依托学科优势培养适合社会发展的高层次专业人才，而对专业进行调整就是根据产业结构调整以及职业变化对人才知识结构、培养模式提出新要求，在操作层面上表现为根据大学生的就业状况来决定专业的取舍和招生规模，目的是使毕业生能够顺利就业；另一方面，由于现代职业分工的不断细化，经济产业结构调整不断优化升级，社会需要具有较强综合素质、宽厚知识背景，又掌握高精尖知识与技能的人才。而达到这一目的，就需要大学在加强通识课程教学的同时，还必须不断强化专业教育，通过专业的设置调整来不断提高专业教育的水平。

其次，两者还存在对立关系。对专业设置来说，它既要满足职业岗位对专业知识与技能的要求，又同时要满足知识系统传授和科研向纵深发展的要求，两者很难同时兼顾。我国的专业设置是计划经济的产物，专业设置及其调整、课程安排、招生规模等权力基本掌握在国家教育行政主管部门手中。一旦专业设置好，在几年内很难进行改变，当发现在教育培养目标、人才规格或教学效果存在问题时，就不能及时调整。学生在稳定专业设置情况下学得的知识也是相对稳定的。但由于现代科技日新月异，产业结构不断升级，影响大学生就业的不确定性因素大大增加，就业状况呈现不规则波动。因此，专业设置的稳定性、滞后性与市场经济条件下就业的波动性、即时性存在较大的矛盾。

第二节 高校音乐专业教学存在的问题

法国作家雨果曾将音符比喻为开启人类智慧的三把钥匙之一，与数学和文学同等高度的音符，在当今的音乐教学中却没有得到相应的重视。

就目前我国的音乐教学现状来说，与国外还存在较大差距，不仅没有借鉴和吸收到世界多元音乐文化的精髓，而且在很大程度上丢失了中国文化的音乐传统。在应试教育和传统教学观念的共同作用下，艺术教育的边缘化状态在义务教育阶段体现尤其明显，而义务教育阶段之外的学前教育和高校教育或将音乐作为休闲放松的听觉体验，或是过于理论化和西方化，在音乐教学的目标设定、内容和方式的选择上都无法与我国的音乐教育新政策相适应。总体来说，我国音乐教学的现状暴露出很多的问题，现有音乐教学的多元化改革迫在眉睫。

一、我国艺术教育的新政策

教育部在 2014 年发布了《推进学校艺术教育发展的若干意见》（以下简称《新意见》），提出从 2015 年开始，对中小学和中等职业学校学生进行艺术素质测评，并且要求高校音乐生和美术生的文化课成绩不得低于同批次普通生的 65％ 和 70％。

学生的艺术素质测评结果，作为中高考录取的参考依据意见，要求各地要建立中小学学生艺术素质评价制度。依据普通中小学艺术课程标准和中等职业学校公共艺术课程教学大纲，学校要组织力量研制学生艺术素质评价标准、测评指标和操作办法，以便对中小学校和中等职业学校的学生进行有效的艺术素质测评。艺术素质测评纳入学生综合素质评价体系以及教育现代化和教育质量评估体系，并将测评结果记入学生成长档案，作为综合评价学生发展状况的内容之一。

《新意见》还提出，要建立学校艺术教育工作自评公示制度，要将艺术教育纳入到学校办学水平综合评价体系中。中小学校和中等职业学校要以艺术课程开课率、课外艺术活动的学生参与度、艺术教师队伍建设、学生艺术素质为重点开展自评，自评结果应通过主管教育行政部门的官方网站向社会公示。高等学校要把艺术教育纳入学校教学质量年度报告中，须开齐开足艺术课程，并严格执行课程计划。

义务教育阶段学校根据《义务教育课程设置实验方案》开设艺术课程，确保艺术课程课时总量不低于国家课程方案规定，占总课时 9％ 的下限，鼓励有条件的学校按总课时的 11％ 开设艺术课程，初中阶段艺术课程课时不低于义务教育阶段艺术课程总课时的 20％。普通高中按《普通高中课程方案（实验）》的规定，保证艺术类必修课程的 6 个学分。中等职业学校按照《中等职业学校公共艺术课程教学大纲》要求，将艺术课程纳入公共基础必修课，保证 72 学时。普通高校按照《全国普通高等学校公共艺术课程指导方案》要求，面向全体学生开设公共艺术课程，并纳入学分管理。

2014 年开始，各地省级教育行政部门和部属高等学校要向教育部提交学校艺术教育发展的年度报告，内容包括艺术课程建设、艺术教师配备、艺术教育管理、艺术教育经费投入和设施设备、课外艺术活动、校园文化艺术环境以及实行学校艺术教育工作自评公示制度等方面的情况。

艺术教育新政策的颁布和实施已有两年的时间，在政策指引和各级各类学校的响应下，艺术教育中出现了不少喜人的变化。国务院在 2015 年正式下发了《关于全面加强和改进学校美育工作的意见》通知，努力营造艺术教育的良好氛围，在"互联网＋"的涵盖影响下，艺术教育的内容会更加多元，方式也会更加便捷有效，艺术教育会在中华大地上遍地开花，欣欣向荣。

二、音乐教学在不同教育阶段的问题

目前，学前教育阶段音乐教学活动中的突出问题是教学目标设计不符合学龄前儿童的身心情况。教学设计是教师进行教学准备的重要环节，它的好坏直接关乎教学效果，而一份合理的教学设计是需要结合正确的学情分析才能实现的，即对学生的原有知识、生活经验、身心特征进行了解，对学生的现有认知能力和情感进行分析，并据此制订教学设计。但在学前教育阶段的音乐教学活动中，教师往往会要求学生像成人一样去辨别不同音乐的种类，并说出这些音乐之间的异同；在声势教学内容上，安排一些超出儿童完成范围的复杂动作用于观赏或参赛，却没有培养学龄前儿童对韵律和节奏的把握。以上学前教育阶段的音乐教学问题，都是错误地估计了学龄前儿童的音乐感知水平和身心发展状况，忽视了学前教育阶段音乐教学的音乐经验和情感体验目标，而并不是让孩子在学前教育阶段的音乐学习中学会多少音乐知识。

中小学阶段的音乐教学受应试教育文化课的影响，常年以来成为学生们休闲娱乐的时间，又或者在音乐课的时间里，教师只是在有限的时间里简单地教授学生怎样识谱和认谱，而学生没有切实的应用需要，学过即忘。这正是目前中小学学生对音乐课的重视度不够，而教师过于注重音乐的知识化，忽视培养学生创造力的结果，其实不利于学生培养正确的学习观念，还严重影响对儿童音乐素质的培养。就义务教育阶段我国目前还存有地域方面的问题，教育资源分布不均的现状同样体现在音乐教学中，重点体现在农村与城市之间。受经济条件和教育环境的制约，农村学生并没有像样的音乐教室和器乐设备，很多中小学忽视音乐课的重要性，只是将音乐课作为平时学习的消遣，或者学唱一些歌曲，甚至在大部分农村的中小学中，都没有固定专业的音乐教师，大多是其他的老师兼理音乐课，基本的音乐课接触只是听或学唱，很难学习到一些基础乐理、声势和器乐知识，音乐这一扇艺术的窗并没有在农村少年的生活里打开。

相对于专业艺术类院校的音乐教学，普通高校的音乐教学发展相对短暂，主要是管理机制不完善和学科课程设置不合理的问题。在管理机制上，学校内部的音乐教学管理人员有很多不是专业的教育管理人士，而且一些开设有音乐专业的高校甚至没有设置独立的高校管理机构；而在学科课程上，有些普通高校完全照搬其他专业艺术院校的音乐课课程设置，而不是根据本校师资力量和学生情况进行的课程设置，但在学科知识多元融合加深对音乐教学造成影响的背景下，传统的音乐课程设置已经不能满足高校、学生和社会的需要。而在艺术类院校和普通高校的音乐教学中，普遍存在的问题是教学与实际联系的缺少，缺乏专业的实践机会，偏西化的音乐史教学内容和教学方法与我国的民族音乐之间存在诸多不融合性，课堂教学与舞台实践经历在音乐教学安排中的比例也是前者更多，因而难以培养出学生根植于民族音乐的多元音乐专业能力。

三、重视对音乐艺术的欣赏和感知

音乐是一种听觉艺术的观念早已深入人心，"听歌""播放音乐"等词汇都会让人不由得联系到人的听觉感官，在听音乐的过程中，可以感受到音乐的无限魅力。但这样的情况我们也一定不陌生——同样的一首曲子，不同时间段或不同环境中的"听"，感受到的内涵和心情是有所差别的。例如，闻名遐迩的《Down by the sally gardens》，在嘈杂纷扰的环境中听和自己独自一人在夜幕中感受是自然迥异的，初听时的欣喜和了解到是由叶芝同名诗歌谱曲而成后的感动也是不同的。所以音乐并不是单单听到的节奏、旋律或歌词，人与音乐之间的关系更多地建立在"欣赏"和"感受"之上，无论是日常消遣、陶冶情操，还是教育教学，抑或是专事于音乐的创作与表演，都不只是"听"可以达到的。

在音乐教学中应重视对音乐艺术的欣赏和感知。首先，要明确音乐所承载的美是多元化的，所以可以根据学生的兴趣特点来选择教学内容，以引起学生对音乐教学的重视，随后才能带领他们欣赏。音乐的形式和表现的内容与人的心情体现出一致性的特点，声音的美源自于声音的愉悦，把声音的愉悦追溯到声音与人内在心理状态的对应上是合理的，所有声音中以人声最为愉快，"因为人声和人的心灵保持最大程度的对应或符合"。无论是外部形态所表现的音乐作品的题材和形式，还是蕴含着音乐内在性格和情感态度的本质，都是通过声音来抒发人内心感受的符号，因此音乐美的范畴和人的精神品格、情感态度是基本重合的，学生和一些非流行音乐建立联系也是可以实现的。所以作为音乐教师来说，一定要让学生多接触一些经典音乐，以此消除一些低级乐曲给学生造成的不利影响，为不同年龄段和不同曲风爱好者的学生安排丰富多彩的教学内容，保证这样的切入点就可以从一开始吸引学生的兴趣，由此，音乐教学便可以打开一扇新的大门。例如，在中学阶段涉及的莫扎特的《g小调40号交响曲》，可以利用学生熟悉的通俗流行歌曲《不想长大》来讲解，吸引学生对古典音乐的欣赏和感知兴趣。其次，要提升学生对音乐本体的感知能力，即提升学生对音乐艺术内部规律的把握能力，体味到音乐艺术中所蕴藏的不可替代的美感，从而能发自内心地喜欢音乐，并将感知音乐作为自己精神生活的一个重要组成部分。世界多元音乐的内容不免庞杂和深邃，而且学生的认知水平不均。因此，在教学内容的多元化选择上要注意趣味性的特点。音乐素材的选取会直接影响到音乐教学的质量水平，只有当教学内容引起了学生的兴趣，音乐教学才能达到事半功倍的效果。音乐教师要从自身的仪表和语言做起，给学生带来美的示范，运用语言的魅力和现代多媒体技术创设音乐的美妙情景，发挥音乐"非具象性"和"非语义性"的特点，调动学生的联想和想象，因为无论何种表现形式，人类的情感总是想通的，音乐中的音符、节奏和旋律可以借由学生的想象力变成一幅幅专属于自己的画面。当然，在意象世界中不免有脱离"正规"的情况出现，教师要及时关注学生的状态，以便适时地纠正和指导。

音乐无疑是美的，这种美"远不止于审美，而是以人的实践行为为本，从而于宇宙协同共在的'天地之大美'。这种'大美'不只是静观，也不只是自然界。没有人类和每个个体活生生的存在、生活、奋斗，宇宙将是毫无意义的一片荒凉"。音乐并非只是一种生活在世界上的人类所拥有的听觉艺术，相反，以音乐为基础并在音乐中得以表现的，是人所拥有的整个多彩世界，人通过音乐这种语言来理解到的存在。

第三节 音乐专业教学资源的优化创新

一、多元化音乐教学实践

在多元化社会发展中，音乐教育如何实施多元化教学是研究的热点。多元化音乐形式实现了全球多种音乐文化的融合，多元化音乐教学在音乐教育中的实施，更有助于提高音乐教学质量和教学的有效性，切实培养学生欣赏和感知音乐的动机和能力。

（一）多元化音乐教学是什么

多元化应用在音乐教学中通常有以下三方面的表现。

第一，在学生学习内容方面，学生学习不同国家的音乐类型和其后的背景文化，通过风格和文化异同的比较，了解创作的根源，在融会贯通中积累一定的音乐感知、欣赏品位和创作素养；将现当代主流文化与传统文化结合，取传统音乐之所长。

第二，在多元化音乐教学理论的指导下，音乐教学应该以提升学生鉴赏和感知能力、关注学生情感世界为教学任务和目标，教师与学生之间的交流要加强，这样才可以了解学情，以便教师根据学生的不同年龄阶段和水平来适时调整教学目标，总归是以学生的全方位发展为目标，而不是以习得课本上的课程为结束。

第三，多元化教学理论体现在音乐教学过程中，是方式的更新和教学手段的多样，以规范化的管理和课程设置体现；学生要有参与学习的积极态度，教师要通过多种教学方式让学生参与进来，如多设计领唱、合唱等形式。多元化音乐教学结合与其形式或内容相关联的舞蹈和背景文化，形成的"文化-音乐-舞蹈"教学体系一方面丰富了学生的学习过程，另一方面又增强了学生对节奏和韵律的感知与体验，以此可以激发学生的全面发展，为学生的多元化音乐学习打下坚实的学习基础。而且，多元化教学可以很好地增强学生的想象力和融合力，在接触和消化多种文化因素的过程中，积累下丰富的文字和图像影视元素，这样广泛的鉴赏经历使学生的整体音乐素养和能力得以迅速提高。我国现阶段的音乐教学受西方音乐文化的影响较大，初始阶段的音乐教学西化现象更严重。为改善这一局面，一些专业的音乐艺术学校在课程设置中及时加入了我国民族特色音乐这一"元"，逐步推广至音乐教学的各阶段，并继续积极探索我国音乐教学更多的发展方向。

（二）音乐教学的多元化投入

在世界潮流的多元化融合趋势中，中国音乐的发展需要取其精华、去其糟粕的全面发展，才能在世界的音乐舞台中更好地展示自己，因此我国的多元化音乐教学还有很高的发展空间。我们需要做的是在音乐教学中增加优质多元化资源的投入，不断加强自身的音乐文化实力，顺着国家教育政策和社会趋势来走专业的音乐教学发展道路，为更高的发展空间夯实基础。

教学目标和任务是教学过程的纲领性要素，在过往和现行的教学经验中，课程教学的目标都侧重于培养学生的自主学习能力与创新能力，以此来加强学生对这门课程的理解和吸收，提升他们该课程的学习成绩。这样的教学目标和任务适用于应试教育中的学科化知识，但是对于音乐教学，这样的目标和任务就显得多有不适了。因此，适应新背景的音乐教学需要投入更多的多元化因素，并调整教学任务和目标，重视音乐本身的欣赏性和冶情作用。例如，布置一些能动性强或依托于多媒体的教学任务，让学生通过自己的努力提升自身的音乐鉴赏能力；在习得基本乐理的基础上，教师要加强与学生之间的交流，了解学生的情感与喜好，以便有的放矢地推荐给学生一些音乐曲风，并鼓励学生通过鉴赏音乐尝试自己谱曲，好增加一种表达自己的途径。这无疑是音乐教学的最终目的与任务。

从目前世界的多元化发展趋势来看，这样的态势势必会随着时间的推移和科技的发展而逐步加深，历史、文化与艺术的发展会随着全球化的流动成为日益频繁的现象。因此，外来文化和我国本土文化的传承也在应对着新的任务与挑战。积极地因势利导是为文化沟通交流增进活力的必然选择，也只有这样才能在多元化发展环境中提供给文化传承与创新以不竭的动力，并为世界各国人民的音乐艺术欣赏带来更多的惊喜。在音乐教学的多元化变革中，首要解决的是转变教学理念，从"为完成教材内容和考试"的教学目标，转变为"培养学生艺术素养和音乐赏析能力"。这样才能引导教学内容和手段的创新，对于响应新时代的艺术政策、培养多方面综合音乐人才具有全局性的指导意义。多元化趋势成为推动音乐教学发展的重要动力。

进入 21 世纪后，我国各级各类学校逐渐实践着音乐多元化教学理论。在物质方面，投入了相当大资金用以配备音乐器材，尤其注重在不同地区之间的权衡与分配，努力使优质的音乐教学在各地的各教育阶段都有实现的可能。在教学内容方面，许多专业类艺术院校的声乐系课程中都加设了西方音乐，如西方音乐史、美声、和声唱法等，还有一些非洲和拉丁美洲少数民族的部落音乐，以极具特色的原生态风格，成为音乐教学的一大吸引点。现在，许多的音乐艺人跨国发展，带来了许多新奇的、不同文化背景下的音乐文化和音乐创作理论，都是投入与产出的回报。这种中西方音乐文化并重的现象，正不断地从专业类艺术院校向开设有声乐专业的普通高校蔓延，为我国的音乐教育事业增添了许多新鲜的、充满活力的血液。未来的音乐教学多元化形势一片大好。

尤其值得一提的是，这种专业的音乐教学吸引了众多优秀的外籍音乐教师人才来到我国授课，一方面有益于我国音乐教学中西方音乐部分的开展；另一方面，这些优秀外籍教师又为我国的传统音乐而深深折服，充满浓浓丝竹韵味的中国曲艺与音乐文化成为优秀音乐人创作的灵感源泉，一定程度上起到了在世界上弘扬我国民族音乐文化的作用。《茉莉花》与《月亮代表我的心》在西方人的世界里家喻户晓；普契尼作曲的歌剧《图兰朵》吸收了江南民歌《茉莉花》的旋律而带有东方韵味，描述了一个西方人想象中的东方故事；20 世纪美国杰出小提琴家、作曲家克莱斯勒，取中国花鼓节奏，创作了一首颇具东方风格的小提琴曲《中国花鼓》，成为后来小提琴家们最喜爱的曲目之一。此曲结合小提琴的演奏技巧，以急速、华丽而又细腻的旋律描绘出中国民俗中迎神大会上热闹、喧嚣的欢乐气氛，一气呵成、舒畅流利的旋律表达出了青春的欢乐，正是这首《中国花鼓》令人最心醉之处。中西音乐合作呈现的魅力正是多元化音乐教学追求的目标。

新时代背景下借助多媒体技术创新音乐教学是必然的选择。随着数字信息时代的来临，大量媒体技术应用于当今的音乐教学。学生在学习音乐知识、感受音乐情感的同时，借助现代媒介更直观、生动地消化了课堂知识，学生在学习课外拓展知识时也更加便捷。但实际上，多媒体技术对当下不少的音乐教师提出了挑战，如何开拓创新、与时俱进，跟上时代的步伐并不断提高自身的专业水平和技术能力，是实现多元化教学的重要一环。因此，一些颇有经验的音乐教师在面对90 后学生时，不能完全采取之前的教学途径；在课堂角色上教师也要放下教学主体的地位，而转为引导学生进行自主学习的角色；采取多媒体技术完善、美化和升华音乐艺术课堂，融文字、图片与视频一体的多媒体展示，可以激发学生学习音乐的兴趣，改变以往沉闷的教学气氛。

二、音乐教育中情感教育的价值

（一）对学生的生存具有积极意义

人在生存和延续种族的过程中，有许多适应生存的方式和手段，而情感是最重要的。人在整个人生的过程中都要依靠情绪的适应机制，这包括正确辨认他人的情绪，理解别人的情绪与感受以适应社会需要，控制自己的情绪情感；借助情感的表达来实现人际情感的沟通和情感的认同，这些积极的情绪体验是人成长所必需的能量和动力，在人认识世界的活动中起催化作用。音乐教育不仅能使学生理解音乐，表现音乐，热爱音乐，更重要的是能加深学生对各民族深层意识和时代精神的理解。音乐教育应发挥学科优势有效引领学生进行积极的情绪体验，营造学生丰富的精神世界，养成对生活的积极乐观态度和对美好理想的向往与追求。这将对学生的生存具有重大意义。

（二）促进学生认知的发展

情感对人的认知过程具有积极的组织协调功能。近年来，心理学界用大量的研究表明，适当的情感对人的认知过程具有协调、积极的组织效能，不适当的情感对人的认知过程则会产生消极的破坏、瓦解作用。情绪和认知活动相互作用，主导着人们的行动、认知和情绪功能本身。音乐是直接作用于人的情感的艺术，音乐又是理性化感情的产物，大部分优秀音乐作品都具有社会文化内涵的理性情感，在这类优秀音乐作品的陶冶中，将有利于积极的正向情感的形成，从而促进学生认知的发展。

（三）促进良好人际关系的建立

愉快的情绪体验会促进人与人关系的融洽，建立良好的人际关系。心理学家的研究表明，愉快体验所带来的面部表情的愉悦有助于人们建立友谊；愉快的情绪有利于人们拥有自由的心理空间；经常处于愉快状态的人善于同他人相处，善于探索、进取。音乐的表情性完全能使学生在进行音乐实践活动中拥有愉悦的面部表情。音乐的抽象性使学生的情感体验，不同于生理快感和认识性、功利性的情感体验，在音乐审美体验中，学生与体验对象是保持一定距离的，采取观照的态度，学生在体验中处于一种精神自由的状态中来获得情感上的愉悦与满足。而音乐情感的丰富、宽泛又使学生能超越个体的感性经验，使学生体验到更为广阔的人类博大的精神境界。学生在音乐活动实践中，经常受到这种精神陶冶，在这种愉快的情绪体验中，会逐渐形成宽容理解、互相尊重、共同协作的意识，有利于学生建立良好的人际关系。

（四）促进学生潜能的开发

脑科学的研究表明，人脑的左半球同人的抽象思维、象征性关系以及细节性的逻辑思维有关，而人脑的右半球同人的知觉空间有关，左右半球的功能是不对称的。只有当大脑两半球的兴奋和抑制交替进行时，人的潜能才能充分利用和发挥出来。一般来说，情感能激起右脑的兴奋，认知能激起左脑的兴奋。音乐对人的智力的开发作用，正随着对脑科学的研究逐步深入而有了更深刻的认识。右脑有人称为音乐脑，它主要处理情感、音乐信息等，音乐教育中的情感教育使人具有丰富的情感，对右脑的开发、强化作用是非常明显的，可以改善人脑的两半球协调工作，实现开发人类潜能的目的。

（五）提高学生的审美能力

音乐教育是美育的主要内容和途径，音乐审美教育始终具有一种情感色彩，这是由于音乐是最具情感性的艺术特点所决定的。从本质上讲，人的审美能力是包括感知、联想与想象、情感、理解等多种心理活动的一种综合判断能力。音乐教育中的情感教育，通过美的旋律、美的乐音、美的情感、美的语言、美的思想、美的形象等音乐中一切美的因素，来满足学生审美的需要，培养学生的感知能力、联想与想象能力、情感的感受、领悟与表达能力、理解能力等，提高学生的审美情趣，丰富学生的精神生活，以培养学生高尚的情操，树立美好的理想。

（六）完善学生的品德

品德是表现在个体身上的那些符合一定社会的政治主张、思想观念、道德标准的稳定特征。一方面有组织的活动与交往是品德发展的基础，另一方面品德的形成又依赖于情感的作用，情感是道德认识转化为道德信念的重要条件。在音乐教育中的情感教育过程中，通过将学生的审美情感内化为道德情感，并将这种道德情感作用于学生的道德行为，结合日常生活和社会实践活动，将道德情感逐渐升华为道德情操，以完善学生的品德，使之成为一个真诚、善良、优雅的人。

（七）有利于学生社会化的发展

一个人从"自然人"到"社会人"的转化，是以有意识地对个体施加积极的社会影响为前提条件的。在音乐教育中的情感教育过程中，这种积极的社会影响是通过音乐教学中的人际交往、师生的交互作用而实现的。首先，音乐教学过程中积极的情感体验，可以帮助学生认识社会的共同价值体系、行为规范、行为准则等方面，进而形成社会观念；其次，在音乐教育中注重情感教育冲破了传统教育对学生的种种束缚，给学生提供尽情表达思想情感、自觉参加音乐实践活动的机会，为学生社会能力的发展提供了有利的条件；再次，在音乐教育中进行了情感教育，其教育内容、教育环境和人际交往中有丰富的社会性情感因素，可以促进学生社会性情感的形成。总之，音乐教育中的情感教育有利于培养学生的社会观念，发展学生的社会能力，促进学生形成社会性情感，从而为实现个体的社会化提供有利条件。

三、音乐教育模式与艺术院校本土特色的融合

音乐教育本土化，是强调本土音乐与学院教育相互生成，而不是立足于本土的经验之谈。本土化不是一个标签，不是一个特色班和精品课程，而是一种办学定位、理念和办学模式。不仅仅围于校园内的音乐文化运行机制，也是与其他学科、社会机构、政府以及民众参与的开放式音乐文化生成体系。

本节所提出的音乐教育本土化有微观本土化与宏观本土化之界定。宏观本土化是指全球范围内国际化（或世界化）与民族化的分野中，中华民族音乐文化在国际化（世界化）进程中如何坚持自身的民族身份和传承汉民族音乐文化；微观的本土化是指中华民族各个民族以及各个地方在现代化进程和城市化进程中，如何坚持自身的区域（本土）音乐文化特色，以及保持和满足当地民众的审美取向

与需求，同时维护音乐文化审美的多样性。

目前，国内音乐院校的划分在人们的普遍观念中主要是从专业程度出发，首先划分为中央音乐学院、中国音乐学院、上海音乐学院等九所专业音乐学院；其次是南京艺术学院、山东艺术学院等几所综合性艺术学院；再次是各师范大学的音乐院、系。专业程度较低的，在大众以及考生的心目当中属地方高校。由于目前的这种划分，专业性被看作是音乐教育办学的定位。虽然各级院校在办学定位上不同于专业音乐学院，但是由于一贯强调专业性的理念，在师资引进以及日常教学中都力求专业性。尽管学生本身的综合素质也很重要，但无论是师范大学还是地方高校，都以能够引进专业音乐学院的毕业生为目标，因为音乐学院专业性较强。

虽然近年来一些师范大学为了摆脱音乐学院模式，突出师范性，强调一专多能以及音乐文化教育，但是由于师资引进环节依然是专业音乐学院的师承，使得问题并没有得到实质性的解决。至于地方师院或者其他地方高校的音乐教育办学定位，主要模仿本地师范大学的办学模式。在办学理念、办学定位以及课程结构上都缺少自身的独特性，这使得地方高校的音乐教育处在一种被动追随以及不切实际的尴尬境遇中。

近年来，由于世界化以及本土化浪潮的兴起、市场经济的冲击加上高校扩招带来的一系列问题，使得各级院校为了更好地适应全球以及国内社会发展现状，掀起寻求办学特色的热潮。这股热潮的目的在于，解决在原有的办学理念、办学定位以及日常教学中所出现的问题。

如果说专业音乐学院与师范院校的目标在于寻求出路和定位的话，那么地方高校就像中小型企业面对金融危机一样，处在保生存的边缘。这种生存压力首先来源于艺考热带动大量的学校设置音乐专业，使得生源大战愈演愈烈；其次是来源于办学定位的尴尬与茫然。地方性高校走专业模式先天不足，走师范模式又显得多余，走职业化的模式又与职业教育冲突，而且4年大学以职业教育为目标会违背大学教育精神。因此，地方高校音乐教育应向何处去，寻求办学特色就是必须面对的问题。

目前，各级音乐院校的办学特色主要从四个方面寻找出路：一是高度的专业化以及与国际接轨的全球化、世界化、宏观的本土化，其目标是为国际以及全国输送高等专业人才，如国际性的歌唱家、作曲家、音乐学家，目标是为复兴和创建中国民族乐派努力等；二是建立新型专业，在某一方面形成很强的师资队伍，培养出众多的某一领域或某一专业的优秀高等人才，如近年来新兴的计算机专业、音乐传播学专业以及通俗音乐演艺专业等；三是立足于全国的某一项传统音乐研究或者说宏观的本土化，如福建师范大学的传统音乐研究、浙江的昆曲研究等；

四是立足于某一地区的民间音乐文化研究，即狭义的音乐本土化研究，如贵州的侗族大歌、新疆的十二木卡姆以及广西的民歌、陕北的民歌等。这种寻求特色的途径，对于专业音乐学院来说是有可能同时存在的。那么，对于资源有限的省属地方高校，该如何定位呢？对于地方高校，笔者认为最好的也最具有优势的办学特色就是本土民间音乐文化学院化，或者也可以表述为地方高校音乐教育本土化。中国民族民间音乐是一种生长在本土的音乐，散落在中国的每一寸土地和生活的每一个角落。随着现代化和都市化的进程，有些衰落，有些濒危。作为中华民族音乐文化的基因库，所有的地方高校都有责任为了生存、传承和复兴而挖掘和整理本地区的民间音乐。由于都市化与民间音乐的生存存在不兼容性，越是都市化进程微弱、现代化滞后的地方，民间音乐的保存越是完整。

因此，处在非中心城市和省会城市的地方高校音乐院系研究本土化音乐，便具有"近水楼台先得月"的优势。

从文献上看，国内对于专业音乐教育本土化的研究主要有两大板块，一方面在积极地探求全球化与本土化的理论框架以及逻辑基础，另一方面在积极地以本土具体音乐文化为案例，在教学实践中探索本土化的途径与方式。但是从总体上看，两种研究没有具体结合起来，也没有比较统一的逻辑起点以及具有推广意义的音乐教育本土化模式。理论研究多处于空谈中，更多的是本土经验之谈，而且将本土化作为一种标签，用唯独我有的个案以示特色。这并没有立足于地方高校办学理念的改革、本土化办学模式的构建以及本土化办学课程体系的探索上。

关于高校音乐教育本土化研究具有标志性和里程碑意义的，当属 2009 年在杭州举办的首届"全国高校民族音乐教学与区域音乐文化研究"学术研讨会。这次会议的召开意味着，无论是宏观的本土化研究还是微观的本土化探索，已经走进了整个学术界的视野。需要指出的是，目前的本土化研究侧重于强调本土化的正面价值，而忽略了本土化所要付出的代价以及损失。同时，也忽略了本土化音乐教育与地方政治、经济、文化之间的联系，缺乏对本土音乐文化教育整体性、可持续性和品牌意识的研究。地方高校的本土化音乐教育目标是尽可能立足于本土放眼全国，立足于学院放眼社会，走学院音乐教育本土化、本土音乐文化学院化的这种资源互动、资源共享、相互生成的开放性办学模式。这也许既是地方高校的办学出路，也是本土音乐文化的归宿。

关于这种模式，具体以以下方式进行推进：

（1）地方高校音乐教育本土化现状调查研究（包括思路、途径、经验、课程体等）；

（2）地方高校音乐教育办学现状调查研究；

（3）本土音乐文化学院化与高校音乐教育本土化课程体系研究；

（4）本土化与地方高校音乐教育办学运行机制研究；

（5）地方高校音乐教育本土化与其城市文化建设实践研究。

具体技术路线和实施步骤如下：

（1）挖掘、整理、评估、筛选本地区具有代表性和核心价值的、能够体现本地区人民日常生活的，并且依然可以具有市场再生力的音乐文化样式；

（2）对地方高校音乐办学现状进行调查；

（3）对本地区其他文化运行机制与学校音乐教育办学运行机制采取相互合作、渗透的模式进行探索；

（4）与本地区相关部门相互沟通，在城市文化建设方面做必要的努力；

（5）对本地区音乐市场和民众音乐审美取向进行调查。

在具体的研究方法上可以采取多学科交叉，具体方法如下：

（1）采取实地采风、采访、访谈、调研的方法；

（2）搜集整理相关的文献也是必须采取的方法之一；

（3）由于实地调查、访谈将会有很多数据需要统计，因而数据定量分析法和定性描述也是采取的重要方法之一；

（4）本土化音乐文化研究需要涉及音乐人类学、民族音乐学、音乐美学、民俗学等相关学科，因而必须借用文化学、社会学、人类学、民族音乐学、音乐人类学、音乐美学、音乐分析学等学科的视角和方法。只有这样，才能深入到本土音乐文化的核心，对地方高校的音乐教育模式进行全面建构。

本节所提倡的本土化，是强调本土化与学院化相互生成，而不是立足于本土的经验之谈。这样的本土化需要完成三个超越：一是对于欧洲音乐教学模式和课程体系的超越；二是对于学院模式和课程设置的超越；三是对于地方高校音乐教育囿于象牙塔的观念和现状的超越。这种本土化需要确立音乐为人民服务不应该是一个被动和静止的观念，而是走出去，让音乐的灵魂回荡在更多人的心中，让音乐厅不仅仅回响咏叹调、交响乐，也回响来自民间和传统的声音。让本土民间音乐通过学院与社会的努力，以新的审美品格重回民间。尽管近年来这种现象随着非物质文化遗产保护的热潮和高校探索办学特色的需求频繁出现，但是从根本的音乐观念和办学模式上并没有改变，从学术研究到表演实践都依然处在好奇、猎奇的层面。

如果说世界化和现代化涉及人们认识和对待世界文化和传统文化的态度，作为一种观念，世界化和现代化必须提倡。但是，作为一个时代、一个民族或个体，需要心灵的文化归属感。因此，强调民族化和本土化是现实的和必须的，与人的生存质量息息相关。而当这两种力量具有相互牵引的时候，我们该作何种选择，具体体现在音乐教育上，就是如何对待音乐教育的本土化问题。

世界是复杂的，个人也是复杂的，承载着人类灵魂的音乐也是细腻而复杂的。因此，音乐本土化必须划分为微观与宏观，只有这样，那些关于世界和个体灵魂的事情——音乐，才会得到恰当的叙述。另外，本土化必须是在全球化和现代化两种背景中展开的，因而要定位好研究对象的话语背景，深入探求这两种语境之间的关联性及其差异性。

四、未来音乐教育的发展

毫无疑问，21世纪人类社会将更加趋于全球一体化和文化多元化的势态。全球一体化是人类科技、交通、信息网络及经济发展的必然，文化多元化则出自人类在不同生存空间聚合方式适应性的进一步扩展。由此，当今任何学科的发展放弃全球观察的视野孤立地谈自己的发展，或脱离自身文化传统去谈发展都是难以面向未来的。据此，我们需要基于一种全球音乐文化发展的思维框架，来考虑音乐教育学科研究的发展。这一思想框架可以从三个重要方面来考虑：新的音乐教育哲学；东西方音乐教育的互动与互补；多元文化音乐教育。

（一）新的音乐教育哲学

音乐教育哲学是指导音乐教育决策和行动目标的基础，新世纪的音乐教育则需要新的音乐教育哲学来指引。这种新的音乐教育哲学主要有三个导向：文化价值；文化生态；文化创造。

1. 文化价值

文化是由价值引导的体系，描述这一特征的学科理论基础是当代文化人类学。由于学科交叉或科际整合又产生了音乐人类学和教育人类学。"音乐"或"教育"都可作为人类文化的一部分，它们既相互独立又与文化相整合。美国音乐人类学家公认"音乐作为文化来传授"的观念，20世纪70年代德国音乐教育重新由"音乐艺术作品"转向"文化中的音乐"的理解均出自于音乐人类学维度的表达。《为音乐教育确立更强有力的基本思想》一文所提出的六个方面更明确包含着音乐人类学的基本思想，现摘录如下：

（1）学习音乐是学习人类交流的一种基本形式。

（2）学习音乐是学习世界上各民族。

（3）学习音乐是学会学习过程。

（4）学习音乐是学习想象力和自我表现力。

（5）学习音乐是学习的基础。

（6）学习音乐是学习艺术。

以上六个方面是将音乐作为文化来认识的，对于音乐教育是一种更为全面的定位和认知。中国文化学者蔡元培曾在 1912 年任南京临时政府教育处长时提出五育之说（德、智、体、世界观、美育），其中吸收了席勒的美育思想，现在看来有其历史局限性。其一，美育仅是文化功能、文化素质的要素之一，文化可以包含美育，而美育则不能包含文化的各项；其二，"美学"是从西方文化中提出的概念，在跨文化中有一定文化意义的限度，这一点已有针锋相对的观念。

2. 文化生态

当今人类社会的工业文明将由生态文明所取代，提倡生态文明也是国际社会提出的"可持续发展"的重要基础。地球是一个以"生物圈"方式存在的整体，这直接关系到新的音乐教育应建立在音乐文化生态的保护和新的音乐文明思维框架上。

3. 文化创造

音乐教育研究的定性可能包括科学认识的性质、方式。西方传统科学理性的确定性真理在当今受到解构，科学的发展不确定性和不可预测性也从哲学层面解构了教育对象的确定性，而教育对象的不确定性结果将是随机、多样、创造性的。这一音乐教育哲学前沿思想在音乐教育哲学家雷默的著述中（《音乐教育研究的哲学基础的建构》1992 年）表述得具细无疑。这一观念不仅对音乐教育者、音乐教育对象以及音乐教育目标、教学方法、教育评估产生了很大影响，而且对不同民族文化音乐的教育及传承的历史，在未来音乐教育中的价值给予了发展的空间。人们必须尊重不同民族音乐文化的创造性和"成就模式"，正如科学家普利高津在《确定性的终结——时间、混沌与新自然法则》一书中对中西哲学所作的不同现代意义的判断："西方科学和西方哲学一贯强调主体与客体之间的二元性，这与注重天人合一的中国哲学相悖。（中国哲学）自组织的宇宙也是自发的世界，这表达一种与西方科学的经典还原论不同的整体自然观。我们愈益接近两种文化传统的交汇点，我们必须保留已证明相当成功的西方科学的分析观点，同时必须重新表述把自然的自发性和创造性囊括在内的自然法则。文化的创造性包含着不同个体、群体及民族独立的个性及其相互性。

（二）东西方音乐教育的互动与互补

把东西方文化进行"野蛮／文明""低级／高级""先进／落后"的划分，不是西方学术界"独立思考"的产物，而与殖民主义和帝国主义的政治实践有密切关系。这代表着当今文化人类学家们的一种共识。赛义德的《东方学》（1978）一书深刻地揭示了西方与东方的不平等关系，也形成了西方对东方研究学术转型的新的路标。

当今时代，我们审视东西方音乐关系及文化价值体系时有一个极其重要的立足点：东西方音乐体系及文化价值平等，这意味着我们将对东西方音乐文化教育的互补作出承诺。对于西方工业文明体制的音乐教育的课程，我们也只能看作是人类文明的一种模式和一个阶段，它既不代表多元文化的音乐课程模式，也不是人类文化发展的顶点。如果失去这样一个立足点或前提，我们仍然会按照殖民主义的逻辑，将东西方音乐文化以古/今、先进/落后、科学/非科学这种关系来理解，因此而放弃东方音乐文化在音乐教育中当代意义的思考。

从总的文化体系来看，西方音乐课程的主流是以基督教音乐文化传统为基础的。基督教从中世纪起主导西方十几个世纪，它是西方文化的重要源流和组成部分，对西方音乐课程的发展具有不可忽视的影响。就以德国音乐教育历史来讲，德国普通音乐教育在欧洲有相当长一段时间内处于"落后"的状态，但令人惊奇的是，从巴罗克以来二三百年间，欧洲著名的作曲家至少70%以上都是德国人，这一奇迹可从基督教音乐的宗教理性文化传统中获得解答。基督教音乐中统一的记谱法、严格的书写、理性的传承，建立在定量记谱法上的对位、和声的美感运思方式，正如双希文明（古希腊与希伯莱）的几何数理与上帝精神的结合，均完美地体现在基督教音乐文化模式中。

作为东方国家的阿拉伯、印度、中国，都有其与基督教文化相应的宗教文化精神与音乐课程。尽管印度、阿拉伯、中国也各不相同，但与西方相比则有其东方内在的相似性，并对音乐课程有重要影响。这种相似性可简单归纳出以下三点：一是音乐主体。与西方不同，东方的音乐风格与语言、诗（文学）、舞蹈没有完全分离；二是记谱法在东方从来没有像西方那样统一过，也没有形成抽象数理符号形式的音符概念和几何坐标式的五线谱理性书写或客体逻辑分析的作曲家的"作品"形式；三是东方直觉整体把握与西方理性分析的音乐认知和审美体验模式不相同，因此音乐"成就模式"也不相同，这些都是建立在其音乐传承与创作模式基础上的，并归属于东方哲学思维模式的有机体。

西方作曲家作品书写的建构，其根本是数理逻辑分析的建构方法，并影响到教学认知与审美体验模式。而东方音乐是无法通过"作品"来分析音乐的，其演创没有像西方那样主客体相分，而是主客体合一（即直觉整体把握）。东方音乐风格的认知与审美体验模式是一种"品味"模式。中国音乐各流派风格注重韵味，与绘画书法中的"气韵"等艺术审美体验模式相同。印度音乐美的定义"拉斯"（Rasa）也非古希腊那种数的和谐，拉斯的梵语原意即"韵味"，拉斯有九种：爱情、欢乐、悲怜、愤怒、英勇、憎恶、恐惧、惊奇、宁静。阿拉伯音乐审美体验模式中有一种定义叫"太拉"（Tarab），"当聆听阿拉伯音乐时，太拉是衡量优秀的、最重要的音乐体验"。它是音乐家在激励听众的神秘灵感中获得成功，即创造了音乐情感气氛的标准。太拉的强度依据歌唱者或奏者的表演风格，通过它推断艺术家的表演过程是否优秀。这种东方音乐艺术"品味"的审美体验模式与西方的差别其根本在于，东方是通过身体与心灵内在体验的方式去建构或接触音乐世界的。正如中国人的气功、经络学说，印度人的瑜伽，均是以生命直觉体验去发现和把握的，用西方解剖学或细胞学说是无法奏效的。反之，中国、印度人不可能用他们的方式去发明西方医学的基础理论，东方的气功或瑜伽与西方的广播体操是有着不同体验和功效的两种行为模式，根本上就是东西方两种哲学宇宙观、自然观的体现，这些构成了东西方音乐教育、创作、表演及"成就模式"的内在差异性以及互补性的基础。

近年来，雷默的研究认为：东西方音乐交流即口头文化和书写文化（音乐乐谱化）的表达，作为人类思维和行为的差别是深刻的。必须重新看待书写音乐表达和定量记谱法（五线谱）的有限性以及即兴表演和非定量记谱法音乐表达的自主性。他说："我们受音符束缚的表演文化已经导致思维方式的萎缩和衰退。这很容易使我们的表演受记谱束缚，导致他们离开乐谱表演音乐就会瘫痪和麻痹。""在美国，好几个世纪以来我们都假定认为，成为精英或天才唯一的方法或主要方法就是照谱演奏，因此，我们大大地忽视了教授'即兴演奏'、作曲或听赏。"由此可以看出，西方传统音乐体系的科学理性将自己限制在"认知—工具性"的四大件技术模型中，而东方传统音乐则更多地将自己限定在"道德实践"和"审美—表现性"的人文约定知识中，未来世界音乐教育的发展将有待于这两者的并行以及在对话基础上的更高的综合。

（三）多元文化音乐教育

多元文化主义在许多国家音乐教育的研讨中已经呈现出来。多元文化主义的使用有三层含义：一是指不同文化和不同民族的社会；二是指多元文化社会里各文化的互相尊重；三是指政府对多元文化社会的政策。

作为多元文化为基础的世界音乐教学是当今国际音乐教育发展的总趋势，也是发达国家音乐教育的热门话题，其文化背景是，当今全球政治、经济、文化、教育的议事日程和社会出现的挑战影响到音乐教育的哲学和实践，多元文化主义的意识形态以各种方式和表现形态渗透着西方国家以及原殖民地或半殖民地的政治意识形态和文化结构。美国教授亨廷顿认为,在21世纪初期,人类将经历非西方权力与文化的复兴,经历非西方文明内部相互之间以及与西方文明之间的冲突。受现代文化的驱使,全球的政治正沿着文明界线进行重组,具有相似文化的人民和国家正在聚合,亨廷顿意识到西方中心主义已经开始没落,今后的世界将是越来越多元文化或多极化的世界。中国领导人也不断强调文化及政治的多极化或多元化。

在世界教育方面,推动多元文化教育浪潮主要有三大原因。一是教育民主化的深入。从某种意义上讲,民主化是现代教育发展的趋向。在20世纪50年代以前,教育民主主要体现为"个体化"的教育民主必将流于空洞与虚妄。教育中"反种族主义"运动的兴起,作为结果,使"多元文化教育"得以提倡。二是发达国家的"第三世界化"。许多发达国家的新移民群体,人口统计发生的变量,移民出生地文化教育的问题。例如,在德国,多元文化音乐教育起因于20世纪60—70年代,土耳其、越南移民的教育问题正式提倡是在90年代。三是文化交流日趋频繁,其包括媒体、信息联网、精神产品与物质产品及人员的流通。由此,多元文化教育观对"新一代学习者的音乐教育不能再被视为仅仅是一种智力视野的扩展,而是一种社会需求。它的功能是形成一种跨文化理解的均衡,并对国际社会的未来生活产生直接的影响"。

多元文化音乐教育中要把握的一个最重要的问题是,每一种音乐传统都有其自身的传承过程,并根据其音乐概念和非音乐概念产生着自己的教育学、教学法。柯达伊、奥尔夫之类的教学策略已经显示出为民间音乐传统局内人所借鉴的可能性,但这并不能说,这类基于民间音乐相结合的教学法对其他所有音乐文化都是适用的。

班克斯曾经提出了用以多元文化音乐教育的四种课程模式的教学:一是主流中心模式。其课程的设计及教学都仅仅是以主流音乐观念出发的。二是民族附加模式。课程依然是按主流音乐观念组织的,只是包括不经选择的民族群体的某些音乐材料和观念。例如,以西方音乐观念出发进行非洲音乐的教学,即使用西方的节奏规范和记谱法、记忆方式来教练非洲歌曲。三是多民族模式。其课程以各种不同民族群体的事件或其音乐概念为核心。四是民族—国家模式。在此模式中,是从多国家的民族观点来审视和教学的。此外,班克斯还提出一种多元文化课程的跨学科教学方式的概念。其重要意义在于,对有色民族的各种价值和各种经验反映在他们的文学、艺术、音乐、戏剧、舞蹈与作品等多角度的文化整体意义的理解。

　　施瓦德隆提出了一种"新的苏格拉底教学法",其前提是:一种具备音乐人类学意识和知识的教师;一种基于比较音乐美学的"发现"的教育方法,其包括对音乐及文化个性与共性课堂体验和积极探究的过程。

　　F·布莱嫩也提出,对世界音乐课程体验内容的设计是一个具有双重特性的问题,即包括音乐教育学原则和音乐人类学两个方面。他提出:主位观念(Emit)、习得(Learning)、生活语境(inContext)、概念,这四个关键词对于世界音乐课程的教学与体验尤为重要。

　　在1996年国际音乐教育学会"音乐教育:为21世纪作准备"大会上,M·麦卡锡提供了"国际音乐教育的历史发展(1953—1996)"的报告。他归纳了国际音乐教育发展的三个阶段:从20世纪50年代和60年代改善东西方关系的努力(1953—1969,圈际音乐教育中世界观点的显现);到70年代对民族的和传统的文化的强调(1970—1982,音乐教育和民族文化);创始于1987年的"国际文化发展十年"(联合国教科文文件,1982—1996,共享世界音乐)。这些变化中的方向本身又受到大规模移民、后殖民主义、文化民主化、大众媒体的干预以及世界公民及其教育需要等因素而形成的人口中的民族多样化和复杂化的影响。如今,国际音乐教育的发展在哲学观与实践层面已获得基本成果,具体的理论建树有:

　　(1)视音乐为一种文化的普遍现象,而不是一种普遍的语言。

　　(2)拓宽了视西方音乐优于其他世界音乐的狭隘陈旧观点。

　　(3)在文化身份和音乐教育课题的对话上贡献卓越。

　　(4)改变了对大众媒体和技术的态度,将其威胁因素变为积极的机会。

　　在实践层面上:

　　(1)从对各种世界音乐的音乐人类学描述,到多元文化音乐教育的各种教学方法、教学观念和教学材料的共享。

　　(2)制定了明确的目标和指导性文件用于世界音乐教育(如国际音乐教育学会的"信仰宣言"和"世界文化的音乐政策")。

　　(3)近年来发起的各类项目传播了世界音乐的材料(如《歌唱文化中的传统歌曲》)。

　　综观全球多元音乐文化教育,它对人类社会的历史发展作用是巨大的。正如国际音乐教育学会所言:"任何音乐教育体系都接受由多种文化形成的音乐世界存在的事实,以及对其学习和理解的价值,并把这一观念作为音乐教育的新起点。"因此,中国音乐教育学科研究的发展正面临着世纪性的转折与挑战。

第九章 "互联网+"时代体育专业人才培养模式的转变

第一节 高校体育专业人才培养的目标与路径

一、高校体育专业人才培养的目标

培养德、智、体、美全面发展,具有现代教育理念和运动训练素养,具备竞技体育的基本理论、基本知识和较强的实践能力与创新精神,能胜任专项运动的教学、训练、竞赛、科研和管理等工作的专门人才。具体培养目标如下:

(1)掌握相关理论知识,熟悉国家有关教育、体育工作的方针、政策和法规,热爱教育事业和体育事业,具有良好的思想品德和道德修养。

(2)掌握专项运动教学、训练、竞赛、管理的基本理论与方法,具有较强的创新意识、自主学习能力、实践能力和社会适应能力。

(3)了解运动训练、专项教学的发展动态以及体育科研的发展趋势,掌握基本的科研方法,并具有从事体育科学研究的初步能力。

(4)初步掌握一门外语,具备应用计算机处理信息的基本能力,能使用普通话交流,并达到相应的考核要求。

(5)具有健康的体魄和心理,养成良好的卫生习惯和健康的生活方式。

(6)树立社会主义荣辱观,具有感受美、表现美和创造美的情感与能力。

二、高校体育专业人才学习要求

由于社会体育领域十分宽泛,对人才的需求也呈现多层次、多规格的特点,通过4年本科专业教育,不可能塑造出"通才"来,应根据本地区的经济状况、社会体育发展水平和就业需求等状况来确定相对明确的专业培养目标，并能随着社会发展而有所调整，以适应不断发展变化的多样化的市场需求。根据现阶段体育休闲与健身场所的快速发展及对专业人才的需求，当前社会体育专业应培养能胜任社会体育指导和服务、体育产业经营与管理等社会体育工作的专门人才。

（一）强化生存能力

如果仅拥有专业知识，而不具备运用这些知识服务于社会的能力，是难以胜任岗位工作的。要把人才培养的视野投向社会、投向市场，在服务于社会中求生存、求发展。因此，为就业做准备的职业培训是高校社会体育专业人才培养过程中不可忽视的重要环节。强调学生的基础知识和综合能力，注意处理好知识、素质、能力的关系，在知识上要厚基础、宽口径，加强综合素质教育，提高学生艰苦环境下生存适应的心理素质和身体素质。

此外，应充分利用已经出台的社会体育指导员等级制度和职业制度等，积极与社会职业培训机构联合，引导和鼓励学生通过培训和考试获取各类从业资格证书，为就业和职业生涯打下坚实的基础。通过各种形式的学习、宣传和教育，使学生转变就业观念，立足于现有的人才市场，提高自身素质和竞争力。

（二）强化表达能力

表达能力作为一项基本社会技能，是身为社会体育服务人员必备的最重要的条件之一。作为一个户外拓展教练或健身会所主管，若不懂得表达信息的方法，是无法开展活动的。通过开设演讲与口才以及礼仪公关等相关课程，克服胆怯心理，不断增加学生演讲与会话的机会，提高表达沟通技巧，培养学生对语言的驾驭能力，强化学生表达能力的训练。

（三）强化创新能力

强化创新能力侧重学生的创造性教育，加强能力培养，提高其分析问题、解决问题和实际工作中创造性工作的能力。目前，着重从休闲运动训练与教育、社区休闲运动经营与管理、保健康复、体育旅游等方向上进行教育和训练。鉴于目前大型休闲运动企业的服务对象多为高收入人士和外籍人士，外语水平和信息网络技能也是重点培养的素质。在整个教学中对学生实施创新教育，必须从三个方面来加以训练：创新意识（包括创造性思维习惯、创造心理），创新精神（包括人格特征及认知风格）和创造能力（包括智力、知识、动机）。在第二课堂与课外实践活动中，鼓励学生多开展创新实践活动。对于创编新型休闲项目、开发休闲运动经营与管理新经验以及获得相关项目的国家专利申请者，应给予重奖。

三、高校体育专业人才培养的路径

（一）高校体育专业人才培养方法的更新

一门成熟的学科必须有属于自己的研究方法，教育学理论在 20 世纪取得的一系列突破，根本上应归功于研究方法论的创新，这已成为人们公认的常识。从研究方法看，体育教育学科要克服过去方法单一、思维僵化的弊端，尊重从自然科学借鉴过来的实证规范、实验规范，同时又注重将人文主义研究规范从冷宫中解放出来，使它焕发出新的活力，并进而实现各种研究方法的综合使用，如采用系统研究与分析还原相结合、历史与现实相结合的方法、经验总结与实验验证相结合的方法、理论建构与行动研究相结合的方法以及多学科不同视角研究的方法等。

在当代，体育已经成为一种社会文化，成为一项成熟的教育领域。体育的内容向着健康教育、心理训练、行为规范教育、安全教育等方面迅速扩张，体育知识和技能的总量也在急剧增长，这对体育教育研究方法提出了更新、更高的要求。现在的体育教育不仅要帮助学生掌握知识和技能，帮助学生学会娱乐、学会锻炼、学会欣赏体育，帮助学生建立自信心、形成良好的行为规范，还要帮助学生形成安全生活的能力，等等。因此，体育教育的研究方法也得到了空前的发展，特别是随着投影、电影和计算机等影像媒体的出现，使依赖运动表象建立的体育学习更是如虎添翼，体育教育方法正向着更高层次、更科学的方向发展。

1.系统化与综合性

系统化与综合性是高等体育教育专业研究方法体系结构发展的固有特征。系统化体现在这一结构发展的多个方面。该结构内容齐全、方法多样，具有完整性；各种方法各安其位，分类得当，配合合理，具有有序性与层次性；各种方法相对成熟又发展变化，具有稳定性与动态性。高等体育教育专业研究方法结构的综合性发展趋向，除与系统性特征有较密切的关系外，还体现在以下几个方面：不同研究方法都与一定的教育思想相互联系，表现出方法与教育思想的统一性；各种研究方法都与特定研究内容相结合，体现了方法与内容的综合性；一些研究方法有赖于借助特定的手段与工具来运用，反映出研究方法与研究手段、条件的统一性。此外，研究方法的认知功能、情感功能、能力培养功能等多功能的统一也是综合性趋向的现实表征。

根据系统化与综合性发展趋向的要求，在我国高等体育教育专业研究方法的改革实践中，一是应树立整体性改革的思想，全方位地更新教育思想观念、修正教育目标、优化课程教材、完善研究条件等，为研究方法改革提供良好的前提条件；二是要以研究方法结构改革为重点，以结构改革带动具体方法改革，通过研究方法的结构改革与具体方法改革两个相辅相成的途径，实现研究方法体系的整体优化。

2. 多元化与扩展化

高等体育教育专业研究方法体系结构，在内容构成与功能发展两方面都呈现出多元化与扩展化的趋势：从内容扩展上看，这一结构中的方法区别从以往的 3 类或 4 类扩展为 6 类方法系列，且各类方法的性质与作用更趋明朗化，表现出多元化的发展趋势；从功能作用方面分析，以往研究方法的作用主要集中于认知或传授功能，而新结构则体现出研究方法的认知、协同、科学研究、能力培养、情感发展、自主学习等多方面功能，表现出明显的功能扩大化与多元化发展特征。

顺应上述多元化与扩展化发展趋势，我国高等体育教育专业研究方法改革，一方面要不断完善研究方法的分类，加强现代研究方法的引入，促成结构内容的丰富；另一方面应大力研究各研究方法的功能属性，充分挖掘各类方法的潜在功能，并在研究方法运用中实现研究方法功能作用的放大，使各类方法的功能作用得到充分发挥。

3. 科学化与现代化

高等体育教育专业研究方法体系结构发展的另一显著特征是科学化与现代化。"教育要科学化和现代化"，研究方法的发展同样要科学化与现代化。从我们所提出的研究方法体系结构分析，科学化与现代化体现在这一结构的各个方面，如大量现代研究方法入选该结构、分类方法的突破与体系建立的科学依据充足、科技类方法的形成与其他各种方法科技含量的提高、科学合理地继承传统研究方法的精华等，都从不同的侧面反映出研究方法结构发展的科学化与现代化实质。

科学化与现代化是国际高等教育研究方法体系发展的大趋势，是当今及未来研究方法改革的必由之路。在高等体育教育专业研究方法的改革中，我们必须坚定地推行研究方法科学化与现代化的改革方针，遵循教育规律，丰富研究理论，大胆引入现代研究方法，合理改造传统研究方法，加大研究方法的科技因素，从而实现在研究方法运用上全方位的现代化与科学化。

4. 专业化与师范性

专业化与师范性是高等体育教育专业研究方法体系结构发展的重要趋向之一。高等学校类型多样，专业各异，研究方法体系结构既有相同之处，也有各自侧重。因此，作为体育教育专业的研究方法体系结构理应突出体育专业与师范教育的特点。我们所提出的研究方法体系结构中，各种研究方法都与体育研究中运动技术技能学习和身体锻炼相联系，表现出较为鲜明的专业化特征。而该结构的师范性，可从各类研究方法中蕴含的"教会学生学习"与"教会学生教他人学习"等教育性因素加以体现。此外，该体系结构提出的众多研究方法为体育专业大学生的学习提供了可能与便利，这也是体现师范性的一个重要作用。

但是，体育教育的研究方法的更新和发展，并不意味着一些基本方法的过时和消失，而且某一时代都有反映其特征的、具有代表性和倾向性的方法出现。从这些方法中可以看到，某一时期的社会生产和科学文化的发展状况，也可以反映出体育教育理论和体育教育实践的变革特点。体育教育专业本身就具有综合性，它不仅是体育类专业的一种，又是高等师范教育的专业。虽然体育教育专业本质上是师范专业，但其师范性（专业性）应通过"专业"课来体现，而在专业基础课及基础课中体现一定的综合性也是时代的要求。在体育教师的工作领域——学校，体育问题的复杂性、综合性更为突出，这就决定了对体育教师规格要求的复杂性及综合性，多知识、多能力、高素质成为体育教师规格的集中体现，而培养这种高素质的复合型体育教师，就要求体育教育专业的课程不能忽视综合化，尤其是基础课或专业基础课。因此，加强学生有关研究论与研究法原理的学习，要求学生掌握各种研究与教育的技巧与方法，指导学生向"学会研究"的目标逼近。通过各种渠道与多种途径，使学生专业工作能力、研究能力与教育能力等得到全面提高，以适应毕业后从事学校体育工作的实际需要。

（二）高校体育专业人才培养的路径选择

1.深化教育改革的创新性

原教育部部长袁贵仁在 2010 年全国普通高校毕业生就业工作的视频会议上提出，高等院校在大力加强创业教育的过程中，应积极探索专业课程与创业教育的融合机制，并将创业教育作为就业指导课程的重点内容，从而为体育院校专业性人才的培养奠定良好基础。因此，在体育院校创业教育的过程中，应该从以下几个方面入手。

首先，在课堂课程资源优化设计的过程中，应该在体育创业知识传授的基础上，进行教育的优化。第一，要完善创业教育的基本目标，通过对体育创业人才培养需求及体育院校学生特点的分析，构建专业化的创业教育课程，不断完善创业知识的支撑结构，并为多元化教育资源的优化奠定良好基础，实现递进性教育模式的构建。第二，在教育资源整合及教学内容优化的过程中，通过课程内容的设计及教学内容的协调，实现教材资源以及课程资源的有效运用，充分满足体育院校创业人才的基本需求。第三，在课程资源优化设计的过程中，应该优化原有的创业课程结构，鼓励学生进行跨专业学习，并通过不同体育创业人才的需求分析，将创业课程划分为核心课程、必修课程以及选修课程等，形成网络化的立体性教学模式。

其次，设计讲座课程教学模式。讲座课程的建立，具有一次性的教学特点，因而在整个过程中应该丰富传统的课堂讲座模式，针对学生的特点，进行课程内容的构建。而在现阶段体育院校学生创业能力培养的过程中，其课程内容的设计应该按照年级进行部署。在大一阶段注重通识教育，将公共课程与创业意识的培养作为基础，使学生在整个基础课程中提升自己的创业意识；大二阶段应该构建专业性的基础教学课堂，将创业课程以必修课程的形式体现出来，其目的是为了培养更多创新型就业人才；在大三阶段，应该构建交叉学科的课程指导体系，其课程内容应该选择选修模式，并逐渐突出学生的主体性，实现针对性创业人才的培养；到了大四阶段，可以通过实践指导以及创业案例讲座等内容的构建进行专业课程的指导，将其课程内容与创业实践进行直接联系，从而为体育院校创新创业课程的设计提供有效依据。

2.构建创业实践活动提高实践能力

在高等体育专业院校创新创业教育机制构建的过程中，不仅应该实现对学生的素质教育，同时也应该将理论作为实践的依据，为学生营造更多的发展空间，从而为学生创业能力以及创业意识的提升奠定良好基础。例如，从2007年起，我国体育院校为了激发学生的创业意识，教育部门为体育院校学生构建了一系列科技创业论坛，吸引了很多体育院校学生的积极参与，使他们在全国实践活动中进行创业计划的比赛。虽然，创业教育取得了一定的成就，但在其实施的过程中，其基本的创业模式并不能充分满足体育创业人才的基本需求。因此，在现阶段体育院校创新创业教学内容构建的过程中，应该为学生构建专业性的创业孵化园，使学生通过实践提高自己的创业能力，具体的内容包括以下几点。

首先，在教育培训的过程中，应该营造专业性的创业人才培养模式，通过创新创业实训基地的开展，使学生充分发挥自己的主体性，并通过学生社团的构建，使学生带动学生，激发学生创业过程中的创造性思维，使学生的潜在能力以及基本素养得到激发。

其次，通过体育院校专业资源的运用，构建多样化的训练拓展活动，在活动构建的过程中，应该针对有创业意向的学生，进行创业思维的培养，并对其进行科学化、系统化的训练，使学生在创业培训的过程中培养坚强的意志以及战胜困难的决心，激发学生的团队合作能力。

再次，创业教师应该积极引导学生参与实践活动中的各项创业计划，不断完善项目的培育方案，并在活动中通过公开项目申报、辅导、筛选以及流程等内容的构建，建立激励性的指导模式，使学生在创业参与的过程中不断提高参赛的质量。

最后，体育院校应该积极开展课堂延伸活动，组织学生利用课余或假期时间，进行社会调查、案例教学等教学实践活动，让学生到一些创业成功的企业或公司进行调查，全面了解企业或公司运行的状态。例如，在企业创业中项目选择的依据、怎样论证其成功、如何筹备创业计划等，使学生在调查研究的过程中，正视自己的思想。而且，在整个创业创新教育培训的过程中，也应该构建创业市场研究及调查的方法，使学生了解市场的情况，为其创业能力的发展提供有效依据。

3. 构建专业性的创业教育队伍

通过对我国现阶段体育院校创业教育现状的研究及分析可以发现，体育院校中的创业队伍并没有真正完善，这是体育创业教育中急须解决的问题。

在创业教育环境之中，其创新创业教学模式的构建，不仅应该将创业教育作为核心目标，而且也应该将创业服务与实践作为基础。所以，高等体育院校的创业教师应该认识到这一因素，在专业性创业教育机制构建的过程中，不断提高学生的专业创业能力。与此同时，体育院校创业师资队伍的构建，应该包括专职教师、讲座嘉宾以及创业导师这三个部分，讲座嘉宾也就是在创业教学的过程中，定期聘请创业企业家、投资家以及成功的创业人士，进行创业知识的专业讲座，激发学生的创业意识。而创业导师主要是指实践经验相对丰富的专职教师，在其教学内容构建的过程中，应该对精英型创业人才进行指导，从而使体育院校的学生在创业的同时可以有效设定发展目标。

在体育院校创新创业教育机制构建的过程中，为了强化教育队伍的构建，应该做到以下几点：一是，构建校内交流合作模式，不断强化体育院校与其他院校之间的合作，定期组织创业教师进行培训，并通过"走出去""请进来"创业理念的构建，强化体育院校创业教师的能力提升。二是，强化国际合作模式，在体育院校创业教育过程中，应该引进海外教师或者是合作研究模式，使创业教师可以在交流的过程中更全面地掌握最新教学动态，获得创业教育的新知识及新方法，为其教学模式的优化奠定良好基础。

总而言之，在现阶段高等体育院校创新创业人才培养的过程中，院校管理者应该提高对创业的认识，高等体育院校应该将创新创业教育作为一种最具价值的教育理念，直接面对创业教育中存在的不足及缺陷，对其存在的问题及时解决，并构建专业性的解决策略。而且，在创业教学的过程中，应该发挥学生的主体性，使学生利用课余时间，对行业发展现状进行调查分析，通过调查研究，掌握专业性的创业操作技能,不断提高学生的创业素养,并为高等体育院校创业人才的培养提供科学、有效的发展依据。

第二节 高校体育教学的新思维

一、新时期学校体育的时代特征

随着素质教育的全面推进,学校体育改革将不断深化,面向 21 世纪的学校体育改革必须反映如下的时代特征。

(一)健身性

健身性是学校体育的本质特征,是体育区别于德育、智育、美育等其他学科的根本标志。党和政府重新提出了"学校教育要树立健康第一的指导思想",这是百年来民族体质薄弱所受的屈辱和当今强国强种、振兴中华的呼吁,是新中国成立来我们学校教育正反方面经验的总结,是马克思辩证唯物论和人文思想在教育领域的体现,同时也是我们对应试教育的有力回答,是我们全面推进素质教育的必然要求。

(二)人文性

素质教育的首要目标就是要教会学生做人,而且强调要提高学生的心理素质和社会适应能力。学校体育作为身心发展和社会文化的一部分,在修身养性、育德教化方面具有特殊的功能。特别是在现代人文主义教育思想影响下,学校体育必将从单纯的健身与单纯的传技中解放出来,大大地突出其人文性。

(三)全体性

素质教育的第一要求就是面向全体学生。因此,必须进一步明确体育课的地位,上好体育课,纠正"重竞技,轻普及,抓少放多"的倾向,把学校体育工作的重点转移到面向全体学生中来,把立足点放在增强全体学生体质上来。

(四)基础性

现代教育的主要目标就是要"教会学生学习",对体育教育来说,就是要教会学生健体,培养学生终身体育的意识、技能和习惯。

(五)娱乐性

娱乐性也是现代学校体育的一个重要特征。音乐魅力在于它的旋律,舞蹈的魅力在于它的节奏,而体育的魅力就在于它的娱乐。现在的学校体育之所以不太受学生欢迎,其主要原因之一就是缺乏娱乐性。缺乏娱乐性的学校体育,是不能融入现代学生的生活内容的，是没有生命力的。

（六）主体性

学生是学习和发展的主体，现代教育是一种弘扬学生主体性的教育。现代教育尊重人才，承认学生的个体差异，重视学生的个性发展。为此，学校体育必须符合学校体育主体的需要。必须适应和服务于学生身心全面发展的需要，重视学生体育兴趣、爱好和特长的培养。

（七）选择性

选择性是从主体性中衍生出来的。学校和教师应当尽可能地创造条件，为学生提供不同的体育学习目标、内容、方法、难度和要求，以利于他们把握自己的不同情况进行选择，这是学校体育与竞技体育的重要区别。竞技体育是项目选人，人要适应项目的需要，如不适应就会被淘汰；而学校体育应是人选内容（项目），内容适应服务于人的需要。

（八）多样性

从宏观上看，我国幅员辽阔，地理条件和气候条件的地区差别很大，经济和教育的发展很不平衡，过去那种全国学校统一目标、统一内容、统一方法、统一形式、统一标准，全国学生共用一本书，同做一套操的大统一模式必将被打破，呈现出多样化的特点，这是教育改革的必然结果。从微观上看，同一地区的不同学校，其情况也是千差万别的，即使是同一所学校，学生的个体差异也很大。因此，学校体育的多样性是其选择性的必然要求，没有多样性就没有选择性。当然，多样性并不排斥国家在学校体育的指导思想、总体目标和基本要求上的统一指导。

（九）开放性

首先，随着社会的发展学校体育必将冲破学校的樊篱，与野外体育和社会体育沟通，既锻炼身体，又陶冶情操，并提高生存与适应自然环境的能力。同时，学生也将自主地积极参与社区体育，与同学及亲朋好友一起愉悦身心。其次，学生家长和热心学校教育的人将被请进学校，参与学校的运动会、体育节。

二、高校体育改革与发展的思考

把高校体育放在社会变革与发展的大环境中，放在高校改革与发展的整体中来思考，21世纪高校体育向何处去？这是不可回避的现实问题。

（一）教育思想的变革，给高校体育发展提供新的机遇

在世界大学发展历程中，围绕教育目的，有过理性主义、工具主义、人本主义的对立；有过个人本位论和社会本位论的分野。其矛盾的焦点在于：大学教育应该是"人"的教育还是"人力"的教育，是培养人还是训练劳动力。

在世界范围内，教育观可分为人文主义教育观、科学主义教育观和科学人文主义教育观。人文主义教育观是以人为出发点和以人为中心的教育观。这种教育观追求理想、人性，追求内在价值，感兴趣的是理想社会，而对现实往往持批评态度。他们对不同时期的社会和教育的许多批评确实切中时弊，为人类教育发展提出了许多发人深思的问题。当然，人文主义教育观重视精神层面，忽视物质层面，对社会现状和前景过于消极和悲观，有反科学反物质的倾向，仅仅依靠它来摆脱人类发展的困境，走向光明是不可能的。科学主义教育观是以科学为中心的功利性教育观。它是以自然科学为出发点和方法论来解释和解决自然、社会与人的问题的哲学思潮。它切中了人文主义教育观的致命弊端，使教育从天上来到人间，从理想回到了现实。它极大地促进了人类科学的发展和物质的丰富，将教育的作用和地位提高到一个前所未有的水平。但它过分夸大科学的作用，甚至对科学达到顶礼膜拜的程度，贬低乃至排斥精神和道德的作用。不可否认，科学主义教育动摇了人文主义教育的根深蒂固的传统，成为20世纪占主导地位的教育思潮。科学人文主义教育观在批判的基础上，是以科学主义为基础，以人文主义为价值取向的教育观，是信奉科学、崇尚人道的教育观。这种教育观念反映在教育实践上，必然是把"学生做人"和"学会做事"结合起来的。

在科学人文主义教育观的指导下，毋庸置疑，作为教育的重要组成部分的学校体育，在培养全面发展的人方面，将发挥更大的作用。《中共中央国务院关于深化教育改革全面推进素质教育的决定》（以下简称《中央决定》）指出："健康体魄是青少年为祖国和人民服务的基本前提，是中华民族旺盛生命力的体现。学校教育要树立健康第一的指导思想，切实加强体育工作。"这是先进教育观的体现，是包括体育在内的学校教育的工作指针，学校体育的知、情、意的高度统一和即时反馈的重要特征，对培养学生的自尊自信、坚忍不拔、沉着果断、开拓进取与自律能力等素质，都具有特殊的功能，这正是追求教育理想目标不可缺的内容。从政治层面来看，人的解放是马克思主义的核心，而人自身的解放，是否也应包括"人的自然化"呢？17世纪法国著名哲学家拉美特里指出："自然在这里有一条特殊的永恒规律，就是我们在精神方面获得越多，在本能方而失去也就越多。"人类文明的进步往往是以人的功能抑制、约束和丧失为代价的。广州市最近的调查显示，80％以上的高中生眼睛近视。我们的社会发展终极关怀应该是什么？既想有发达的理性，又不情愿丧失宝贵的感性，这种"熊掌"与"鱼"兼得的愿望只能交给教育来补救。目前，人类似乎只找到体育这种最有效、最有益、最有趣的办法，这也是人类的竞技、体育情结所在。从这些分析，能否进一步明确学校体育对人的社会化过程，人的自然化呼唤的意义，使学校体育必然坚持"健康第一"的思想更为自觉呢？可否说，舍此一途，别无他法呢？高校体育的指导思想应该面向全体，立足"健康第一"。高校体育的目标应该是阶段效应与长期效应相结合，着眼长期效应；内容上应立足于全民健身、兴趣培养、终身体育的需要；管理体制上应向学生自主、自觉锻炼，将体育融入生活方式的方面过渡。高水平运动队建设应有所为有所不为，着力于体制与机制建设。

（二）高校地位与功能的变化，给高校体育提供新的发展空间

1. 大学的使命与地位

在世界上，有关大学的使命与地位，有三种代表性的观点，即"边缘说""依附说"与"距离说"。

"边缘说"主张，大学是探求真理的机构，只有保持价值的中立，超凡脱俗，才能冷静地观察、客观地分析和理智地批判所研究的对象，才能达到发现真理的目的。中世纪及 19 世纪前的传统大学，奉行的就是"边缘说"的大学理念。

"依附说"主张，大学不能停留在社会的边缘和外围，大学的任务在于服务社会，参与解决社会生产和生活问题。中世纪末开始，特别是 20 世纪初以来，大学走出传统的象牙塔，与社会联系越来越紧密，大学的经济与社会功能越来越显著。同时，大学功利化倾向日趋严重，质量有所下降，理想与精神迷失。

"距离说"主张，大学既要为社会服务，又要与社会保持一定距离，不为暂时利益迷失自我，以利于大学发挥引导社会的作用。

大学面临新的选择，人们愈发认识到，"边缘说"行不通，"依附说"失去自我，"距离说"却未指明当代大学与社会的关系。因此，多数学者认为，"主动适应论"比较合适。就是大学在遵循教育本质与规律的前提下，发挥自身主体的能动性，对社会各种要求进行价值判断，适应其积极方面，克服其消极方面，从而兴利除弊，发挥大学主动引导社会发展和人类进步的功能，在主动适应中发展和完善自己。

2. 大学的社会职能

大学的社会职能经历了三个发展阶段：

（1）培养人才的一元职能。19 世纪前的大学主要职能是人才培养。

（2）培养人才与科学研究的二元职能。以 1809 年德国创办柏林大学的办学宗旨为标志。

（3）培养人才、科学研究和社会服务的三元职能。以1862年美国威斯康星大学的办学思想为代表。

3. 办学理念的"主动适应说"

从大学社会职能的一元到三元，大学面向社会，服务社会得到广泛认同和实践。随着社会的发展，尤其是知识经济的来临，大学纷纷在思考如何在市场经济中树立品牌，形成特色，纷纷提出特色就是质量，特色就是水平，特色就是生命。所有的大学几乎都在思考如何正确定位，办出特色问题。尤其在目标定位、特色定位、区域定位、形象定位、类型定位上各有举措。这无疑给学校体育提供了良好的发展空间。

被萨马兰奇称为世界上五种通用语言之一并且是最迷人的竞技运动，它在终极意义上的"统一"和"差异"的同时存在，相辅相成，呈现出强烈的文化价值。而其对人的本性、本能的呼唤引起人类的共鸣，这是体育狂热的深层次原因。这样，体育作为学校特色和品牌，有了广泛基础，它可以外树形象，内强凝聚力，这在世界上以及国内已经有了不少成功经验。人们一提到马约翰，不仅想起其体育理论与实践，而且想到近代中国体育，更联想起清华大学，这就是一个典型案例。

体育是大学营造校园文化特色的重要内容。校园文化的一个突出特点是生机勃勃。高校体育正是年轻人最喜欢的活动，体育活动开展得好，学校就会既有凝聚力，又有健康向上的良好风气。

办学特色的形成，不是一朝一夕的工夫，这是教育效应滞后性决定的，主要是其人才在社会上的认可程度。哈佛大学以培养出6位美国总统、32位诺贝尔奖获得者、美国500家最大企业的2/3决策经理而闻名于世，于是人们在探究其办学模式与培养模式时，发现他们在培养复合型、创新型人才上很有特色。在抽象思维与形象思维相结合、智力因素与非智力因素协调发展的今天，学校体育的作用，对人才全面素质的培养，是不可或缺和无法代替的。

（三）全面推进素质教育，对学校体育发展的新要求

《中央决定》的颁布实施，对中国教育改革与发展具有深远的意义。

素质教育是以促进人的身心和谐发展，提高人的综合素质为目的的。身心素质是公认的基本素质之一，因而学校体育理所当然成为素质教育的重要内容。

素质教育是对应试教育为表现形式的功利主义教育的批判，是对唯智力因素教育的反击。体育正是一种非功利（这里指的是以健身为目标的体育）非智力因素的体现形式，也正是素质教育所追求的内容。素质教育"以培养学生的创新精神和实践能力为重点"，而创新和实践恰恰是体育的重要特征。体育的创新十分丰富、非常生动，如改变动作的形式、路线、时间、程序、数量、负荷、节奏、组合等，都有创新的意义。在体育教学过程中，同一目标可以采用不同的方法途径去实现，这给学生提供了广阔的创新空间，而这些创新既在运动实践中进行，又在运动实践中受到即时的检验。先哲说过，游戏是开启儿童智力的钥匙，道理也在于此。

特别要引起注意的是，《中央决定》指出："健康体魄是青少年为祖国和人民服务的基本前提，是中华民族旺盛生命力的体现。"在中国近代史中，尤其是"甲午战争"失败之后，中国存在"亡国灭种"的危险，不少仁人志士忧国忧民，兴起了很有积极意义的"尚力思潮"。这种思潮的代表人物有严复、鲁迅、毛泽东等人，他们从国家兴亡、民族兴衰角度提出"鼓民力""野蛮其体魄"的主张，到今天，仍有积极的现实意义。在推进素质教育中，我们应该少一点时代功利，多一些为民族的未来考虑，特别是在学生中近视眼患病率居高不下、心血管功能有所下降、精神心理障碍越来越多的今天，用体育这一剂良方，既有现实意义，也有历史意义。

（四）深化改革，迎接挑战

新中国成立以来，尤其是改革开放以来，我国学校体育工作取得了显著的成绩。但是"西洋体育"传入中国，仅有100年左右，可见现代体育形成的历史渊源并不深厚。特别是，在中国这样一个文明大国中，历史上既没有"体育"一词，也没有与之相应的规模较大且历史稍长的教育实践。东方文化与西方文化的显著差别是，东方文化"主静"，西方文化"主动"。近代学者章太炎、胡适、郭沫若等人从文字学、训诂学方面得出结论，"儒"本身就是"弱"的含义，甚至凡是带有"需"的字，都有这种特征。可以说，中国传统文化和教育理论是轻视体育的。这是造成体育在现实社会中"说起来重要，做起来次要，忙起来不要"的历史积淀的反映。体育的改革与发展，认识上的到位，领导的重视，是我们历来强调的关键。认识不足就必然带来重视不够，在今天，这个问题仍然是一个突出强调的问题。

由于体育从内容到形式，大多是舶来品，最早还叫"西洋体育"。而对体育究竟为何物，有内涵不断扩大再到逐步规范为体育与竞技运动的过程。尽管目前意见还不统一，争论也没有停止，但在主张把体育与竞技运动分开指导更有利于体育事业发展的认识上，却是一致的。无须讳言，在相当长一段时间，由于概念理解上的混乱，造成竞技就是体育的认识。这使我们学校体育走入了误区。《中央决定》明确指出"学校教育要树立健康第一的指导思想"。毫无疑问，学校体育更应该贯彻这一指导思想。这是全面贯彻党的教育方针的要求，是体育精神的真实体现，也是推进素质教育的需要。明确学校体育指导思想，是高等学校体育改革与发展的前提。

在全面推进素质教育改革热潮中，给学校体育应有的地位和发展空间，这是普遍的认识。但认为体育没有考试（严格意义的高考内容），又是非智力因素占主要内容，因此是"天然的素质教育"的观点，却有失偏颇。

1. 我们的队伍建设并不完全适应素质教育的要求

从硬件上看，这支队伍学历层次偏低，对教育思想、观念的理解跟不上时代步伐，总的看理性思辨的层次不是很高。这有教育体制、专业特点、学校体系等方面的原因，单纯归咎于个人努力不够是有失公正的。同时，考试不考试并不是应试教育和素质教育的根本区别，何况素质教育并不是一概反对考试，而是反对功利性的应试，强调把人的全面发展和把提高人适应社会的能力放在首位。我们体育教师课余忙达标、课中看指标（密度等）、训练争锦标，不能说没有道理，但也不能说很有道理。这些忽视个体性、忽视主体性、忽视全体性的做法是与素质教育相悖的。提高体育教师队伍的地位和水平，是推进素质教育的关键。

2. 体育学科的建设与发展，是体育工作者面临的课题

这门学科刚刚成为一级学科，比较年轻，或者说还要发展和完善，这需要广大体育工作者的共同努力。不必剖析深层次的问题，光讲从小学到大学，体育课就超过 1 000 节，花这么多时间，几十万教师从事这一工作，我们希望达到什么目标？效果怎么样？坦率地说，有成绩，有困难，也有很多问题。但在制度建设、条件保障方面应给予公平公正的对待。它需要实验，需要课室，也需要场地。场地既是教学场所，同时也是活动场所，理所当然应该受到重视，恰恰在这方面我们重视是不够的。再如科研，立项难，开展难，是普遍现象，这也是造成体育学科发展步履维艰的原因。学科的构建，是学校体育发展的基础。

3. 高校体育在组织形式和管理体制上，是否要考虑和国际接轨与坚持中国特色相结合

比如，低年级的必修课与高年级的选修课相结合；把仅限于实践课向健康知识等领域拓展；试行高校体育俱乐部制等，真正使广大学生掌握知识，一技在身，受益终生。

高校体育在科学人文主义教育思想得到越来越广泛认同的今天，在大学服务社会、形成特色的要求中，在推进素质教育的热潮中，有了良好的发展空间和条件。只要提高对高校体育地位的认识，抓好师资队伍建设，加快体育学科建设和改革，给予必要的条件和保障，或者说，重视是前提，队伍是关键，改革是出路，条件是保障，高校体育必将给高校改革与发展、推进素质教育作出巨大的贡献。

（五）体育教学改革具体改什么

《中共中央国务院关于深化教育改革全面推进素质教育的决定》指出：学校教育要树立健康第一的指导思想，切实加强体育工作。按理说，体育学科是学生最喜欢、压力最小、其好动的天性得以自由张扬的科目，然而我们却发现，在体育课中同样出现与其他文化课一样的厌学现象。究其原因，主要是由于受应试教育的影响，学校体育卫生工作在学校教育中长期处于可有可无的地位，致使多年来体育教学中存在的诸多问题一直没有得到很好的解决。所以，笔者认为体育教学改革应当从实际出发，存在什么问题就改什么的问题。

1.改革重复过多、竞技性过强、脱离学生实际的教材内容

通观学校体育各年龄段教材内容，大、中、小学变化不大，主要由竞技体育项目构成，各项目动作技术难度大，专项素质要求高，重复过多。作为面向全体学生的教材，其趣味性、娱乐性、健身性、实用性确实存在很大不足，难以满足不同层次学生学习和生活的需要。这种过于技术化、大量重复安排的教材内容，学生不仅学起来没有积极性，而且力不从心，难以达到学习的期望值。

体育教学内容必须从学生个体需要（现在学习兴趣和将来工作、生活需要）出发，强调健身性、娱乐性、终身性，淡化竞技性，删除或缩短一些学生不感兴趣的、与将来工作生活关系不大的教材内容和时数，由教研组、任课教师、学生共同精选和增补一些学生感兴趣的、现代健身气息强的体育基础知识、健身方法和项目，确定时数和教学进度。我们不追求教学内容的多、大、全，而在于通过选择以兴趣和健身为主的内容，让每个学生在体育课上都真正动起来，在校时期能掌握一定的健身知识和方法，培养一两项体育爱好或特长，最终养成良好的终身体育意识和习惯。

2.改革过于规范化、一体化的教学组织管理

多年来，我们的体育课教学组织过程，过分要求学生绝对服从教师指挥，过分强调统一目标、统一要求、统一行动的规范化和有序性。而这种不切实际的、忽视学生个性差异的一体化的教学组织，往往受许多领导和教师的推崇，在他们的眼里，学生排队整齐、安静、听话，不吵不闹，顺顺利利上下来就是好课。殊不知，正是这种"好课"，严重地扼杀了青少年学生好动的天性，降低了学生对体育课的积极性和浓厚的兴趣，甚至产生逆反心理。于是，教师就加压。然而，教师愈是卡、压、镇，学生就愈是不听从管理，或者是身顺而心违，结果造成恶性循环。

课堂教学组织管理应以自主管理为主。针对学生以往在体育教学中被管得过

死过紧的情况，我们在体育教学中开展"责任教育"研究，使学生明确自己的行为责任，树立"以人为本"的自主管理思想，给学生更多的活动时间和空间，让学生在轻松、自然的教学活动中学会自我控制和自我管理。

3.改革注入式、训练式的教学方法

体育学习与其他课程的学习不大相同。体育学习必须解决"懂"（知识、原理、方法）、"会"（做、练）和"育"（育心、育体）的问题。为此，需要学生个体的主动参与，创造性地进行学习，发现体育的真谛，体验运动的乐趣。显然，在注入式、训练式的教学方法下，很难让学生主动地、生动活泼地、创造性地进行学习，学生只能被动地学习，离开教师就不会学、不会练或学无所得。

由于传统的体育教学方法太注重教师的教法，对学生学的方法重视不够，教师怎样教，学生就怎样学怎样练，对学生心理、生理、认识水平和个体差异难以把握，学生学习过程如何，"懂、会、育"的程度如何，难以检验和评价。为了真正体现教学以学生为主体，让学生做学习的主人，教学中我们尝试以自主探究性学习方法为主，尽量减少注入式和训练式的教学方法，让学生通过自主学习，培养学生一至两项以上体育爱好和特长，通过爱好、特长，更好地激发学生学习的主动性，使学生乐学、爱学，更深刻理解和掌握体育知识、技能与健身方法等。

4.改革达标化、一刀切的体育成绩考核评价

多年来，我们一直都以体育成绩来评价学生的体育水平，而体育成绩考核却又以《国家体育锻炼标准》为准，似乎没有更好的标准了。不仅如此，我们还以达标率作为评价体育教师能力与学校体育工作的主要标准。我们无意贬低《国家体育锻炼标准》的价值和作用，但不能搞"达标"至上，否则必然导致测什么就教什么练什么，测完后不知学什么练什么的应试现象。

为了改变多年来以单一的技评和达标成绩等显性评价方式，应重视学生在体育教学过程中的基础差异和发展进步及努力程度，加强对学生学习锻炼的独立性、创造性等评价。我们采用有考有试的方法。考，就是对大纲要求应掌握的最基本的体育知识、技能等，占50%；试，就是鼓励学生在大胆尝试选择性学习后，由教师和体育委员对他们通过课内外努力自学掌握的体育知识和技能或自创的健身项目、动作和锻炼方法等进行测试和评价，占50%，以此来促进学生形成良好的健身意识和习惯。

三、高校体育教学方法改革与创新

随着现代体育教学理论的不断发展和体育教学改革的不断深化，一些传统的

体育教学理论、教学思想、教学模式、教学方法面临着冲击。在应试教育向素质教育转变的过程中，提高体育教学质量，迫切需要解决的一个现实问题，就是要研究和改进体育教学方法。

（一）体育教学方法的概念

对体育教学方法的定义有许多种，定义之一是体育教学任务或目标的方式、途径、手段的总称；定义之二是在体育教学过程中，为了有效完成教学所采用的一系列手段和方法；定义之三是指体育教学过程中完成教学任务所采用的教学途径和手段；定义之四是有体育教师主导的传习运动技术的完整程序；等等。

（二）体育教学方法的分析

1.从综合性的角度看体育教学方法

现代体育教学方法的理论基础是生理学、心理学和社会学。其方法大致有一般教学方法（简称教学方法）、运动训练方法、游戏方法和心理训练方法等。

（1）一般教学方法。一般教学方法包括讲授法、谈话法、演示法（示范、实物、电化音像演示等）。

（2）运动训练方法。运动训练方法是指教练员和运动员为完成训练任务，达到提高专项运动成绩的目的而采用的途径和办法。它对提高人的技术水平和发展人的体能具有典型的意义。其常见的训练方法有：分解和完整训练法、持续训练法、间歇训练法、重复训练法、变换训练法、循环训练法、比赛法。

（3）游戏方法。游戏方法是在创造的合作关系或敌对关系下，一起为求取胜利而奋斗的社会活动方式。它一般是指为了完成教学任务而运用各种各样的游戏的方式。

（4）心理训练方法。它是有目的、有计划地对训练者心理过程和个性心理特征施加影响的过程，也是采用特殊的方法和手段，使训练者学会调节和控制自己的心理状态，进而调节和控制自己运动行为的过程。其方法包括集中注意力的方法、念动的方法、放松的方法、模拟的方法等。

2.从不同类型的教学角度看体育教学方法

由于教学内容和教学性质的不同，在一般的教学方法基础上，形成体育教学相对独立的方法体系。具体地说，可分为不同层次的三类，即技术教学方法、组织教学方法和教学组织方法。

（1）技术教学方法。它是针对动作结构复杂、时间持续较长、技术含量较高的教学内容而采用的方法。其指导思想是化整为零，分而治之。根据动作技术分解的不同性质，技术教学方法可划分为分步分解法、分段分解法和分化分解法。

（2）组织教学方法。它尽可能地体现区别对待和"平等"教育的思想，力求为每一个学生提供更自由的活动空间，争取更多的活动时间，创造更好的表现机会。根据组织教学方法的基本思路可划分为分流法、循环法和游戏竞赛法。

（3）教学组织方法。它是指系统设计和安排一个教学时段的组织方法。根据体育教学活动的组织与安排可划分为循环分期法、均衡对称法和综合恒定法。

（三）对传统体育教学方法的认识

1.不能与素质教育要求的教学目标相适应

传统的教学方法是在应试教育的理论与实践中生长形成的一些固定模式，片面强调了身体锻炼，而忽视了对学生能力的全面培养和教育，不能以大多数学生为主要教学目标，这与时代赋予的历史任务是不相符的。

2.不适应现代青少年的心理和生理发展需要

传统的教学方法在应试教育的教学过程中发挥了重要作用，但教学对象是随着时代的发展而不断地变化进步的。由于传统教学方法受条条框框的限制，使课堂形式单调、枯燥、乏味，把学生的学习主动性和创造性无情地限制住，影响了学生个性的发展。

3.体育教师自身的习惯

每位教师在多年教学实践中，都可能在不自觉中形成一种符合自己特征的教学方式，这些虽然在一定程度上能使教学顺利进行，但却束缚了体育教师的思维方式，使自己陷入习惯定式之中，容易影响体育教学的改革和创新，也限制了学生的思维和想象力。

4.过分强调课堂结构

受传统习惯的影响，体育教师在上课中一般采用"四个部分"的结构模式，即开始部分、准备部分、基本部分和结束部分。这种结构由于对课堂的几个部分限制过死，从形式和内容上过分突出了基本部分的作用，而忽视了其他部分的教育和培养作用。

（四）体育教学方法与改革

1.教学方法选择的综合化

现代教学方法在选用上，以素质教育为目标，打破单一的教学模式，开始注重多种方法的结合，穿插安排，配合使用，以期达到最优化的教学效果。众所周知，体育教学是一个非常复杂的过程，教学内容也非常丰富，所要完成的任务和达到的目标又是多方面的。单一的教学模式和教学方法已不能适应现代体育教学发展的要求，必须有多种多样的教学方法与之相适应。教学方法选择的综合化必将成为现代体育教学发展的一大趋势，教师应根据课的类型、教材内容、组织形式、学生的实际情况和有机体的活动变化规律，合理地安排课堂结构，并在实际操作中灵活掌握和运用，既要完成一节课所要完成的各项任务，也要在内容之间巧妙转换，体现体育教学的连贯性，不断发展和突破，提高教学质量。

2.教学方法运用的个体化

现代体育教学方法更加趋向于个别运用，因材施教，更加注重发展学生的潜能，以求达到人人进步的境界。众所周知，学生的体育基础、体质与健康状况、体育兴趣、运动经验、学习能力、社会适应性等方面，都各不相同，这些因素都在不同程度上直接或间接地对教学效果产生影响，这是体育教学方法改革所面临的一个重要课题。现代体育教学方法改革的个体化趋势主要表现在两个方面：一是个体化活动已成为许多教学方法的重要组成部分，如协同教学法、暗示教学法、合作教学法、掌握学习法和发现法等，都将个体活动作为教学过程的重要环节，注重个性适应和学生的参与。二是现代教学手段的发展为教学方法提供了一个新的空间，师生间相互作用的条件趋于多元化，使每个学生在知识、能力、兴趣、特长和个性品质等方面都得到相应的发展成为可能。

3.教师教学方法观念的现代化

体育教师观念、意识的现代化水平，即敬业精神、文化素质、创新意识等，这些综合素质的凝聚并在教师具体的施教过程中得以外化和展现的东西，实际上决定着教师自身的智力、知识和想象力发挥的有效性。在体育教学中，教材、教师与学生之间的关系并不是一种直接的线性因果关系，也不是单向的决定被决定关系，而是一种以"心理"结构为中介的双向交流的间接关系，其间教师与学生尤为突出的是教学方法的解释与接受。简言之，体育教学最主要的是达成学生体育锻炼能力。然而，存在的一个实质性问题是，我们体育教师的教学方法长期囿于陈旧的规范之中，教学方法上沿袭陈规老套，不善于探索或给自己提出研究的问题。

改革目前的体育教学，已成为体育教学现代化进程中无法回避的时代性问题，每一次好的教学方法的运用，都是教师智力、知识和想象力资源的一种自我丰富和自我突破，都不同程度地在敬业素质、文化素质方面塑造和发展了具有某种新质的自我。特别是教学方法的差异性、丰富性、变动性、创造性，更多地体现了教师在进取精神、科学创新意识等方面丰富自己、突破自己、克服困难而实现自我的强烈愿望。

现代体育教学的发展趋势是向着多元化的方向发展的。在日本，传统的教学方法已经逐步被发展学生自主能力和兴趣为主的新方法所代替。在德国、美国等教育较先进的国家，体育教学也都向多元化发展。素质教育要求体育教学成为一种多边互动行为，体育教学越来越重视德、智、体、美、劳等各种目标的协同达成，"音乐舞蹈进课堂""情境式教学""能动式教学"等各种教学方法为我们体育教育开拓了新的天地。随着新思想的不断涌现，传统的教学方法也将随着时间的推移不断地革新和发展。

教学方法改革的指导思想是素质教育，在强调面向全体学生的同时，也强调发展学生的能力、个性，因而必须改革传统的教学方法，在实践中充分利用体育教育自身的优势，变限制条件为有利条件，正视自己，解放思想，拓宽思路，大胆突破，既尊重传统也不为传统所拘束。既学习国内外先进的教学方法，又要结合实际，不断提高体育教学质量。

（五）大学体育教学的创新探索

1.体育教师的创新意识

体育教学是以教师为主导，以学生为主体的教学活动。教师的创新意识起主导作用。教师是教学中获取创新成功的第一要素。中老年教师要在传统教学经验的基础上，转变教学观念，学习新事物，研究新问题。青年教师要在学习中老年教师的经验的基础上，运用新思想、新知识，研究新事物与新问题。老中青教师都要把备课、上课、辅导、考核、课外活动、教学总结诸方面结合起来，以上课为主要指导，引导学生发现新事物、新问题，研究探索创新，培养学生的创新思维与创新能力。

体育学科是在教学理论指导下的实践性学科，体育教师的创新意识，要面向全体学生，尊重学生个性，鼓励学生在学习实践中去"发现"和"超越"，注重在实践中探索创新，从实践中体现解决问题的能力。

体育教师的创新意识，还要体现在为学生创设教学环境，创造各种实践的机会，创造多方面解决问题的机会。

2.体育教材内容的创新

充分挖掘教材内容本身所蕴藏的创新性。通过对教材内容的多方面创新，既有基础理论、基本技能、基本技术的深化创新，又有心理学、物理力学等相关学科知识内容，挖掘教材内容的创新性部分。根据体育教学是在理论指导下的实践性学科的特征，要重视动作技术再现形成发展亲身体验实践的过程，重视发现探索研究的过程。

3.体育教学模式的创新

体育教学要强化学生主体参与，构建以学生"自己选择、自主练习、自我评价"的模式。"三自"教学模式是在体育教学原则和教学方法的基础上，教师分析教材并进行再创新。"三自"是三个相对独立而又相互交叉、相互制约、相互促进的动态教学过程，是系统学习掌握动作技术的过程，是认知规律的过程。

体育教学素质教育的模式，以教学为主导，以学生为主体，通过主要教材教学创新多种模式，强化主体参与意识。

4.体育教学方法的创新

方法是研究认识问题的途径。体育教学应在教师的指导下，以学生为主，指导学生参与知识形成，探索研究知识创新学习过程。运用创新的体育教学方法来完成这一学习过程。根据教学程序为感知（观察）——理解探索（思维）——巩固（记忆）——运用创新（实践）。让学生在感知中观察事物，在理解中探索思维研究加工事物，在巩固中记忆掌握事物，在运用实践中达到知识创新。体育教学方法的创新如下：

（1）观察法：是指在教师引导下，学生观察教师与学生所做的动作技术，观察教学变化的方法。

（2）设疑答疑法：是指教师在教学中对学生设疑提问，学生回答教师提出的疑问，教师概括补充答疑的方法。

（3）研讨法：是指在教师引导下，学生自由分组，自己研究讨论教学中的问题。

（4）实验法：是指在教师引导下，学生对所学动作技术技能实际验证，在实验中得出结论，获得知识的方法。

（5）相互帮助法：是指在教师引导下，学生学习动作技术技能时相互帮助学习相长的方法。

（6）激励法：是指在教学时，教师运用适当语言激励、表扬，培养激发学生学习兴趣，培养竞争意识的方法。

（7）发现法：是指在教师引导下，学生探索研究开拓思路，发现新问题新事物，教师酌情给予肯定的方法。

（8）超越法：是指在教师引导下，学生学习超越别的学生，超越自己，超越教师提出的要求，教师酌情给予鼓励的方法。

（9）评价法：是指在教学时，教师对学生平时与测验考核动作技术技能时给予评定以及在教师指导下学生相互评定的方法。

（10）创造法：是指在教师指导下，学生在平时学习积累的基础上发散性地学习，去发现创造新的知识、技术，再将发现创造的知识、技术集中起来，确立为正确的知识技术的方法。

总之，中学体育教学素质教育，教师要树立强烈的创新观念意识，从教材内容、教学模式、教学方法都要创新。必须在现代教育思想指导下，根据学生的认知规律，充分发挥学生的主体参与作用，积极引导学生参与教学过程，在学习掌握体育基础理论、基本技术、基本技能的同时，培养学生的创新意识。

四、体育教学现代化的基本趋势

体育教学的现代化是指体育教学思想、体育教学内容、体育教学手段与方法、体育教学的效果评价等都要适应时代的要求，符合现代学校体育的发展方向，能满足社会的体育需求，促进社会进步。

（一）确立正确的体育教育思想

体育教学思想，简言之，就是在体育教学实践中，对体育教学现象及其规律的看法。随着人们对学校体育研究的不断深入，对体育教学思想的认识也有了长足的进步。以终身体育为指导思想的观念得到了确立，体育教学要以促进人的全面发展为目的，强调体育教学的教育功能，侧重指导学生树立正确的体育价值观、养成经常锻炼的习惯、形成终身锻炼的能力、建立健康的生活方式已成为共识。体育教学已开始脱离单纯的传技和健身模式，教育方式也由强制性向自主学习转变，科学的体育教育思想正在逐步完善。

（二）遴选切合实际的教学内容

教学内容是实现体育教学目标的重要因素，一个好的教学内容体系本身就蕴涵着科学的世界观和方法论。符合现代学校体育发展要求的教学内容体系应具备以下特点。

1.竞技运动内容现代化

学校体育教学曾一度陷入过以运动技术为中心的误区。学校体育的成效以运动会的成绩为衡量标准，体育教学以运动技术为基本素材，一些内容从小学、中学，甚至到高校都在反复地教，由于主客观不一致，结果是教师没劲，学生厌烦，运动技术没学会，体质没增强，健康水平也没提高，学生对体育的兴趣荡然无存。当然，这种情况的出现，根源并不是把竞技运动作为教学内容，还是教学目的的偏差导致了教学目标的转变所致。把竞技运动作为教学内容，本身无可厚非，关键是要明确教学的目标不在于追求完美的动作技术，而在于以它们作为媒介和载体来达到增强体质和提高健康水平的目的。因此，它们的教学定位就是锻炼手段和方法。而作为锻炼手段和方法，就要力求做到因人而异，并且要做到运用起来简练、方便、富于情趣。这就必须根据不同的对象对运动项目进行处理，包括简化动作技术的结构，降低完成动作的技术要求，调整有关的游戏规则等，使之能比较方便地利用这些项目的锻炼价值和方法来达到体育的课程目标，实现竞技运动内容教材化。

2.整体构成科学化

整体构成科学化的含义就是整个内容体系完整，具有广泛的适应性和互补性，能面向全体学生，有效促进他们实现教学目标。整体构成科学化，首先是内容的多样化，除了过去的传统教材以外，一些民族的、乡土的、休闲娱乐的内容等都开始进入课堂，使教学内容更加丰富多彩，适应性增强；其次是休闲娱乐化，那些与休闲娱乐密切相关的活动，如健身、健美、羽毛球、网球、轮滑等学生追求的时尚内容成为教材，学生具有浓厚的学习兴趣，有利于提高学习的积极性，使之能在轻松愉快的气氛中享受体育的乐趣，提高健康水平；再次是智能化，教材内容注重知识与技能的结合，加强对教材的思想性、技术原理和锻炼价值的揭示，使学生领会教材的内涵，进一步明确自己的体育需求，提高锻炼的目的性和实效性；最后是人性化，教材内容以人为本，强调主体性，通过对运动处方知识的介绍和指导，使学生能合理运用运动处方，突出个性，提高锻炼的科学性。

（三）运用合理的教学方式

1.加强引导，突出主体

1989年年底联合国教科文组织和国家教育发展研究中心联合召开的"面向21世纪教育"国际研讨会的报告《学会关心：21世纪的教育》提出"学习越来越应当成为学习者主动和由学习者推动的过程"。学习者作为体育教学的主体，首先必须理解体育的价值，从理解进而产生需要，进而积极主动地参与，这是需要教师合理引导的。同时，教师还要把体育和健康教育的各种知识和技能的教学与学生的需要紧密结合起来，从主体的需要和发展出发，启发他们去思考、去探索、去体验，逐步形成意识、能力和习惯，从而形成一个主体自觉参与、积极探索和不断促进的良好氛围。

2.注重普及，突出个性

苏霍姆林斯基认为："学校精神生活的全部意义，就在于要在每一个学生身心都唤起他个人的人格独立性。"因此，体育教学要使每一个学生都能找到自己的位置，在教学活动和身体锻炼中得到提高，体验到体育的乐趣，领略到体育的魅力，这就是体育教学中的普及性。同时，体育是为人的全面发展服务的，它还必须为学生的个性发展提供适宜的空间，这就是体育教学的因材施教原则。人的才能的高低对社会贡献的大小和个人价值的实现程度，教学中就是要帮助学生"在无数的生活道路中，找到一条最能鲜明发挥他个人创造性和个性才能的道路"（苏霍姆林斯基），要鼓励学生去发现和发展最适宜自己的活动内容、活动方式、活动习惯，支持他们从不同的角度，运用不同的途径达到目的，激励他们不断超越自己，体现个性，发展个性才能。

3. 立足课堂，着眼未来

体育课堂教学要增强学生体质，提高学生的健康水平，这是毋庸置疑的。但这不是体育教学的直接目标，体育教学的实质是将教学内容作为一种载体，来培养学生的兴趣、能力、意识和习惯，建立正确的健康价值观，形成合理的生活方式，具备一定的体育文化素养。因此，在教学过程中，势必要改革传统的组织教法，使知识与技能教育互相融合，手段与目标趋于一致，为终身体育打下基础。

（四）构建客观的评价体系

评价具有导向作用，通过评价既可以了解学生的学习情况，也可以了解教师的教学情况，有利于反馈，改进教学。

教学评价通常有终结性评价和过程性评价之分。终结性评价是一种一次性评价，是我们运用较多且具有一定积极意义的评价方法，但过去人们常过分倚重于终结性评价，热衷于根据技能掌握情况、达标水平等一些定量结果给学生评定分数；给教师绩效的评价也是看运动会的成绩、学生锻炼标准的达标率等指标，导致体育课呈现出明显的重运动成绩、轻能力培养的功利性倾向，教学目标和教学手段分离，主观愿望和客观效果脱节。这种一次性评价的不全面性所带来的误区，对教学会产生一定的负面影响。过程性评价是一种多次性的重复评价，它也重视结果，但更重视过程。它是用能动的、发展的观点来看待整个教学过程，它侧重于能力，侧重于进步，侧重于正确的体育价值观的树立和良好习惯的养成，关心学生情感、态度和人际关系等非智力因素的发展，因而能够正视个体差异，尊重学生人格，有利于体现主体性和人文关怀，更好地调动学生学习的主观能动性。因此，教学评价也就被赋予了更丰富的内涵。这两种评价紧密结合，优势互补，就构成了一个能较为全面客观地反映教学情况的评价体系。

五、"启发式""反馈法"在现代大学体育教学中的运用

学校教学，特别是在高校体育教学中，"启发式"是一种很适合学生特点的教学方法，因为学生们都已具有较高的分析和解决问题的能力。首先应该肯定"启发式"教学不是一种具体的教学方法，而是研究运用教学方法的指导思想。"启发式"教学是以认识世界客观规律和唯物辩证法外因与内因的相互关系为理论基础

的，其关键所在是调动学生学习积极主动性和能力的培养。"启发式"就是要通过"主导"（转化条件）作用于"主体"（转化的根据），促使主体发生变化，给学生创造学习、训练的条件，学生只有在有较强的学习愿望和兴趣的前提下，才能积极地动脑，从而把教师传授的知识转化为自己知识财富的一部分。只有这样，学生的学习、训练才能表现出精神饱满、不畏困难、坚持不懈，才能更好地运用已掌握的知识不断提高运动技能与技巧。

（一）"启发式"教学

体育课除大脑积极思维外，还有身体练习，即有一定的生理负荷量。针对体育课的特点，如何贯彻启发式教学呢？

首先，要从了解学生的基本情况入手，从学生知识、体质的实践出发。"知人才能善教"，就反映了从学生实际出发的道理。体育必须从学生思想、知识、技能、技术、兴趣、素质的实际情况出发，否则就达不到启发的目的，这反映了在"启发式"教学中，发展学生智力与体能的过程，实际上是理论联系实际的过程。理论脱离实际将影响智能与体能的发展，因而"启发式"只有遵照学生的基础实际，才能由浅入深、由近及远搞好教学。

其次，要深入钻研教材，从把握教材的重点与难点出发去搞好"启发式"教学。体育教师要认真钻研教材，把握教材的重点与难点。重点，即整个教材中让学生掌握的主要内容和基本内容。重点的知识与技术、技能对进一步学习起着很重要的作用。因此，教师要将注意力集中在这里搞好启发教学，教师还应围绕这些重点通过讲解、示范等各种方式去诱导学生根据这个重点来动脑筋和模仿，促使其产生变化。重点弄懂了，整个教材就容易掌握了。重点必须多练，安排的比重要多些，而且要精心设计教学步骤和启发的形式，选择最佳措施。难点是指学习某教材时，学生不易掌握的部分。重点与难点有个相对集中的趋势，但往往学生因各方面条件不同，对不同的对象来说重点和难点不一定是一致的，所以教师不但要钻研教材，把握教材的重点与难点，还必须了解和掌握学生这个主体，这样主导的启发作用才能得以顺利进行。

第三，在培养学生掌握"三基"的同时，还应注意培养学生的各种能力、素质及品格。体育教学要使学生掌握"三基"，这是完成教学任务必须进行的。但更重要的是，在培养学生掌握"三基"的同时，还应注意培养学生的各种能力、素质及品格。这也是体育教学贯彻启发式的关键所在。例如，跑的训练有其共同的目的，但各种跑又有其不同目的。快速跑着重培养跑的正确姿势，打好速度素质基础；耐力跑主要是促进内脏器官的发展，提高代谢能力；接力跑则侧重传接棒技术，培养协作精神；障碍跑是为掌握克服物的方法，增强跑的兴趣。但不论什么跑均要解决途中跑技术，都要充分后蹬，后蹬是前进的动力。这就要求师生共同将注意力集中于此，使学生在练习中搞清后蹬与步幅及频率等关系，不断提高素质和跑的能力，在比赛中充分发挥自己的才智，恰当地采用技术、战术，最后战胜对手。因此，在教学过程中教是为了学，学必须依靠教，教的主导也不能离开学的主体，教的主导与学的主体越趋于统一，则教学效果就越好。只有这样，才能使学生达到举一反三、触类旁通的目的，完成"启发式"的宗旨并使多种能力得到充分发展。

（二）"反馈法"在教学中的运用

教学过程的实质是教师——学生、学生——教师之间信息交流不断深化的过程。其信息交流的顺畅与否，取决于教师的调控；信息交流的深刻与否，又取决于教师的反馈。在实际教学中，由于受到各种内外因素的干扰，使教学效果发生与原计划和预期效果的偏差，同时，学生在学习掌握新的技术动作与战术配合，在提高身体机能，提高身体素质中难免要产生各种错误的动作。因此，教学过程中教师既要重视信息的输出，又要重视接受学生获得知识后的信息反馈。接受信息越及时、越多，教师对学生学习状况的了解越全面、越深入，越能有效地调节和控制教学过程，从而实施最优化的教学方案，达到最佳效果。

根据体育教学活动的一般规律，以控制论的观点来讨论反馈与教学活动的联系，了解反馈在教学过程中的环路，在教学实际中，充分利用反馈的信息，及时、准确地调整教学，从而提高教学质量。

1.体育教学过程中的反馈环路

在体育教学过程中，教师与学生构成一个教学控制系统。在这个系统中，学生除了接受教师传输出来的控制信息进行学习动作外。同时，通过各种外在的表现，将自己经学习后在运动技能、技术、素质等方面现实状况的反馈信息反馈给教师，教师将根据此现实状况进一步调整教学活动，修订教学方案，并将这一新的反馈输入信息，使之回到控制系统中形成新的向前回路。这就是教学过程中反馈与教学的联系。

2.反馈在体育教学过程中的具体体现

（1）课中即刻反馈。在教学过程中，教师在传授某一动作或战术之后，在学生散开练习过程中，立刻对学生的练习进行全面观察，通过具体对比分析，在学生练习一结束，就对学生的练习作出评估，并对练习中带有共性的问题进行纠正。例如，学生在学习推铅球时，由于左侧没能支撑牢固，造成腰、膝弯曲，因而出手后身体随球一起向前倾。在教学上，就要求学生左侧支撑重心高，出手后身体尽量伸直，不断地给予强化，使之形成正确的动力定型。

（2）边讲边练。在教学过程中，可针对不同对象，让学生按不同的要求练习。教师针对学生练习给予语言提示，对学生练习的动作不断给予肯定或提出问题，使学生在重复动作的练习过程中正确的动作得到强化。例如，教蹲踞式起跑时，除按统一布置要求练习外，让学生在听到"预备"口令时先提臂移肩过线，而不是双腿先伸出；听到"跑"的口令时用力蹬后腿，积极摆臂。

（3）想练结合。教师要充分发挥学生的两个信号系统，调动学生的积极性，采用边想边练，想练结合的方法，这种方法对大脑建立良好的条件反射是很有益的。例如，学生原地推铅球时，要求学生未投前注意观察其他同学的练习，体会正确动作。待自己练习完后，尽量回忆自己刚才完成动作时的情景，特别是要正确回忆最后用力的顺序及出手后的手法和用力感觉。

（4）课结束前的总结。教师在课结束前对本次课所学的技术动作要领、关键，针对学生的学习情况作进一步讲解，这对学生掌握技术动作关键，加深正确的技术动作表象是大有帮助的。同时，对学习情况进行评估，让学生了解自己的学习结果，这有助于帮助学生自我反馈。做对了，可强化；做错了，可使错误在尚未定型之前给予否定，重新输入信息进行修正。

3.教学过程中教师接受反馈信息的渠道

体育教学中，教师要及时、全面地接受学生的反馈信息。获取反馈信息的主要渠道有以下三个方面。

（1）提问法。教师为了及时、准确地获得学生的学习情况，可采用简单或一系列启发性的提问，通过一问一答，促进师生间信息的反馈与交流，使教师及时而准确地了解学生怎样思考问题，并了解学生对所学的运动技能、技术掌握和理解的程度。例如，对跨栏跑中适宜的起跑距离问题，就必须使学生清楚为什么要选择适宜的起跨距离。如果起跨距离近了，会出现什么现象？远了又会出现什么现象？通过提问，使教师能从学生反馈来的信息中掌握学生对教师的讲解是否都理解，为什么没有理解；在教法上还需要如何改进等。

（2）课堂练习。在教学过程中，观察学生的课堂练习是教师在教学过程中或上课后进行教学效果调查研究、接受信息反馈的一个重要渠道。关键是教师在观察学生做练习时要以敏锐的眼力洞察学生演示技能的练习过程，捕捉学生练习运动技能、技术的重要环节，为教师实施有针对性、难易适中的辅助练习提供确定的依据，并通过对比、分析，对学生在学习过程中易犯的错误输入新的控制信息。

（3）察言观色。有经验的教师总是细心留意学生的各种反应，密切注意学生的神态变化，尤其在练习中，通过观察进一步获得各种反馈信息，从而调整教学程序。

4.教师运用反馈信息要及时、适宜、确切

信息的及时性对信息调整控制作用影响较大。由于人的记忆、意念的储存和运动技能形成的过程，要求反馈要及时。教师在获取反馈信息，经过分析比较后，重新输入到控制系统中去的反馈信息量一定要适宜。反馈信息量过大，往往会引起不良的效果。在教学过程中，教师纠正学生错误动作时使用的语言必须确切，尽量使用定量化的语言去指导学生练习。

六、如何理解贯彻现代体育教育思想

（一）如何理解现代体育教育思想

对于现代体育教育思想，很难给它下一个准确的定义，主要是因为对"现代"一词的不同理解而产生分歧。以往在讨论过程中存在两种争论，一种观点认为，"现代"是指从我国五四运动到现在的时间段；另一种观点则认为，应该从"现代"所代表的内容与意义角度定义，即能够体现先进内容与意义的东西，因而这里的"现代"与"先进"有接近含义，而与"传统"相区分。联系体育教育的实际，后一种观点更具有操作价值。在此前提下理解现代体育教育思想，就有可能探索侧重内容表述的基本含义，因为无论从哪个角度考察，现代体育教育思想都不可能脱离现今社会的主流，只有把握主流社会的特征，才能接近完整地认识体育教育思想。

当今社会主流是什么呢？就教育系统而言，对"人"的意义挖掘胜于过去年代，导致人本主义在世界范围内又有较大的应用空间。现代认识心理学、人的社会性发展理论与人本主义教育思潮不谋而合。它们的共同点就是把人的自然性与社会性发展相统一作为培养目的。遵循这样一条轨迹，当今体育教育理论中出现了诸多观点，如强调学生在运动中享受乐趣的"快乐体育"，以倡导学生进行体育锻炼获得健康的"终身体育"，以使每个人在运动中获得成就感为目的的"成功体育"等。当然，这些观点能否称得上严格意义的体育教育思想还有待于认真研究，但毕竟在不同侧面代表了当今体育教育领域中的人的发展的新认识，这也正是它们在体育教育实践领域获得推广的原因所在。

现代体育思想有以下几方面特征。

1.集合性特征

它不同于中国一度奉行统一制度的思想，而是一个集合概念，即多种观点作为子集并存，共同构成"现代"的思想体系。美国是个典型多元文化国家，其特色鲜明的联盟制，保持了各自独立的风格。在美国的体育教育思想中，融合了"运动教育""竞技发展""体育健康与锻炼"等多目的性概念。现代日本学校体育中，同样也存在着"快乐教育""生涯体育"等不同观点。越来越多的国家和地区倡导多元化的思想方式，只要解决体育的根本问题，存在就有其合理性。

2."现代"特点的代表

在"知本时代"里，体育是体现人类智慧的综合渠道。一切代表先进的思想、方法论都可能成为体育教育思想所包含的元素。例如，看重技术的媒体网络化教学已成为教育领域网络化时代的标志，体育教育必将从中产生成熟的思想结果。越来越多的现代技术应用已使许多领域获得巨大收益，可以预言，不见面的教——学方式在不久的将来很可能成为一种重要的形式出现在体育教育领域，那么，我们就不得不重新界定体育教育思想在教育组织形式方面的特征。

3.动态性

它是具有动态特性的思想体系，现代只是相对于较之近一时期内不合时代要求的那些内容而言，也可以说它是具有时代特征的思想体系。正因为世界万物静止是相对的，而运动是绝对的，体育教育思想只能是相对正确和相对稳定的。例如，"体质教育"思想在中国有着几十年的历史，但是在不同的年代它的涵义有所区别。20世纪五六十年代中国的社会经济条件不好，国民体质羸弱，所以开展体育运动，增强国人体质。进入21世纪后，"体质教育"又赋予了新的意义，增强体质更是成为健康自我的手段，新时期更突出了作为人的自身发展所需要的健康体魄。

4.主体性

它是更加突出人的"主体性"这一核心的思想体系。人本主义、人文精神、以人为本都是代表当今世界发展主流的思想，人的主体性问题在较大范围内得到空前关注。在体育教育中体现人的主体性，是对人的机体与智慧的双重开发。这就要求不仅仅要关注人身体的器官、系统功能，还要有效运用人们的大脑，使人们的智慧通过体育活动表现出来，仅此一点便不难区分传统与现代体育教育。学校体育应如何培养学生的主体性？这是现代体育教育思想必须要回答的问题。学生接受体育教育是他们作为人的权利，即使他们并不顺从教师所确定的学习目标，教师也有义务耐心地与他们商讨，从而使教师与学生双方都明白究竟什么是他们所需要的。

5.现代体育思想扩展了"健康"概念

现代体育是否可以说较之传统有"健全健康"的意味？它不仅要使学生们体

质增强、身体健康，还要完成学生"心理健全"的使命。体育教育在塑造"健全人格"方面有更艰巨的任务。这不是体育自身寻找的重担，而是时代赋予了它这份责任。

（二）实践中如何贯彻现代体育教育思想

1.慎对现代性与传统性

无论是现代体育教育思想还是传统体育教育思想，都不背离体育的本质，只是时代要求不同而已。现代是在传统的基础上由于融入了时代因子，必然具有传统的合理成分，在对待这个问题上那种非此即彼的认识和做法都是不可取的。正确的方式应当是站在辩证唯物主义立场，辨析各种思想观点的核心，汲取各自的合理成分。善于接受新事物应该是体育教育工作者的一项基本素质，作为管理者要允许别人在尝试中出现错误，允许他人持不同见解，而作为操作者则不可盲从，更不能故步自封。学校体育在这方面已经走了一些弯路，直至今天仍有相当多的教师不能突破自己原来的观念，难以满足新的时代要求。

2.把握技术先进性与应用实效性

不可一味在"新"字上下工夫，而忽略"实"。曾经在体育教学改革过程中，出现过重形轻实的情形，在此提出也是为引起更多人的思考。个别学校为了体现教学中的新技术应用，把电视机搬到操场上，配合体育老师进行课堂教学。也有的将职业技术培训设施、道具搬进课堂，占用了相当多时间，使体育课演变成职业训练场。诸如此类现象的出现，恐怕又要回到"体育的本质是什么"这个问题上来。只有展现事物本质的东西才具有生命力，无论多么先进的技术，都只能是体育课堂教学的辅助手段，而且其价值在于在现实条件下解决学生体育发展的实际问题，收到实际效果。

3.探索多元化的独创道路

能够创造性地工作才能站在时代的前沿，创造已经作为新世纪成功者必不可少的素质。由于创造性工作本身就是展示个性色彩的过程，其结果必然是以差异相区分的多样化事物。近年来倡导培训创造性人才，体育教师首先应具备创造能力，否则怎么能够育树成材？具备创造能力，首先不能人云亦云，不能千人划一。过去学校体育在某些方面统一的死板，严重地制约了体育教师主动创造能力的发挥。现在形势发生变化，中央加强宏观指导的力度，使地方有了更广阔的空间，这是学校体育尝试新发展道路的良好契机。中国地域辽阔，东西南北的自然和人文环境有较大差异，客观条件本身就具备了许多独一无二的状况。因此，探索多元化的独立发展道路，首先应当确定"我"与其他有什么不同之处？有什么发展的条件？自己有什么优势？现代体育教育思想具有多元化特征，谁都有可能独树一帜。中国的条件最适宜鼓励群星璀璨，而不应当是一枝独秀，过于相似的道路其实是学校体育的悲哀。

4. 坚持系统化实验方法

现代体育教育思想要求有坚实的理论基础和扎实的实践验证表现出来。试想现代媒体应用于体育课堂，不懂得计算机应用的知识、技能是办不到的。谁把握了先进的技术手段，谁就有可能先在现代思想的指引下，设计、操作、积累新经验，进而丰富和发展教育思想。学校体育改革实验是长期的任务，还应该坚持以正确的理论为先导，有指导思想，有实验方案，有具体的检测指标，关键是有可重复价值的实际效果。过去单一的理论恐怕不能满足今后体育教学的实验要求，现代体育教育思想的集合性特征使得体育教育工作者要善于运用多种理论为支撑，不仅是教育学、心理学、卫生学、成功学、社会学、管理学，甚至网络原理等。近年来，提倡学生人文精神、心理、社会性发展，特别是教育形势发展确立"体育与健康"课程，给学校体育提出了新课题，而此方面过去研究比较薄弱，今后更亟待以实验的方法来解决。

第三节　互联网时代与高校体育教学的创新发展

人类正进入信息时代，在世界范围内兴起的新技术革命，实质上就是信息革命，信息和能源、物资被并称为当今社会三大要素。谁最先掌握新理论、新知识、新科技、新工艺、新材料、新设计，谁就能创造出性能优异的新产品，就能在激烈竞争中立于不败之地。体育领域同样如此，谁能先掌握运动训练新的科学理论方法、专项运动的新技术、新战术、新动作，研制出新的先进的运动训练竞赛设施、装备，谁就能在世界大赛赛场上独领风骚。体育的竞争也是科技的竞争，而科技的竞争就是信息的竞争。因此，体育的竞争也是信息的竞争。体育科技信息化的程度，也是衡量一个国家和地区体育科研水平和体育运动综合实力的重要因素。现代信息技术的发展正在对体育运动的发展产生重要而深远的影响。

国际计算机互联网络（Internet）迅速冲进国门，渗透到社会各个方面。它的出现改变了人们以往的学习、工作、思维方式，使现代信息的传输方式实现了质的飞跃，成为世界上影响最大、范围最广、用户最多的网络互联系统。美国和欧洲一些国家凭借Internet和先进的现代通信设施及网络传输技术，攫取了全世界信息资源的 80%，在体育领域内，丰富的有价值的信息被大量吸收利用，迅速转化为体育科技成果，源源不断的体育科技成果有力地促进了运动训练的科学化和竞技体育水平的持续提高，为他们在世界体坛上保持领先的优势，发挥了十分重要的作用。

一、互联网的体育信息传播功能技术特点

互联网是目前国际上使用最广泛的网络，也是未来信息高速公路的雏形，它的发展代表着当今网络信息服务的水平。互联网主要有以下功能。

（一）信息传播

所有入网用户都可以把信息任意输入网中，用户可互相交流，传递各种文字、数据、声像信息。对于体育运动来说，大量动态信息通过压缩传输有快捷、准确、方便的特点，可以大大加快体育信息的传播速度，给体育科研提供了非常有利的条件。

（二）电子邮件（E-mail）

这是通达全球范围的电子邮件服务系统，不受时间限制，快速、经济，用户只需按照网址发一封电子邮件即可得到邮件服务，这对于体育资料的获取，提供了便利周到的服务。

（三）网上专题讨论

这一功能使体育各学科之间进行网上国际学术交流成为可能。不必为进行学术交流长途跋涉，耗费人力财力，而且高效、迅速、方便。目前，在网上运作的体育专题已超过 2000 个，国际奥委会（IOC）、国际体育信息联合会（IASA）、国际单项体育联合会（IFA）、国际业余田径联合会（LAAF）、国际篮球联合会（FIBA）、国际足球联合会（FIFA）、国际排球联合会（FIVB）、国际棒球联合会（IBA）、国际业余游泳联合会（FINA）、国际业余网球联合会（IFT）、国际体操联合会（FIC）、国际羽毛球联合会（IBF）、国际冰球联合会（IFHF）、国际举重联合会（IWF）、国际柔道联合会（IJF）等都在网上设有专题讨论。如要获取该专题领域信息，只需按照网址即可进入检索查询。另外，一些单项运动训练和体育管理、体育新闻、体育咨询、运动营养科学、运动器材设施研制、兴奋剂检测等也都有专题，几乎涉及全部体育领域，给体育科技工作者提供了丰富的研究内容和大量的有科研价值的体育信息。体育科研学术论文亦可在网上发表，并在国际上寻找同行的科研合作，给体育科研创造了优越的科研环境。

（四）资料查询和检索

计算机联机图书馆中心（OCLC），存储了所有入网国家和地区图书馆和科

研机构的文献资料，包括几十万张光盘和几亿张目录卡片上的信息。在网上可得到 OCLC 的信息服务。从体育文献到世界体育科学大会论文专集都可查询，还可获得文件拷贝服务。体育期刊是刊登体育科学学术论文的重要媒体，在网上通过 Uncover 可阅读 400 多种体育期刊，并有 17 000 多种科技期刊提供各类科技信息和服务咨询。实现了科技和体育信息资源全球共享。

（五）WWW 和超文本（hypertext）服务

WWW 是 World wide web 的符称，即环球信息网，它是国际互联网络提供的信息服务，是在 Internet 网上方便用户进入和使用网络的应用方式。它使用的两种数据交换模式即"超级文本传输模式（HTTP）"和"超级显示模式（HTML）"实现了在文件中的自由跳跃查阅，省去了先退出再进入文件的烦琐程序。环球信息网提供的信息分别按信息内容分类建立主页（HOWE PAGE），是通过 WWW 可以访问的信息页。需要查找的信息在网上有专门的网络浏览器（Web browser），还有资源地址标识 URL，方便用户查询。

（六）体育专利服务

国内外已入网存储的体育专利都在网上提供服务，按专门网址可提供美国专利局提供的全美 20 世纪 70 年代以后的最新科技及体育专利服务。

二、互联网与现代体育教育

（一）现代体育信息意识的涵义

现代体育信息意识从概念上解释，它是指对体育信息现象的思想观念和人的体育信息嗅觉敏感程度，对客观世界存在的大量体育信息能否自觉、主动、有选择地去进行收集，并进行加工成知识进而消化吸收它的思维过程。体育信息意识是人脑对体育信息的反应，它反映出人们捕捉、判断、利用信息的能力。心理学把意识看作是一种心理认知过程和思维活动，是一切认知作用产生的各种心理活动的总称。它包括感觉、知觉、表象等感性认识形式和概念、判断、推理以及形象思维等理性认识形式。

良好的信息意识可以使人目光敏锐，反应迅速，善于发现和捕捉稍纵即逝的及不为人所知的有价值的信息。研究信息意识的目的，在于促使我们能够自觉地对客观存在的丰富的体育和科技信息，进行创造性地思维，形成"知识生产力"，成为推动体育科研发展的动力。研究体育信息意识的目的，还在于在信息社会中，促进体育信息客观环境在体育工作中反映的强度和速度，强化体育信息意识对信息客观环境存在的反作用，刺激体育信息需求，提高信息获取、传递、使用的能力，充分发挥信息的功能。从而促进体育科技和科研水平的进一步提高，缩小与美、欧等体育发达国家的差距。

（二）信息意识的构成

信息意识是一种态度控制系统，它是相对稳定的，具有一定的结构，但同时又是可变化的，具有可操作性。信息意识的构成可用公式表示：$\Delta I = f(S, D)$。其中 ΔI 表示信息意识的操作度，S 表示信息状态，D 表示信息素质。信息意识的操作是信息心理状态和不同的信息素质的函数。该公式表明信息意识的操作性，不同的信息素质和信息心理状态会产生不同的信息意识。对体育科技和体育科研工作者来说，体育信息心理状态包括对体育信息和信息工作特点的认知状态、心理接受能力，其中认知状态是体育信息意识的基础，体育信息素质是构成体育信息意识的重要组成部分。体育信息素质是指对体育信息和信息工作的认识深度和水平，对大量体育信息资源的了解、熟悉程度，对获取、检索、加工体育信息方法、手段、技能的掌握情况。这个素质对体育意识的培养和提高有重要的意义，这个素质的提高是建立在不断学习新的专业知识基础上的。

（三）现代体育信息意识与体育科研

现代信息科学技术的发展给体育科研创造了十分优越的条件，足不出户就可以共享国际互联网络上丰富的体育信息资源，一些传统的体育科研方法和技术手段，被新的更科学、更方便的科研和工作方法所取代，也对体育科技人员传统的工作思考方式带来了强烈冲击，并将产生巨大的变革。体育科研正在更多地借助其他科学的研究方法和手段，信息科学技术将在体育科研中发挥重要的作用，因为它丰富的信息和信息学方法，能够揭示体育领域不同事物的共同属性和特殊的变化规律，而传统的方法难以描述它们的内在联系。每个体育领域中的系统都具有信息过程，信息的定理化描述，使体育科研由定性研究向更精确的全面定量化研究迈进了一大步。信息科学的飞速发展，使我们处于信息的时代和信息的社会。体育信息资源的极大丰富，体育信息资源的进一步开发和利用，给我们的体育科技工作者提出了重要的崭新课题：树立全新的现代体育信息意识，掌握新的利用信息资源的技能，不断把最新的科技和体育信息转化为体育科技成果，使我国体育科研进入一个崭新的阶段。

三、网络对未来体育教育模式的影响

当网络以惊人的速度改变着人们的工作、学习、思维和交往方式时，传统的以课堂、课本、教师为中心的教学模式将无法适应未来社会对人才发展的需要。

而当以计算机网络为核心的现代体育教育技术像使用书、纸一样方便时，教师和学生的教与学活动也将会发生前所未有的变化和影响。

（一）对体育教育者提出新要求

目前，我国中小学体育教师乃至绝大多数高校体育教师都是在传统体育教育模式下培养出来的，他们的知识结构和教学方法已逐渐落后于素质教育时代的要求。从发展趋势来看，在网络技术和知识经济时代，由于知识增长和更新的速度加快，体育教育的职能和作用将会发生重大变化。未来的体育教师将从知识传授者转变为学生学习的指导者、未来设计者、智力资源的开发者和人生的榜样。因此，对体育教师的自身素质和教育观念将提出更新更高的要求。体育教师不仅要掌握现代教学方法和教学技术，还必须具有创造性的思维能力和品格、广博渊深的知识结构和研究能力、获取与利用信息的能力等多方面的素质。

（二）改革体育的学习模式

网络提供的是全新的交流方式，把学生、老师和家长紧紧地联系在一起，使各方面的需要和要求在网上碰撞、沟通、整合。这是一种新鲜、动态的双向乃至多向的教育和自我教育形式，是一种新的管理和自我管理机制。

新的科学化管理体系的初步形成，将在促进学生身体和技能发展的同时，为确立终身体育的思想，培养学生的体育意识，使其完整地掌握健身的技能方法和体育保健的知识，以及学会自主、自练、自评的方法等多方面的网络化管理创造条件。

在传统的体育教育体系中，体育教育在相当大的程度上是让学生记忆各种知识，或称之为记忆某种"信息"。据英国技术预测专家詹姆斯·马丁的测算：人类的知识在 19 世纪是每 50 年增加一倍，20 世纪初是每 10 年增加一倍，70 年代是每 5 年增加一倍，而近 10 年则为每 3 年增加一倍。可见，低效率的传统体育教育体制与体育教学模式已难以适应信息社会中知识的爆炸式增长。在这种情况下，如果按传统的体育教学模式与落后的体育教学方法，许多知识还没等到学生把它掌握，就已经过时了。

（三）更新体育教育的手段和工具

网络学校在澳大利亚、美国等地已相当普及。澳大利亚各大学建立网站的风气始于 1993 年。如今，澳大利亚各大学的网络已成为大学教学与行政工作的重要组成部分。美国目前有 80 多所大学和数百所中学允许通过网络获得学位和文凭。

有人认为，第一个充分意识到国际互联网这一力量并将其与新的学习技巧联系起来的国家，会在教育方面居于世界领先地位。我国虽然不是第一个意识到这一点的国家，但我国已经开始行动并开始进入实施阶段，如我国第一所网上学校是于 1998 年 4 月在湖南大学开创的，它与清华大学等 4 所学校被国家教育部确定为现代远程教育的试点院校之一。教育网站的开办，已逐渐使教学信息化、教学媒体交互化、教学过程智能化、教学操作简便化、教学对象大众化、教学传播网络化和教学场所全国化等成为可能。比如，多媒体教学可以通过网络准确地捕捉到本学科最新、最前沿的知识和技能，及时录入多媒体创造工具编制出每堂课的教学应用软件，这样学生就可以在屏幕前轻松、愉快地学到最新的知识和技能。再如，师生间通过电子邮件共同商讨体育教学中遇到的难题，交流思想情感以及发现问题、解决问题，这对于体育教学具有良好的促进作用。

四、未来体育教育的模式

著名科学家钱学森对未来教育曾作过论述："未来教育 = 人脑 + 电脑 + 网络。" 21 世纪信息社会对体育教育提出的种种需求，实际上可以归为要求实施下述培养模式：

培养的目标是德智全面发展的、具有高度创新能力和较强信息能力（包括信息获取能力、分析能力与加工能力）的新型人才。

培养的内容应侧重使学生学会锻炼身体和技能的方法，使之具有自我获取体育保健与更新体育知识的能力，而不强调直接教给学生大量的体育知识，并确保有较高的体育教学质量与体育教学效率。

培养方法灵活多样，掌握健身的技能不受时间、空间和地域的限制，能适合各种学科并能满足终身体育教育、全民健身教育的需求。

一个社会只有开放，只有与外界不断交换物质、能量和信息，才能得到进步与发展。网络在现代体育教育中必须是一个多样的、开放的大系统，只有这样，才能在今天和未来的社会中发展、创新和服务于国家经济文化建设的需要。

五、利用计算机技术建立体育管理信息系统

在新技术革命的形势下，具有我国特色的社会主义体育管理学实际上是建立在"三论"基础上的现代化的管理工程学，体育管理信息系统应当是体育管理学的主要内容。建立体育管理信息系统要逐步采用现代化手段，尤其是计算机，并与符合客观规律的管理艺术有机结合，达到最优化管理，才能促进我国社会主义体育事业的蓬勃发展。

（一）体育管理信息系统

体育管理要借助于自然科学的方法，如数学、计算机，往往要面临这样一个

问题，数据有没有，能不能定量。这里的量不是数字的代名词，数字是定量中采用的一种符号。如果我们把一些本来是用定性描述的事物用符号表示出来这本身就是定量，当然这种定量不一定必须是数字。可见定量是相对定性而言的，两者是对立统一的，是反映客观事物同一种属性的两种方法。即使是定性的描述，只要其边界清楚，关系明确，计算机也有其解决的方法。总之，采用自然科学技术的方法，用计算机参与部分管理过程和工作，条件是具备的。当然，如果我们希望计算机能够管理全过程，这就首先要从信息论的角度出发，认识一下建立体育管理信息系统的理由。

管理者的工作，说到底是与信息打交道。任何一个管理层不外是一个信息的生产和再生产单位，作为一个管理者，首先要对管理系统内部的各种基本资源（人、财、物、方法、信息、时间等）建立各种数据描述方式，这里所说的数据不只是数字，还有其他能表示一定含义的符号；然后对这些数据进行加工、整理、解释，解释后的数据才能称为信息，管理者正是通过信息指挥系统内部各种资源的流通。

对一个管理者来说，其本身首先要求输入信息，信息的来源一个是系统内部，一个是系统的环境。再通俗一些，可以分为三个方面：一个是上级；另一个是下级，即所谓吃透两头；还有一个更重要的是环境。环境的内容很多，如同级管理层信息，包括国内外有关的信息。管理者对来自各方面的因素的数据进行加工、处理，对处理后的数据作出解释，作出决策，付诸实践，向管理的上下级和环境输出信息。

信息系统大致有以下六个系统：收集数据，数据传送，数据贮存，数据处理，信息解释和信息分散。数据是信息的来源，是管理系统中不可缺少的资源，没有数据的管理是一种原始阶段的管理方式，构不成一个完整的管理系统，这样的管理者只能对当前的工作作一些盲目的决策，缺乏长远规划，战略观点在他们那里是一句空话。

信息系统又可以分为信息流通系统和信息处理系统。信息流通系统不改变信息本身的结构和形态，其质量好坏只是失真的程度和传输信息的速度。信息处理系统则在对输入的数据进行处理，输出新的结构和形态。在信息系统中，人和计算机及其他自动化办公机器都是可以构成单元或子系统的，人和机器都可以具有以上两种系统的不同形态，或者两者兼而有之，有所侧重。例如，秘书与主任、通信设备与智能化设置。两者功能的混淆，势必影响整个系统功能的发挥。目前的管理信息系统已由多层递阶式的宝塔形结构向网络式结构转变，由于横向信息联系的加强，使得建立体育管理的信息系统显得尤为重要。

（二）以计算机为基础的信息管理系统

管理信息系统与信息管理系统是两个概念。前者是上位概念。信息是决策系统的支持，而计算机就是保证决策的信息系统中的重要因素。

管理者必须先发现问题，而后才能决策。在管理活动中，不同问题需要不同的决策，决策大致可以分为三类：

一是程序性决策，解决一般经常性问题，如运动会的组织，编排。

二是战术性决策，如人、财、物的合理调配，有一定的时间周期要求。

三是战略决策，包括管理系统的目标制定，资源分配，战略规划。

结合我国的现状及不同层次的特点，在力所能及的条件下，利用计算机处理大量的程序性决策和部分策略性决策，将会非常有利用于管理科学化，并为逐步建立体育管理信息系统准备条件。

例如，程序性决策系统在不同地区的同一层次没有太大变化，对软件的要求基本一致。只要我们能够建立统一的数据结构和定义，建立标准的数据库，各个单位可以随时调用，如把财务管理、人事档案、物资情况影响决策的相关因素及有关体育法则等建立数据库管理，供决策时随时调用，既准确又方便，势必大大加速决策的过程，而且彼此可以交换使用。再进一步，则可以将某一层次针对某一类问题的决策过程编成程序，让计算机作出决策方案，再由管理者选择，这也是目前能够做到的。总之，计算机应用范围非常广泛，其发展速度快，很大一部分原因是现代管理的发展。我们的体育管理需要计算机，计算机能为我们管理者做很多事。它的存贮记忆能力、逻辑判断能力可以代替很大一部分脑力劳动。随着通信技术和计算机技术的结合，将使体育管理中的信息系统进入一个全新的境界。随着管理系统向网络化方向发展，计算机与通信技术的结合是体育管理系统发展的方向，建立全面的体育信息系统在不久的将来势必会成为现实。

六、互联网时代体育人才的需求与培养

（一）互联网时代体育专业的人才需求

1. 服务型人才

在"以用户为中心"互联网思维方式引导下，体育专业发展理念从以产品为中心向以消费者为中心的转向，体育专业发展结构从以制造业为主导向以服务业为主导的转变，昭示着服务型人才的发展需求。在服务经济为轴心的时代，体育专业人才要以服务于大众体育健身为宗旨，应具有服务于社会体育发展的理念意

识和职业意识，密切关注时代的发展特征和体育领域的发展动态，洞察群众体育的健身消费需求，致力于为群众提供个性化的体育观赏、参与、消费等体验。

2.创新型人才

在互联网时代追求迭代创新的理念引导下，在国家实施创新驱动发展战略、推动"大众创业、万众创新"的政策导向下，同时在体育专业本身面临产品低端、内容单一、结构失衡等诸多瓶颈的现实困境下，体育专业的创新发展不仅是时代政策背景的呼唤，更是自身转型升级的内在要求。而体育专业无论是在产品生产、营销还是赛事经营、管理等诸多方面的创新都强烈依赖于创新型人才的培养。创新型的体育专业人才，不仅要有创新的意识和创新的精神，还要有创新的思维和创新的能力。对体育专业领域具有浓厚的兴趣、强烈的事业心和进取精神等是创新的素养保障，敏锐的洞察力、批判的思考力、自主的研究力、团结的合作力、顽强的意志力等是创新的能力基础。

3.应用型人才

体育专业的创新发展依赖于知识、能力、素质的实践转化。目前，我国体育专业人才培养理论和实践脱节，没有按照体育专业市场需求有针对性地进行培训，既导致我国体育专业发展滞缓，又造成体育专业学生就业困难。实践型体育专业人才，不仅要与社会发展接轨，而且要与体育市场接轨，突破校园的封闭格局，掌握体育专业实践发展状况，具有一定的实践操作能力和执行能力，能熟练运用自身理论知识和技能解决现实问题。

4.国际化人才

互联网时代打破时空限制、超越物理距离、连接一切的本质特征，加深了全球化的发展，促进了体育融资国际化、体育产品国际化、体育品牌国际化、体育媒介国际化等发展趋势，顺势而来的是对体育专业国际型人才的需求。在国际体育事务和管理服务中，少见中国人身影和中国人声音，是中国体育的短板。国际型人才，要求有国际性的开放视野，掌握体育专业国际性知识和规则，不仅要了解我国体育专业国际化发展方向和规律，也要了解不同国家体育专业发展经验以及国际化发展趋势，具有跨文化沟通能力、国际交往能力等。

5.信息化人才

互联网时代的到来，借助信息技术对体育专业资源进行信息化开发、利用、监控、管理，实现体育专业信息化，成为近年来提高体育专业发展水平的重要手段。虽然社会不乏信息技术人才，但体育信息技术人才匮乏却是体育专业信息化发展的最大瓶颈。因此，体育专业信息化人才成为时代的主要需求。这就要求既懂体育科学又懂信息技术，掌握信息在体育领域中的传递方式与流程，能够对信息进行规划、采集、处理和管理。

"互联网＋"为体育专业创新发展开拓了广阔空间，同时也对新型体育专业人才提出更高要求——以服务于社会体育需求为宗旨，以创新实践为导向，具备国际化视野和信息化技术水平的复合型体育产业人才将是未来的生力军。

（二）互联网时代体育专业的人才培养

服务型、创新型、实践型、国际化、信息化的人才需求反映到教育目标中，则需要培养职业道德良好、知识结构合理、综合素质较高、创新创业能力较强，具有国际视野，掌握信息技术的复合型体育专业人才。

第一，必须养成良好的职业道德。在互联网虚拟世界里，在个性化服务体系中，其意义显得格外重要。一个人的思想品质，很大程度反映在职业道德之中。职业道德是职业忠诚的核心要素。竞赛场、健身房，服务圈中的种种问题，大体上都因为没有遵循体育职业道德所诱发。所以，固本强基在于培养体育专业人才的职业道德。

第二，必须建设合理的知识结构。体育专业人才的培养必须以多学科融合的知识结构为前提，才能突破有限的知识框架和传统的思维方式，激发创新性思维。融合的知识结构不仅要做到基础知识和专业知识的平衡，还要做到理论知识和实践知识的结合。体育产业专业人才既要掌握体育专业领域的基础知识，又要熟悉其他专业领域的相关知识。一方面，掌握体育领域自身特有的健身技术、技能知识，熟悉经济学、管理学、社会学等方面的基础理论知识，掌握体育产业经济、体育专业管理、体育市场营销、体育社会学等专业理论知识；另一方面，随着体育专业信息化和国际化的发展，还要掌握信息技术基础知识、电子商务知识等，熟悉国际市场规范、国际法律法规、国际体育管理等。目前，要突出嵌入信息技术知识和国际化知识两大模块。

第三，必须提升综合素质。复合型体育专业人才必须以培养学生的综合素质为前提。综合素质主要由身体素质、道德素质、心理素质和业务素质四部分构成。体育领域中的专业人才，首先要具备良好的体格才能为职业从事奠定基础。服务型的体育专业人才，则要有良好的职业道德素养，具有较强的社会责任感和服务意识，对体育专业领域饱含热情、事业心和进取心。同时，体育专业领域从事者还要有良好的心理素质保障，如顽强的意志品质、自信乐观的态度、敢于探索的精神、团结合作的品质等。另外，体育专业人才的业务素质也占有重要地位，主要包括语言沟通、办公软件操作、信息收集与分析等基本业务素质，以及健身指导、赛事组织、产品营销等专业业务素质。

第四，必须增强创新能力。创新能力不仅是互联网时代体育专业创新发展的重点能力要求，而且是体育产业人才胜任力中区分优秀绩效者和一般绩效者的关键因素。创新能力即是指创造性发现问题、分析问题和解决问题的能力。创新能力体现在，要有敏锐的洞察能力、批判的思考能力、开阔的想象能力等作为发现问题的前提；要有研究学习能力、沟通协调能力、团队合作能力等作为分析问题的基础；还要有抗挫能力、时机把握能力以及实践转化能力等作为解决问题的保障。

（三）教育培养的实践路径

体育专业人才培养目标的实现，不仅需要教育理念、培养方案、课程设置的改革，而且需要管理体制、运行机制、资源配置的保障。

第一，树立以生为本、创新创业的教育理念。互联网时代，人成为经济发展的第一要素。目前，中国经济处于转型阶段，进入"大众创业、万众创新"时代，创新成为时代最强音，创新是创业的灵魂。大学生的创业前提是承担风险，打破常规，其外在表现是创新行动，内在指导是创新思维。这就要求体育专业人才培养必须树立以生为本、创新创业的教育理念，关注学生个性发展、创新发展、实践发展。在人才培养方案中有设计、实施过程中有贯彻、实践环节中有落实，由传统单一教学方法向现代多元教学方式转变，第一课堂和第二课堂结合，从而突出创新创业能力的培养。

第二，设置学科交融、全面合理的课程体系。体育产业人才培养的课程设置要以"降低专业重心、注重学科交叉、拓宽专业口径""符合市场需求、反映体育专业多元文化特征和满足综合知识和素质要求"为原则，做到基础和专业、必修和选修、理论和实践课程之间的平衡。形成以信息技术、经济管理、法律基础、政策形势、英语等为基础，以体育营销、体育专业管理、体育市场开发等为核心，以体育广告、体育养生、体育伦理等为辅助的学科生态群。在增加基础课程门类、提高专业课程学分、扩大选修课程领域、完善理论课程教学的同时，要突出实践课程设置，如中期见习、毕业实习、俱乐部经营管理实习、体育事业单位实习等。当前，应该注重信息技术和国际化教育两个模块的嵌入，它们是目前体育专业人才培养的短板。

第三，构建开放办学、多元协同的管理体制。体制建设是新型体育专业人才培养的制度保障。在跨界融合的互联网思维方式下，人才培养应突破学校单一教育的封闭格局，坚持开放式办学，采用"政府、学校、企业"多元主体、协同培养的方式。成立以学校教育部门为主导、体育行政管理部门为引导、中小型体育企业为指导的合作组织机构，建立组织规章制度、管理办法，明确各自职责。学校主管部门牵头，主动加强政、校之间以及校、企之间的连接。一方面，采用"请进来"方式培养。邀请体育管理部门领导讲解体育专业规划、产业政策等；聘请体育企业精英讲解体育市场需求、体育市场运作等，从而引导体育专业人才培养方向。另一方面，采用"送出去"方式培养。学校与体育企业通过签订协议或合约建立长效稳定的关系，从而派送学生走出校园参与实践，熟悉体育产业市场运作规律。同时，与体育行政部门合作，组织学生参与大型体育赛事策划、组织、服务等。

第四，建立形式多样、协调发展的实践平台。平台是体育专业人才培养工作的重要抓手，是创新创业人才孵化的重要基地。通过建立形式多样的运行平台，如业务实践平台、公共服务平台、创业竞赛平台等，从而为学生创新创业提供实践锻炼环境。业务实践平台主要是指围绕与企业合作的实际业务，通过不同的角色扮演和职能定位，使学生在真实的体育专业运作环境中得到锻炼。公共服务平台是通过开展知识讲座、创业论坛等活动丰富学生在品牌经营、市场开拓等方面的认知，并且通过发布企业人才需求信息，为学生提供求职或实习机会。创业竞赛平台则通过"以赛促学""以赛孵化"模式激发学生做出创新型成果，培养创新型人才。

第五，提供软硬兼备、条件充足的保障资源。体育产业人才培养需要硬件和软件资源的保障。硬件资源主要是指学校在场地、设备、资金等方面的支持。学校不仅要充分整合利用其他学科实验室、研究基地、科技示范园等，还要为人才培养建设专门的孵化基地，并配置相应的办公设备。另外，在资金方面设立创业投资基金，鼓励学生贷款投资创业。软件资源则主要是指学校师资队伍建设。一方面，整合校内教师资源，培养体育专业学科带头人，并加强与经济管理、信息技术等相关专业教师的沟通；另一方面，挖掘校外教师资源，引进国内外体育专业领域的知名专家学者授课，聘请知名体育企业的精英人员参与指导。

（四）互联网时代对体育人才培养的影响

互联网是时代发展的动力引擎，带动了体育产业的创新变革，使体育产品生产智能化和科技化、产品营销网络化和个性化、场馆服务智能化和信息化、赛事运营平台化和系统化。

体育专业的创新变革，对体育专业人才培养提出了新诉求，服务型、创新型、实践型、国际化、信息化人才成为时代发展的生力军，成为体育专业发展的第一要素。

互联网时代体育专业人才教育要以培养"职业道德良好、知识结构合理、综合素质较高、创新能力较强"的复合型人才为目标，树立以学生为本的教育理念，设置学科交融的课程体系，构建多元协同的管理体制，建立形式多样的实践平台，提供软硬件兼备的保障资源等进行实践转化，从而造就具有国际视野、掌握信息技术的体育专业应用型人才。

第十章 "互联网＋"时代学生管理的途径转变

第一节 学生管理者层面的转变

一、管理者提高自身的综合素质

随着我国高等教育的逐步普及以及与国际接轨，各高校面临着激烈的竞争，高校管理者也面临着新的任务和挑战。高校学生管理者除要承担教师应尽的责任之外，还因其管理者的身份，承担着更多特殊责任，这就要求其必须全面提升自身的综合素质。

（一）高校管理者的责任体现——促进高校教育发展和推动大学生成长成才

一所高校的成败很大程度上取决于这所高校领导者的水平，高校管理者的能力素质对高校的发展和大学生的成长成才有着至关重要的影响。然而，近年来在从事高校学生管理的这个群体中，有些管理者存在着责任感不强的现象，影响着学校的发展和大学生的健康成长成才。具体体现在：部分高校学生管理者对大学生的管理缺乏科学性，不注重调查研究工作，不注重大学生的成才规律和大学生的个性发展规律，在工作中缺乏社会责任感，缺乏持久性和稳定性，工作不得法，影响了大学生的健康成才。为了使高校学生管理者对所处的时代和所肩负的责任有一个具体深入的认知，高校学生管理者要注重自身管理能力的提高，不断地吸收新的信息，不断地实践和总结，培养良好的执行力和沟通协调能力。管理能力的提高是一个学习和训练的过程，过去的知识和能力固然重要，但并不等于我们可以用过去的知识和能力应对现在和未来。因此，高校管理者要用发展的眼光培养自我的责任意识，要注重高校学生管理方法的研究，增强自身科研素质，明确管理的目的，为管理素质的提高奠定基础。高校学生管理者如将科研作为管理过程的先导，管理就能深入下去，就能在学生管理中不断发现问题，不断完善管理方法，不断探索新问题的发生过程，使高校学生管理活动沿着科学化、规范化的轨道进行研究实践。因此，高校学生管理者素质的提升是培养创新人才的保障。高校学生管理者的责任体现必须围绕着高校建设发展、大学生成长成才的需要。

1.促进高校教育发展的责任

目前，高校学生管理者基本上都接受了系统的高等教育，掌握着先进的科学技术和管理方法，是高校发展中一支朝气蓬勃、出类拔萃的队伍，应该努力用自己的聪明才智为高校的发展尽一分力量，为大学生成长成才服务，这是历史赋予高校学生管理者不可推卸的责任。在科技进步突飞猛进，知识经济已见端倪的今天，民族科技正面临着咄咄逼人的挑战。高校学生管理者接受了正规而严格的治学熏陶，领略着各门学科的无限风光，探求着自然与社会的最新宝藏，因此有能力更有责任和义务，促进中国教育的发展，在高校竞争的舞台上一显身手，推动高校的进步。高校学生管理者要对祖国的教育和人才的培养有着高度的关注和思考，对建设有中国特色的社会主义教育、办好人民满意的大学有着比较深刻的理解，能积极投身于高校的建设，为不断推进高校的发展而努力。

2.推动大学生成长成才的责任

当前，部分大学生至今仍存在科学思想缺乏、故步自封等问题。对高校学生管理者而言，不仅要注重自我的发展，更重要的是要挑起高校教书育人的重担。高校学生管理者要勇于冲破旧势力的束缚，清除各种历史的和现实的陈腐观念，在办人民满意大学的道路上实现自身的发展和完善，并以此促进高校教育的发展和大学生的健康成才。责任感的重要性是不言而喻的，责任感的培养和增强既需要高校学生管理者本身的努力，也需要社会外界条件的帮助来共同完成。引导高校学生管理者通过实践来体现责任，积极拓宽高校学生管理者与社会沟通的渠道，提供各种各样的锻炼机会，使其能够真正接触社会，以成熟的观点认识社会现象，宣传倡导良好的社会风尚，坚决批判和抵制不良社会风气和社会现象，从而培养自身判别是非、应对复杂局面的能力，只有这样才能帮助大学生明辨是非，树立正确的世界观、人生观、价值观。

（二）高校学生管理者存在的问题表现——认识不到位与信心不足相交替

高校要发展必须提高管理者的水平，必须建设一支强有力的高校学生管理队伍。高校学生管理者管理能力的高低直接影响着学生的成长成才，是学校发展的重要环节，只有提升高校学生管理者的执行力，才能使高校管理决策层的科学决策落到实处，收到实效，从而有效地促进学校的发展。高等学校作为思想、文化、科技资源的聚集地，必须紧紧抓住科学发展上水平这个核心问题，进一步理清学校科学发展思路，完善学科发展规划，明确科学发展战略，围绕人才培养这个根本任务，实施培养提升高校学生管理者的素质。但是，目前部分高校学生管理者在管理中仍存在着一些欠缺现象，具体表现在以下两个方面。

1. 认识不到位，针对性不够强

高校学生管理的根本宗旨是为了使每一个学生得到全面发展，因此高校学生管理者必须具有深厚而广博的学识，成为智慧型的管理者。目前，部分高校学生管理者在工作中表现出解决和处理问题的能力不够，组织能力不强，知识结构不合理，专业学习不够系统、扎实，熟悉法律且有丰富经验的高校学生管理者较少。高校学生管理者结构不合理的问题，使得某些学生管理工作处于应付的状态，难以主动深入开展，这在一定程度上影响了工作的整体水平与质量。有些高校学生管理者对待学生思想教育往往停留在下发文件和空洞的说教上，忽视了综合能力的训练和培养，造成学历与能力很难画上等号。少数高校学生管理者不能踏踏实实安下心来认真学习政治理论，不思进取，得过且过，学校抓得紧就搞假学习，说一套做一套，不讲政治讲条件，不干事业想仕途。

2. 执行力不足，全局观念淡薄

有些高校学生管理者甘于平庸，满足于工作上的一般化，创先争优意识不强，理解上级指示精神不全面，执行上级的决策部署不坚决。究其原因，是其对上级政策精神把握得不深入，理解得不透彻，执行办法不多，结合自身实际创新工作思路的积极性和主动性不足，习惯用"老套路"或简单的行政手段解决学生存在的矛盾和问题，习惯于靠文件落实文件，以会议贯彻会议，导致校党委的有些决策部署只是落实在纸上、停留在会上；在学生管理中合意的就执行，不合意的就不执行或者是晚执行、少执行；缺乏驾驭全局和处理复杂问题的能力，在执行力上显得力不从心。对于解决学生关心的热点问题，缺乏工作上的积极性、主动性、创造性、预见性等。这些不足可以归纳的原因很多，既有责任心不强、思想不重视、执行力不足、全局观念淡薄、作风不过硬、方式方法不佳、相互不沟通、能力素质不高等表层原因，也有体制、机制等深层次因素。因此，面对今天的新形势、新要求，就需要我们更加主动自觉地去迎接新的机遇与挑战，提高工作能力、执行能力，善于应对突发事件的能力，不断提高分析问题、解决问题、驾驭全局的能力，进而发挥好高校学生管理者的作用，以适应学校又好又快发展的需要。

（三）高校学生管理者的素质优化——全方位、多角度相结合

高校学生管理者在工作中除了集思广益、博采众长之外，还应具备管理、规划、发展、远景展望的能力，工作不能停留在表面上，必须有计划、有总结，这样才能保证执行的效果，执行过程中绝不能随遇而安，要打破因循守旧的观念，树立大胆创新的观念，自觉运用创新思维，完成高等学校的目标，这就必须培养自我管理能力与社会责任感。

1.注重知识更新，加强责任引导

高校学生管理者要在意识到自己责任的同时，把它升华为一种自觉的内心信念，升华为义务感，形成强烈的社会责任感。培养自我管理能力，要把高校学生管理者所具备的政治素质、业务能力、增加工作经验等作为能力管理的主要内容，根据高校学生管理者的具体情况和需求，有针对性地加强学习与培训，保证获得工作急需的工作技能和方法，促使高校学生管理者运用自己的理论优势帮助大学生成才，促进学校教育的发展。高校学生管理者作为教书育人的责任主体，具有公民的权利和意识，也必须具有办人民满意大学的责任意识，从而引导高校学生管理者正确认识个人与社会的关系，认清承担社会责任是实现自我价值的必由之路和强化构建和谐学院的思想基础。个人与社会之间既有区别又有联系，是共生共存、辩证统一的。发挥好高校学生管理者的主观能动性和创造性，使他们善于运用科学理性的思维去分析问题、解决问题，充分发挥高校学生管理者自身的优势，鼓励自我，勇于创新。青年高校学生管理者接受新鲜事物快，上手能力强，勇于创新，可以通过以老带新、亲力亲为拓展渠道，根据"求新""求异"的特点，加强其社会责任感的有效引导，帮助青年高校学生管理者用理性的思维处理各种纷繁复杂的事物与矛盾，在实践中提高青年高校学生管理者的责任感和事业心。只有这样，高等学校才能培养出服务社会的人才，自身价值才会得到充分体现。

2.注重能力管理，拓展创新载体

高校学生管理者要培养健康的心理素质，锻炼坚强的品质并增强抗挫折能力。高校学生管理者在学生管理工作中常常会遇到不顺心的事情，会感到委屈、郁闷，这种心情会在很大程度上影响工作的效率和准确度。因此，高校学生管理者要注重培养自己的心理素质，要有坚定的职业精神，只有对自己的本职工作付出热情和心血，才能真正把事情做好。在繁重而枯燥的工作中，高校学生管理者只有选择耐心与认真，才能不折不扣地完成教书育人的任务。孔子曰："吾日三省吾身。"如果每一个高校学生管理者都能经常对自己的表现进行反思，不断克服自己身上的惰性和私心，那么高校的学生管理水平就能日益提高。高校学生管理者面对学生工作中"繁、急、难、重"的问题，要创新载体，注重能力管理，要不断去探索新方法，找出新程序，不断提高管理质量，打破因循守旧的观念，树立大胆创新的观念，注重教育的实效性，从而实现个人价值与社会价值的统一。高校学生管理者最终的目的是为学院发展服务，为社会培养优秀合格的人才。高校学生管理者只有具备了社会责任感，才能培养出社会需要的人才。对高校学生管理者能力管理和社会责任感的培养二者良性互动，是高校学生管理者全面、和谐、自由发展的必要途径。

二、切实落实高校学生管理工作

在高校学生管理工作中，辅导员扮演着重要角色，不仅要管理学生，还要教育学生，对学生的学习和日常生活进行正确引导，帮助学生树立正确的世界观、人生观和价值观。对高校学生管理工作中辅导员的角色分析，能促进辅导员更好地对大学生开展教育和管理工作。

高等学校的建设与发展也在国家改革开放以及经济社会深入发展的背景下逐步进入了新阶段。新时期高校辅导员需要承担的责任很多，落实大学生德育教育、落实学校规章制度、组织大学生参加各种教学活动、为大学生提供专业辅导和择业辅导、疏导大学生心理、帮助大学生解决困难、在大学生中发展党员等，可以说高校辅导员责任重大，其扮演的不单是"政治辅导员"角色。高校辅导员的工作任务艰巨、复杂并且十分琐碎，这就要求高校辅导员必须具备较强的心理素质、道德素质以及专业素质。在高校管理工作中对辅导员角色进行准确定位，不断寻找提高辅导员管理工作效率的方法，可以积极促进高校辅导员管理工作的开展，实现对高校学生的合理有效管理。

（一）辅导员在高校中的地位及作用

高校辅导员在教育学生、管理学生、服务学生方面肩负着重要责任，同时又是高校对大学生开展思想政治教育工作的骨干力量，组织大学生接受思想政治教育，切实落实高校思想政治教育工作，指导、管理学生的日常生活。

1.管理协调

高校辅导员要对学生进行无微不至的关怀，做到事无巨细，让学生感到温暖。比如，指导学生如何管理日常事务、如何管理班级规章制度、如何组织班级活动、如何动员和促进学风建设等，高校辅导员在班级管理工作中要付出足够多的汗水和心血。高校辅导员被高校师生们公认为"学生工作管理员"，其在工作过程中要协调校内各部门与学生之间的关系，做到对校内各个环节进行有效衔接，充分发挥高校的管理育人力量。

2.纽带桥梁

通过辅导员可以架起高校与学生之间沟通的桥梁，辅导员要负责收集掌握和处理学生的意见和要求，贯彻落实学校政策法规、规章制度，组织学生开展各种校园活动。由此可见，高校辅导员能够加强学校与学生之间的思想沟通，为高校的育人工作创设和谐稳定氛围，促进高校管理工作高效稳定运行。

3.教育疏导

高校辅导员采取近吸式教育模式对大学生进行教育，教育工作涵盖大学生的各个方面，不只停留在思想教育层面，其重点工作是帮助大学生进行职业生涯规划，促使大学生树立远大理想，形成正确的世界观、人生观和价值观，使大学生在学习、生活和工作方面端正态度，为高校培养高素质人才提供保障。

4.成才导师

辅导员会影响到学生的方方面面，如思想观念、价值取向、处事态度、行为方式以及学习成绩等，优秀的辅导员可以对大学生产生积极影响。辅导员是大学生进入大学生活后面对的第一位导师，其负责大学生4年的学习和日常生活，并且对大学生的学习和生活予以引导，直至大学毕业。大学阶段学生身体发育以及思想成长逐渐成熟，辅导员对大学生能够产生潜移默化的深远影响。

（二）高校辅导员工作问题分析

1.工作热情不高

辅导员队伍中年轻教师居多，其工作待遇和条件并不好，而且他们的工作没有得到足够重视，对其培养和扶持力度较小。高校辅导员不仅要管理学生的日常学习和生活，自己本身还有沉重的学习任务，其工作责任很重，加上存在工资低、住房小的问题，使得辅导员内心出现了极度不平衡现象。

2.轻视思政教育

高校辅导员的最基本工作是思想政治教育工作，受到种种原因影响，高校辅导员思想政治教育工作方面没有摆正位置，出现了"说起来重要、做起来次要、忙起来不需要"的错误思想观念，思想政治教育工作没有得到高校辅导员的足够重视。

3.责任心缺失

辅导员的个人责任意识不强才会出现责任心缺失现象，但是影响其责任心的还有很多客观因素，如大学生在复杂的社会环境下，思想变得活跃，言论变得更加自由。高校的扩招提高了生源率，但却存在生源良莠不齐的现象，高校辅导员面对日益增加的高校舆论压力，形成了强烈的"怕出事"心理，工作变得被动，责任心渐渐消失，并且逐步形成了"多一事不如少一事"的错误思想观念，其工作过程中注重的是"维稳"，而非正确的疏导和引导。

4. 公正性失衡

辅导员在实际工作过程中涉及比较多的环节是学生推优和评审，但是这些环节大都存在权利纷争。辅导员的工作压力在社会以及学校内部因素的影响日益变大，受到关系的影响，辅导员工作的公正性开始出现缺失现象，如家长、领导或者同事和社会等会干扰学生的党员评选和奖优活动。

5. 专业知识不足

在高校担任辅导员角色的主要是专业学习的拔尖者，或者是优秀学生干部，辅导员学习的专业涉及面很广，也很齐全，理、工、文、教、经、艺等不同的专业都有涉及。专业门类虽然非常多，但是学习心理学、管理学以及思想政治教育专业的辅导员却很少，辅导员主力队伍学习的是一些其他门类专业。

高校聘任辅导员重点考虑的不是其所具备的教育管理能力、心理学科背景和个性特长，而是其所学专业是否与所管理学生专业一致或者是相近，这对辅导员的管理工作也有一定影响。比如，在理工科院校中很多辅导员也是理工专业，在文科院校中很多辅导员也是文科专业，无论文科还是理工科院校辅导员，其所具备的思想政治理论、心理学以及管理学方面的知识都是通过后期参加培训得到的。在高校不断扩招的背景下，学校规模也在不断扩大，也对高校辅导员的专业知识能力提出了更高的要求，其所具备的知识很难满足组织学生开展思想政治工作的需要。

6. 岗位认可度低

很多辅导员在工作过程中还要进行学习，并且学习负担很重，但是辅导员的工资一般比较低，使其在家庭生活以及住房方面存在困难，这就大大降低了辅导员的工作满意度。很多高校辅导员都想着能够尽快摆脱辅导员角色，被安排进教师或者是行政岗位，这使得辅导员队伍非常不稳定。

（三）高校辅导员工作策略

1. 加强学习，做个"教育通"

辅导员的一项非常重要的工作是针对大学生开展思想政治教育，为学生与学校之间架起沟通的桥梁，因而高校辅导员要努力成为"教育通"，积极引导学生参加各种思想教育活动，提高学生的思想政治觉悟。

第一，学校要积极开设思想政治教育课程，或者是进行专题讲座，组织学生在课程或者讲座中积极进行讨论，充分发表自己的见解。之后，辅导员再予以补充，让学生在学习过程中树立正确的世界观、人生观以及价值观。

第二，辅导员要引用一些经典话语对学生进行思想政治教育，做到用事实讲话。

第三，辅导员要提高自己的思想政治境界，教育学生的同时要以身作则，正确对学生进行思想政治教育。辅导员要不断提高自身的思想政治素质，努力树立在学生心目中的良好形象，为学生树立榜样。

第四，为了能够及时了解学生的思想动态，辅导员要及时与学生进行交流，针对学生的实际情况采取不同的教学方法。

第五，考虑到学生通过网络渠道来获取信息的特点，辅导员要充分运用网络技术对学生进行思想政治教育。

2.身体力行，做个"好榜样"

第一，与其他课程教师相比，辅导员与学生进行交流的时间更长，所以辅导员很容易在学生心目中树立良好的榜样。学生的素质直接受到辅导员素养水平的影响，因而辅导员要不断提高自身的综合素质，时刻注意自己的言行举止，做到以身作则，为学生树立良好的榜样。

第二，学生中有很多可以学习的榜样，教师要积极发现并且要善于利用，使学生能够感受到身边同学的榜样力量，激发学生的学习积极性。辅导员可以选取一些有代表性的学生作为榜样，发挥其带头作用。

第三，辅导员要积极组织学生开展学习榜样活动。比如，学习雷锋榜样活动，鼓励学生到社区做义工、到养老院慰问老人，充分发挥学生的助人为乐精神。

3.全面发展，做个"多面手"

第一，辅导员是学生思想上的引路人。以提高学生的思想觉悟作为出发点，辅导员要不断加强自身的思想政治素质，并且积极组织学生开展党团思想教育活动，为学生树立起学习榜样。

第二，辅导员是学生学习上的引导者。辅导员在学生工作方面不仅要发挥管理者职能，也要发挥教育者职能。以教授学生有效学习方法作为出发点，要积极学习并且掌握相关专业知识，并且通过课程教学和活动教学等方式向学生传授学习方法。

第三，辅导员要做学生的知心朋友，要关爱学生。大学阶段的学生还处于成长阶段，辅导员要给予学生更多的关心和爱护。辅导员要及时了解学生的学习和生活状况，及时帮助学生解决学习和生活过程中遇到的问题，让学生感受到温暖，赢得学生的尊重和信任。

第四，辅导员要充当学生的心理疏导者。大学阶段的学生，还没有摆脱青春期带来的烦恼，面对就业压力和升学负担，大学生心理上很容易出现问题，辅导员要积极学习并且掌握相关心理学知识，帮助学生形成良好的心理状态，促进学生健康成长。

第五，辅导员要对学生的就业进行指导。大学生临近毕业时往往就业方向不明确，辅导员要引导学生设计职业生涯规划，让大学生对自己准确定位，在明确自己就业目标的前提下，制订符合自身实际的职业生涯发展规划，促进自身职业目标的实现。要积极组织学生开展职业生涯评比活动，使学生能够根据自身发展实际制订职业生涯规划。辅导员还要积极引导学生进行社会实践，让学生在社会实践中学习知识，积累经验，帮助学生顺利就业。

总之，在法制化社会环境下，辅导员所扮演的角色越来越多，面对思想活动日趋活跃的现代大学生，辅导员要不断学习相关专业知识，不断提高自身修养，提高自身综合素质。辅导员在管理学生的过程中要及时了解学生的各方面情况，对其予以正确引导，让学生少走弯路，进一步提高学生的学习效率和综合竞争力，促进学生全面发展。

三、掌握高校学生管理的关键点

学生管理工作是高校整体工作的重要方面。在具体的实践中，学校的教育管理工作者应注意把握其中的几个关键环节，其主要包括入学教育、学生干部选拔、评优评模组织纳新、军政教练员选拔、开学和放假、大学生基本信息管理、就业信息提供等。全面把握大学生管理的关键环节，才有可能使大学生的管理工作走上更加规范而又科学的轨道。

（一）入学教育环节

高校的招生对象为高中毕业生。高等教育实行的是自我教育、自我管理和自我服务的管理模式，而大多数中学生的自我管理能力和自我约束能力较差。因此，高中毕业生如何实现向大学生的转变和过渡，入学教育是大学生管理工作的第一个关键环节。在入学教育方面，要重点搞好军政训练，从队列、内务、学籍管理规定、日常行为规范、考试制度等方面进行教育和强化训练。同时，对学生还要加强不同专业的专业思想教育，使学生真正明白，科教才能兴国，中华民族要想在世界上永远立于不败之地，首先要振兴教育事业，同时还要使学生了解本省乃至全国各行各业尤其是本专业的发展现状和前景，使学生尽快树立一种"今天学知识，明天建祖国，现在准备好，将来去奉献"的职业道德观念，使"奉献自己、服务他人、努力打拼、不断创新"的信念成为他们的终生追求。笔者经实践总结认为，军政训练一般安排两周时间为宜，每个教学班配备两名军政教练员，在早晨、上午、下午分别安排军政训练内容，晚自习时间安排教唱革命歌曲、学习规章制度、个人才艺展示活动，最后经系部初赛，评出军政训练先进班集体，在新生军政训练和入学教育总结大会上，进行汇报表演。在入学教育的过程中，各系部的学生主管领导和辅导员应切实负起责任，加强指导和督查，确保新生入学教育的环节搞得扎实并富有成效。

（二）学生干部选拔环节

学生干部的表率作用和榜样作用是无穷的。目前，由于我国社会仍旧处于转型时期，社会上出现了道德失范、拜金主义严重等问题，这对学校也产生了一些不利的影响，圣洁的学校目前也不完全是净土一片。一些学生的能力有限，学业成绩一般，在遵守校规校纪方面也没有突出的表现，但他们想通过种种不正常手段，在班委会、团支部、学生会或团委会弄个"一官半职"，按说这也并不是什么了不起的大事，但在学生眼里，班干部的经历有助于他们今后的发展，因为当了学生干部，不但荣耀，而且是党组织纳新的优先对象，学生干部的经历也会对他们今后的就业产生积极的影响。

"不想当将军的士兵不是好士兵"，这种想法并不能说完全不正确，但这些学生当了学生干部后，因其本身约束自制力较差，很难做到"以身作则，率先垂范"，同时给自己的学习也造成了很大的压力，给学生管理工作带来了不利影响甚至后患。所以，在选拔学生干部上，必须要坚持原则，把那些品学兼优，具备一定组织能力，在学生中威信较高的学生选拔上来是至关重要的。在选拔和配备学生干部时，辅导员应当在新生入学前首先审查相关教学班新生的档案信息资料，全面掌握学生的思想政治情况和家庭基本情况，把那些政治上可靠、学业上优秀的新生作为学生干部的备用人选。新生报到后，辅导员可以提名一些优秀的学生担任班委会、团支部临时干部，经过1～2个月的实践考察，履行民主推荐的程序，分别确定正式班委会和团支部的学生干部人选。

（三）评优、纳新环节

在学生管理方面，评选"优秀团员""三好学生""优秀学生干部""优秀毕业生"以及奖学金的评定、党组织纳新是建立良好的班风、学风和校风的重要激励机制。

"优秀团员""三好学生""优秀学生干部"以及奖学金的评定，每学年评定一次，"优秀毕业生"每届学生评定一次，党组织纳新一般每学年进行两次。每次评优、评奖和党组织的纳新工作，高校学生管理部门都会印发相关文件和要求，关键是各系部和辅导员要按照文件精神认真抓好落实，认真履行职责，真正把那些政治上可靠、学业上优秀的学生评选上来，把那些拥护党的领导、积极要求上进的学生早日吸收到党的组织中，把评优和组织纳新的激励作用发挥到最大。

（四）关心爱护和严格要求环节

无论是辅导员，还是专职的学生管理者，如果只注重关心爱护，容易使学生形成姑息迁就甚至纵容心理；如果只注重严格要求，学生容易产生逆反心理，就会对教师敬而远之，关心爱护和严格要求，二者是相辅相成、缺一不可的。所以，当学生遇到生活、学习上的困难时，辅导员和专职管理者及时给予关心爱护和帮助是非常必要的。同时，当学生自由散漫、不尊敬师长、不能遵守校纪时，教育管理工作者应当注意及时对学生进行批评教育。在对学生进行管理时，关心爱护和严格要求二者不可偏废，二者缺一，管理就不能成功。有的学者提倡赏识教育，笔者认为，赏识教育就是进行正面教育，单纯的赏识教育是不全面的教育，在操作上学生管理者应当和学生多交朋友，应当多注意观察，进行阶段性的平等交流和对话，用自己的真情来打动和感召学生。

（五）开学和放假环节

许多大学生有这样的心理：在学校时间长了，想回家看看，在家里时间长了，盼着开学。回家可以说是归心似箭，临近放假和开学时，学生的心理最不稳定，但不管是开学还是放假，教育管理者都应该教育学生在途中要注意交通安全，统一组织学生参加校方责任险，并提倡和鼓励学生自愿参加个人人身保险。另外，教育学生在放假或返校时，借别人的东西要按时归还，个人的物品要妥善放置。再者，放暑假，要教育学生在游泳时以防溺水；放寒假，教育农村学生严防煤气中毒。教育无小事，处处皆育人，这些看似不起眼的小事同样不容忽视。经常见诸媒体的大学生暑假游泳时溺水，在寒假时不慎煤气中毒，在放假往返途中发生交通事故的报道屡见不鲜。因此，对于教育管理者而言，教训要吸取，警钟要长鸣。

（六）大学生基本信息管理环节

高校的学生来自于五湖四海，来自于不同的民族、省份，每个学生的生活习惯、性格、兴趣爱好等都不同。不同的民族更有着不同的民族风俗，家庭经济条件好的学生和家庭经济条件不好的学生有着不同的处世方式，尤其是单亲家庭或是家庭有重大变故的学生容易自闭和孤僻，这就需基层管理者，尤其是辅导员掌握每个学生的基本信息，建立每个学生的信息档案，包括姓名、性别、籍贯、民族、家庭成员基本概况、经济条件、联系方式、谈话记录等。经常与学生交流，使来自不同民族、不同地域、不同家庭背景的学生和谐相处，以形成良好的班风。

（七）及时准确地提供就业信息

目前，高校学生的就业形势非常严峻，应教育和引导学生全面客观地看待社会，了解就业形势和国家的就业政策，坦然地面对社会现实，根据自身和家庭的实际情况，正确选择自主创业、协议就业、灵活就业等不同形式的就业。在大学生接近毕业时，辅导员最重要的任务就是给毕业生提供及时、准确的社会各个层面不同行业的用人需求信息，教育大学生提高就业技能。要让学生知道，只有政治上可靠、业务上精良、技能上过硬，并且有良好的心理素质的人，善于与他人合作的人，善于创新的人，善于吃苦耐劳的人，讲诚信的人，才能在当今社会激烈的竞争中站稳脚跟。

（八）反馈效果与实践引导

高校学生管理工作效果反馈机制的建立是高校进行学生管理的关键环节，是全面分析学生心理状态、学习动机、思想的重要理论依据。通过对学生管理工作反馈效果的分析，把握学生内心的变化状态，建立相适应的反馈机制，充分了解高校学生的个性化需求，尽可能为学生的健康成长创造便利条件。针对在思想与行为上需要纠正的学生，要做好教育疏导工作，引导学生深思努力学习的重要作用，树立爱国主义，形成与社会主流文化发展相契合的人生观、价值观与世界观。实践工作中，要高度重视高校学生管理工作与校园总体发展方向的融合，针对不同学生的生活状况与自身基础水平，创建出更加适合本校工作与学生个性化并存的学生管理机制，避开在相关制度实施的过程中出现生硬的现象，达到学校管理更加民主、透明、和谐，更加适应大多数学生的心理，弥补个体存在的差异。高校学生管理的过程中高度重视学生学习品格的培养，引导学生具备全局观，以社会需要为学习基础，开展一系列的教育宣传活动，培养高校学生成为社会主义市场经济所需要的优秀人才。

四、掌握高校学生个体管理的艺术

（一）制度的规范和激励功能在高校学生管理工作中的显现

规范性制度和激励性制度在高校学生管理中都有其存在的合理性和价值。分析这两种制度主要功能的价值取向和限度，并不是要否定规范性制度在高校学生管理中的作用，而是要注重两种制度功能的价值取向和限度，在各自的层面上发挥其有效性。大学生已具有很强的独立人格和尊严，有非常明确的是非观和价值判断，他们不完全受他人设计、操纵和灌输，而是基于自身理性进行价值认知和选择。规范性制度应是对学生的权利和义务进行准确的定位，保障学生完整的公民权和受教育的权利，明确大学生作为公民和学生应有的行为规则和责任。所以，规范性制度的内容是对大学生行为的基本限定，对符合大学生基本行为规范提出要求和对不符合的行为给予强制性处理。

这类制度往往与大学生的义务性和责任性的内容联系在一起，只有这些义务性的内容和责任性的内容，才可以用规范性的制度加以保障和规范。某种程度上也可以认为，规范性制度具有"普识"性权利和义务的要求。不能让规范性制度的触角伸得太长，那样就陷入了学生管理制度设置的固有思维方式，把管理制度定位在"管住"学生，重点放在约束学生的行为上，以不让学生出事为目的。所以我们说，规范性制度的价值取向是向内的，通过基本的行为规范和强制性的要求，形成良好的习惯，达到品德和素质符合社会公民的要求，或达到良好公民素质，引领社会文明。

除此之外，在学生管理制度中，我们应尽可能不采用规范性制度或强制性措施达到管理的目的。在我国，学校管理制度的制定与实施具有自上而下、以行政规划与管理为主的特点，学校的科层化倾向明显，层次结构划分的是权利和责任。科层制在社会组织管理中具有良好的效率和作用，但作为培养人的高校，本具有效率意义的科层制最终成为束缚人们自由的限制，那么我们会将学生的生活建立在一种由科层制统治的"铁笼"里面。科层制的无情扩张，以及随之而来的科层权力的无情扩张，进入高校学生管理层面就呈现出对规范性制度的重视、偏向和喜爱。正如韦伯所描述的那样，科层制的激情足以压倒单个的情感。

更多的高校学生管理制度应以积极引导的价值取向，激发和激励每个学生的个体价值，充分肯定和体现学生的个体价值，增强学生积极向上的欲望和动力。激励性制度可以有效地启迪、敞开学生的价值世界，提高他们的价值判断能力、选择的意识与能力，敞开他们通向可能生活的价值路径，让他们面对开放的、无限沟通的社会生活空间，从容、自主地建构个人的价值世界，成为生活的主体。人才有基本要求，但没有一致的标准，基本要求可以通过规范性制度加以养成，而对人才自身的发展，要通过多样的激励措施和多层面的肯定加以激发。制度或规则应该只是创设一种"教育的情景"，提供学生实践个体价值的活动场所或空间，以贴近生活实际的内容，提高学生价值认识、探究和体验的能力。

（二）以激励性制度引领高校学生管理工作的价值创新

在高校学生管理工作中加强对激励性制度的重视，要将制度从激励性功能出发，进行适当的目标定位：一是实现对学生的不同认识，引导其不同个性的激发与彰显，推动其明确自身的价值取向；二是改变管理者的工作方式，逐步弱化强制性特征，突出以服务为主的角色意识，给学生创造一个既渗透制度规范，又充满生机与活力的实践提高平台；三是达成人才培养方式的转变，避免制度规范性的固化趋同，帮助学生在个性可以得到张扬的情境中通过自我学习、自我管理和自我服务，实现自我价值。

（三）制度设计

高校学生管理工作创新应高度重视制度创新，并努力使之健全、规范与科学。完整、成熟、合理、先进的学生管理制度，反映着一所学校德育工作的理念与机制，反映着学校人才培养的目的与要求，反映着学校学生管理工作的思路、模式与方法，同时也综合反映着学校学生管理工作的境界与水平。理性把握学生管理工作中制度功能的特点以及制度设计的原则要求，在突出制度执行的严肃性、规范性和教育性的同时，更注重加强制度设计，注重制度的激励功能的发挥，则是实现高校学生管理工作价值创新的重要途径。

制度设计要建立健全评价机制，优化绩效考核激励机制。正如柯尔伯格所言，道德发展取决于规则如何被理解，而不是取决于文化内容。我们从这句话启发到的是，规则带给他人得以理解到的是什么，是一种限制性的价值灌输，还是一种开放性的价值引导？一般意义上，学生的行为要求与个人自身的发展目标是相一致的，限制向内，开放向外。通过制度激励性功能的发挥，将对学生的教育价值的引导渗透于学生个体成长的过程之中，注重对学生道德德行的养成教育，无疑应该是高校学生管理工作的基本出发点和重要归宿。"教育要通过生活才能发出力量而成为真正的教育"，同样，德行养成教育也要而且必须通过生活发出力量才能成为真正的德行教育，日常生活是个体德行的养成之所。

制度设计就是要把个人的道德理性与生活结合起来，通过发挥制度的静态与动态有机结合的激励性功能，强调细化管理、量化管理，在生活中验证、丰富、实践个人的价值理念，并且逐步形成稳定的道德行为习惯，形成个人在日常生活中稳定的道德思考、判断、选择以及行动的基本方式，从而实现学生在综合素质提高方面保持一定的张力和维度。

（四）价值实现

当代大学生管理制度应以开放、踏实、平等、尊重的内容、方式、方法面对这个复杂多元的世界，而有效发挥制度的激励性功能对于实现高校学生管理工作创新则有着显著的积极意义。

首先，激励性制度与学生个人的生活紧贴，可以加强学生对个人生活世界的体悟。人是社会关系的总和，人总是与周围世界发生着意义关联，通过追寻自身与他人、社会与自我的牵连而获得意义。关注这个"我"生活于其中的世界，并作为一个真实的生命体在这个"生活的世界"中去积极地交往、感觉、发现、理解，增进个人对自我生活世界的自觉意识，逐步形成个人与生活的世界之间和谐、稳定、深刻的联系。

其次，激励性制度引导学生在价值冲突中审慎决断。生活中，我们常处于两难甚至多难的价值冲突困境之中。罗宾斯说："没有冲突，就不会有新的挑战，思考和思想的发展就失去了刺激和动力。"道德主体"只有在同环境的相互作用中借着自己的选择才能实现自己的发展。社会提供了无限可供选择的道德情境，个体的道德习惯便是借助自己一定的思维和感情对这些具体的道德情境自由选择的结果"。在对多元价值的冲突和选择中促进个体道德理性的发展和个体道德主体性的全面提升。

再次，激励性制度可以反复强化与训练，形成行为习惯。我们反对简单灌输和对行为的控制、强制。强调在过程中发挥价值引导的作用，积极鼓励和肯定学生对自身、对他人、对社会有益的行为，在制度中加以认可，不断地对学生的有益行为加以增强和延伸，实现对个体差异的尊重，促进良好行为习惯的养成。

最后，激励性制度注重学生行为的自我反思与评价。苏格拉底说："一种未经审视的生活还不如没有的好。""人的知识和道德都包含在这种循环的问答活动中。"激励性制度中肯定式的价值评价，必然会激发和引起学生对自我行为的认识和思考，并通过对道德行为的不断反思和循环问答，澄明价值并促进道德理性的发展。

第二节 学生个人层面的转变

一、发挥学生的主动性

大学生的自我管理，包括大学生对自身的生理、心理、行为等方面的自我认识、自我感受、自我料理、自主学习、自我监督、自我控制、自我完善。具体来说，大学生自我管理就是通过反馈分析服务好自己三个方面，即了解自我长处、管理自我目标、学会做事和与人相处。

（一）自我管理的入门——了解自我长处

了解自我最重要的就是找到自己的长处——这是大学生首先要做的事情。也许要用整个大学的时光，但越早发现对将来的发展越有利。发现长处不能靠闭门苦想，而要通过实践检验并实施反馈分析。所以，作为大学生要敢于尝试，在大学学习期间要尽可能地涉猎广泛的书籍，在假期时要抓住每一个实践机会。一个有效的方法是，无论何时，只要你作出了一个重要决策或采取了一项重大行动，你都把你期望的结果记录下来。3至6个月后，把实际结果与你的预期进行一下比较。通过尝试比较，就清楚明了在众多的抉择中，哪些是自己没有天赋、没有技能干好的。而在某些方面你却一点即通，上手很快。人生短暂，善于明白自己长处的学生就懂得学习自己擅长的东西，从"入流"向"一流"冲刺，而不会在自己能力低下的领域里浪费精力，从"非常笨拙"争取做到"马马虎虎"。一个人的成就，只能建立在长处和强势上，不可能建立在短处和弱势上。

当然，一个人的成长是动态的，特别是对于可塑性强的大学生而言，其具有的长处也是不断发展补充的。长处可以靠挖掘，也可以靠培养。为了更好地生存，人的无限潜能也能帮助自己激发和形成新的长处。因而，寻找长处不是固有的模式和框架，而是不断定期进行反馈分析，把寻找长处、培养长处与发挥长处统一于实践，才能让长处充分发挥作用而真正成为一种竞争的优势。

在大学，学生在不断地学习生活中难免有诸多抱怨，对自己对身边总有着这样的不满意和那样的不顺心，这也很正常。也许对于很多人来说，当年轻有精力时，却没有做事的外部条件，当外在条件成熟时，可能人老没精力了。但所谓"非才之难，所以自用者实难！"善于自我管理的人，才擅于自用其才，才能在广阔天地间让长处充分发挥，抓住机遇，走向成功！

（二）自我管理的核心——目标管理

在明确了自己的长处之后，接下来就是目标的管理。"做'正确的事'比'正确地做事'更重要。"问目标是什么，就是"做正确的事"。它包括下面两方面。

第一，设立目标，让生活有明确的方向。不想当将军的士兵不是好士兵，作为一名大学生，首先要志向远大，目标明确。设立目标，要把握三个要点，一是你的目标一定要结合你的优点，围绕你的长处来构思。设立的目标，要能强化你的长处，专注于你的长处，把潜在的优势转化为现实的优势。二是目标必须具体，不能含糊其词，任何人都不可能去实现一个模糊的目标。比如，你打算考某个资格证，打算毕业时考研，并且打算毕业后找一份什么样的工作等，一定要把资格证的名称、考研的专业、职业的性质确定下来。三是目标要适中，既不能眼高手低，也不能自卑自贱。虽古人云："取法乎上，得乎其中；取法乎中，仅得其下。"但我们设立的目标如果太超过自己的知识、能力水平了，那么目标就会成为空中楼阁。

第二，要分解目标，让你随时充满紧迫感。目标可分为长期目标、中期目标、短期目标三类。长期目标要瞄准"未来"，要把眼光放到毕业后的人生当中；中期目标是当你设定了长期目标后，将它分为两半的目标。若设定一下 10 年期的长期目标，就把中期目标定为 5 年，5 年比较 10 年，其实现的可能性更大。接着将 5 年再分成两半，直到您得到了 1 年期的短期目标时，再按月分下去；短期目标是你应该最为关注的目标，其一般不要超过 90 天，这样能取得更好的效果。通过这样分解，你就可以把有限的精力放到当前的目标中去，全力以赴。

谈起目标，目前一些大学生最为看重的就是英语的四、六级考试了。而学习英语、学好英语是一个很让人头疼的事情。如果一下子让你把 5 000 个单词背会，你可能觉得任务太艰苦，沉重，不可能，但如果计划一年的时间呢？半年要背 2 500 个，一个月可以计划背 417 个，每天只需要背熟 14 个单词。与其我们定个气吞山河的目标——5 000 个单词，除了吓倒自己没有其他任何意义以外，还不如用务实的心态将之必要地切割，定下一天背熟 14 个单词的目标。当然，对于任何目标而言，没有坚持的目标谈不上是目标，只是念头。

（三）自我管理的重要内容——学会做事和与人相处

自我管理最终是要去服务社会，融入他人，而不是一味地管理"自我"。所以，自我管理很重要的作用和意义是在于它的社会性，即学会做事和与人相处。学生经过了大学教育，最终是要进入社会的，所以在大学教育中，在学生自我管理的内容中，重视社会性素质能力的提高是十分关键的。

做事，除了做好事，做对事外，还要提高工作效率，以最佳的方式完成。做人，除了做好人，做对人外，还要做个成长快，成功快，受人欢迎和敬佩的人。

（四）学生自我管理在高校管理工作中发挥着重要作用

学生自我管理渐渐成为高校学生管理重要的一面，具有显著的作用。

首先，能够有效地提高大学生的主动性，增强解决实际困难的能力。"自我管理"是以大学生为主的管理模式，大学生扮演管理者和被管理者两重身份，学生主动参与管理，又接受来自自己的管理，充分体现了学生的主体性。

其次，有利于塑造大学生的独立性品质，增强社会责任感。"自我管理"实质上是学生的自我约束，在高校规章制度的监督下，增强学生的自我控制能力和独立感，加强学生的主观能动性，使学生在学习生活中，对自己负责，对他人负责，对社会负责。

再次，能够帮助学生认识自我，发展自我。"自我管理"是一种软性的管理，学生在学校制度的约束下，能够充分了解自己的真正需要，在进行自我教育的过程中，有效地弥补自身的不足，实现自我发展。

最后，有助于丰富学生的校园生活，增强学生的实践能力。学生如果自我管理，更能积极地去开展校园活动，丰富文化生活，增强交际能力，社会实践能力也会有所加强。

（五）学好做事做人有几个基础

一是顺应良好的个性习惯。尽管我们说大学新生是站在同一条起跑线上，但他们实际上是带着将近20年的人生履历进入大学生活的，都有自己的生活、学习习惯。帮助学生区分他们习惯中哪些是好的习惯，哪些是坏的习惯，并设法改掉坏习惯是非常重要的。起草美国《独立宣言》的民主先驱富兰克林的做法是，把坏习惯开列一个清单，按程度排序，下决心一个一个地改掉，每改一个画掉一个，直至画掉完为止。对于好习惯，要强化并顺应。比如，在学习方式上，有的人是阅读者——通过读收获最大；有的人是倾听者——通过听收获最大。只要能学到知识，这两种都是好习惯，关键在于你自己属于哪一类。

二是合理利用时间。微软公司董事长比尔·盖茨就把自己的成功归于抓住机会并学会时间的掌控。大学生最大的资源就是年轻，充满活力。掌控时间，就是要合理利用学生拥有的时间（青春年少）和精力（充满活力）资源去换取知识和能力。我们要帮助学生学会善于协调两类时间，一是他控时间，如学校安排上课、实验的时间；二是自控时间，即属于自由支配的时间。一个人每天效率最高的时间只有20%，所以要用20%的时间做80%的事情。此外，锻炼身体并不是浪费时间。

三是借助他人的力量。一件事情的成功往往是多方面合力的结果，而我们每个人的能力是有限的。因此，要善于利用这些资源和能力来完成共同的任务。所谓聚沙成塔，众人拾柴火焰高就是这个道理。

四是善于沟通。现代社会是一个竞合时代，单枪匹马的孤胆英雄基本没有用武之地了。即使是英雄，也要有人支援。大学生生活的圈子小，人际关系相对简单，但学生要学会把所处的环境看成是练兵场，培养与人相处的技巧，学习建立良好人际关系的能力。沟通，只要生活在社会上，就要与人打交道，相互沟通至关重要。了解别人，也让别人了解自己。互通有无，才会有1+1＞2的结果。要了解别人，就要学会换位思考，

站在他人的立场上来分析问题，以积极的心态接受别人的观点。培养自己迷人的个性、得体的衣着、善意的微笑、诚挚的言谈、积极的进取心，从而让别人了解自己，欣赏自己。通过沟通，建立起牢固的人际关系网，你就有了生产力！

善于做人做事是一个较大的范畴，涵盖很广，市场上也有很多相应书籍和碟

片。学校管理做得再好，对于大学生来说只是一种外部的知识灌输和秩序的强制执行。而此时的大学生正在积极发展探索、发现、分析、解决问题的能力，也正处在一个自我分辨、自我抉择的时期，这种积极的、主动的认识自身主体的意识是很重要的。

（六）高校学生实行自我管理的实践途径

1. 改变传统的管理观念，加强对"自我管理"的认识

高等教育不断普及的同时，高校学生管理正凸显一些问题。比如说，学生管理仍实行一种强制性的管理模式，学生只有遵守学校的各项规章制度，限制了学生的自我发展；从事学生管理工作的人员，包括班主任、辅导员整天都在忙于日常事务，或从事自己的工作，没有时间去了解学生的思想动态，不知道学生的真正需要，把握不了学生管理工作的关键所在；学校领导对学生工作不够重视，整天忙于学校大大小小的事务中，把学生管理置之度外；有的高校不断修建新的校区，后续的工作没有跟上，对新校区的学生采取听之任之的态度，不闻不问。以上这些情况，在很多高校都很常见。然而，这种传统的管理模式已经不再适应新时期高校管理，因而学校学生管理者必须转变这种观念，接受新思想，树立以学生为主体的学生自我管理理念。

2. 创造大学生自我管理环境，实行有效的自我管理

环境的作用对一个人的发展是有很大影响的，包括人和物两方面。大学生是学校的主体，是建设文明校园的主力军。高校只有充分发挥学生的自我管理作用，才能建设文明校园，才能培养出合格的大学生。宿舍是学生主要的生活场所，因而宿舍氛围的营造是一个重要方面。合理良好的宿舍环境对于培养大学生的自我管理能力，发挥巨大作用；教室是学生学习的地方，保持教室的安静是每个学生必须遵守的首要原则。

3. 制定大学生自我管理的一些制度，引导大学生进行自我管理

要使大学生进行有效的自我管理，就必须有相应的制度来约束。实行自我管理，并不意味着放任自由，而必须有一些制度作为底线，否则难以把握大学生的发展方向，违背高校人才培养的初衷。因此，相关制度的建立，对于大学生的自我管理，起着一定的引导和约束作用。

总之，要想有效地实行大学生自我管理，高校全体师生必须意识到自我管理的必要性，在班主任、辅导员或学生管理工作者的指导下和一些相关制度的约束下，充分挖掘学生的潜力，增强学生自我控制能力，在自我管理中全面发展。

二、改变学生的思想观念

伴随社会主义市场经济的逐步发育，高校学生的思想观念呈现出多元趋向的若干新特点。

（一）价值观念的多元趋向

其一，价值取向的多向化与功利化共存。高校学生面对经济、政治体制大变革的社会环境，每天都在经受着改革开放的洗礼，感受着来自国内外各种政治、经济、文化思潮的影响，"供需见面""双向选择"也迫使他们去推销自己；社会现象和育人、用人的新模式深深撞击着他们的心灵，使他们的价值取向向多向发展。突出表现在就业选择上，他们认识到实现人生价值有多条途径，既可以在国内生根开花，也可以到国外拼搏；既可以到党政机关、国有企业工作，也可以到"三资"或私营企业服务或当个体户。其价值取向不愿受羁绊，常言之"不能在一棵树上吊死"，也不希望被"服从祖国需要"框住，其无原则的多向价值取舍，很难界定其孰轻孰重。同时，社会上纷繁复杂的经济生活的"投射"，使他们对个人利益的关注和反思明显增多。在行为中表现出明显的利益要求，外贸、金融、建筑等热门专业成了大学生追逐的目标，不管专业与否，不管能否发挥自己的专长，到国外去、到外资企业去、到挣钱多的地方去已取代了传统的到基层去、到边疆去、到祖国最需要的地方去，其价值取向往往以功利为轴线向多向辐射。

其二，价值主体的自我化与社会化共存。改革开放以来，高校学生的进取精神得到弘扬开拓的同时，自我意识得到明显增强。他们既赞成个体社会化的道理，又全面重新审视并高度重视自我价值，崇尚价值主体的自我化。他们认为，在竞争激烈、优胜劣汰的市场经济社会里，在多元经济成分、多元经济利益、多元经济分配形式共存的社会主义初级阶段，必须凭借自我的主体性、能动性和独立性，才能实现自己的人生价值，进而特别珍视发展自己的个性兴趣，期望在竞争中表现自己的个性。当前，"以自我为主体"的人生价值观在高校学生群体中得到普遍认同，"自我设计""自我成才""自我实现"的意识已充盈其脑海。因而，其思想行为常处在自我化和社会化的矛盾之中，表现出一种身不由己处于社会大潮的无奈，而看问题总是从自己的角度出发衡量一切的倾向，其价值取向在一定的程度上是以自我为中心向多向辐射。

其三，价值目标的理想化与短期化共存。每个考入大学、研究生门槛的高校学生，在心里都拥有一幅或大或小的宏伟蓝图。为实现自己的理想，他们对社会政治、经济领域的变革十分关注，但这种关注带有一种重眼前、轻未来的反理想主义的倾向和一种文化近视特征，更多的是追求眼前的社会变革所带来的个人实惠，缺乏长远的战略思考，因而对社会变革和自身的发展都表现出急于求成的心态，总是埋怨进程太慢。在知识侧重上，往往更注重直接应用于生产、经营方面的专业知识，而对见效较迟，但是实现远大理想所必需的基础理论知识则较忽视和冷落。有些人甚至片面地认为社会活动能力，特别是社交能力是一个大学生应具备的首要素质，其价值目标的理想化和短期化两种现象矛盾地共存于一体，心目中追求价值目标的理想化，但在行动中价值取向的短期化行为又显而易见。

（二）是非标准的多元趋向

改革开放以来，高校青年学生的是非评价观念发生了重大而深刻的变化，对善与恶、道德与不道德、成功与失败的评价标准不再是过去那么单一、纯正。西方种种思潮的不断涌入，更起着推波助澜的作用。他们的观察力敏锐但认识较片面，求知欲强但鉴别力较差，对是非标准缺乏辩证统一的把握能力，往往呈现出多元趋向，甚至处于矛盾之中。这种是非标准的多元趋向在另一方面的一个突出表现，是青年大学生头脑中的榜样模式的多元化。传统的先进人物、榜样力量对他们的影响在悄然下降，他们特别容易把与自己的价值取向、理想信念和个性兴趣相同的著名人物作为自己的楷模。内心里既热爱毛泽东、邓小平等世纪伟人，又崇拜荣毅仁、霍英东等"红色资本家。常言之："雷锋、孔繁森固然应该学，下海赚大钱者未必就不可取。"

（三）思想情感的多元趋向

高校学生思想情感的多元趋向集中表现为思想情感的多向、多层次状况：既追求科技的高品位、大贡献，也暗恋"黄金屋""颜如玉"；既崇尚讴歌劳动，又不太愿意深入基层与劳动人民为伍；既拥护社会主义优越制度，又羡慕资本主义物质文明；既有立志献身共产主义事业的优秀分子，又有多种信仰兼容者，也不乏个别对当局主导思想信仰的背叛者……往往既有高尚的思想情操，又有低级趣味的腐朽意识；既有进步的思想认识，又有落后的陈腐观念；既有正确、积极的思想情感，又有错误、消极的思想意识。

上述种种思想观念的多元趋向，均有其产生的客观经济基础和社会基础。从某种意义上说，大学校园里思想观念的多元现象，正是社会深化改革、新旧体制更替所引起的社会思想深层反响在高校的奏鸣曲。存在决定意识，在社会主义初级阶段，多元经济体制、多元经济利益、多元经济分配方式的共存，无疑将使人们的思维方式向多元方向发展。高校学生的价值观念、是非观念和思想情感，自然呈现出发散型的多元状态。

高校学生思想观念多元趋向的客观效果具有二重性：一方面反映出高校学生的思想观念随着社会主义市场经济的建立得到了极大的启迪和更新，优胜劣汰观念、自主自立观念、效益效率观念、民主与开拓精神，在高校学生中得到了确立和张扬，使他们对改革开放和我国的社会主义现代化建设事业更加充满了信心，这无疑是积极的有益的效应。另一方面，思想观念的多元和无序则可能导致高校学生的无所适从。无论是价值观念、是非标准，还是思想情感，在根本上只能是一元而不能是多元。否则，"自我"意识的恶性膨胀将导致个人主义，功利意识的盲目发展会形成功利主义和享乐主义，是非标准的多元和思想情感的多向，会使其政治、道德乃至整个人生的成长与培育失去思想基础和方向目标。

高校学生思想观念的多元现象虽然是根植于经济体制多元的社会基础之上，是社会变革、思想跃进的客观结果。但是，客观结果并不等于正常结果。决不能让多元思想观念蔓延、演化成政治上的多元意识，也决不能让高校学生被陷在思想观念多元无序状态之中而找不着正确的成才方向。因此，如何用科学的理论武器，使高校学生的思想观念由多元走向归一，即如何加强正面教育和引导，使之扬善弃恶，已成为当前思想政治教育的当务之急。

三、提高其参与程度

大学生参与高校管理，既是其作为教育消费者与接受者的重要权利，又是其保障自身利益的合法权利。与西方国家相比，我国高校中的学生参与既存在学生主体地位被忽视、学生参与能力遭质疑和学生个体意识淡薄等理念性障碍，也存在行政管理机构中的边缘化、学生自治组织中的虚无化等制度性障碍。为更好地促进与提升高校管理中的学生参与，需要更新学生参与高校管理的观念，完善学生参与高校管理的机制和提升学生参与高校管理的品质。

随着高等教育市场化程度的逐步深入，高校收费制度和招生录取方式的逐渐变化，高校与学生的关系日益从"管理者和被管理者"的关系转变为"服务提供者与消费者"的关系。伴随大学生成人意识与消费者意识的增强，其既应享有依法参与高校管理的权利，又应基于自身合法身份，获得保障自身正当权益的权利。在高等教育大众化、民主化趋势日益显著的今天，如何科学理性地赋予学生参与高校管理的权利，如何妥善合理地保障学生的权利诉求，是值得谨慎思考与深入探讨的问题。

（一）学生参与高校管理的特征

学生参与高校管理，既是学生作为教育消费者的重要权利，又是学生保障自身正当利益的合法权利，尽管这一理念已成为欧美国家高校广泛认同与实践的共识，但在我国还处于初步发展阶段。

（1）学生参与高校管理的基本内涵。关于学生参与高校管理的含义，典型的有"全面参与说"和"部分参与说"两种。前者强调学生全面参与学校的各项管理，"大学生参与管理是指为实现高校教育与管理目标，大学生从高校正式的组织机构中分享一定的管理权，承担一定的管理责任，在参加高校发展的计划、决策、资源协调和管理中，推进高校管理的民主化、科学化。"后者主张学生部分参与学校管理，"大学生参与学校民主管理是指在学校管理过程中吸纳学生参与学校和学生利益直接相关事务的评议、管理和监督。它既是学校民主办学的重要途径，也是学校尊重、培育学生主体性，造就创新人才的重要渠道。"上述两种观点都以高校管理民主化和科学化为出发点和落脚点。然而，学生身心发展水平的差异性以及学校本身所固有的管理职能，决定了学生参与学校管理是以促进学生主体性发展为前提，所以学生参与管理更多的是从学校的教育教学活动、校园文化建设和学生学校生活等方面来强调其主体地位和作用，促进其主体性的发展并提升学校管理的科学化水平。也就是说，学生参与高校管理的本质既是高校管理工作中的一个重要环节，又是高校学生教育的一种重要手段。

（2）学生参与高校管理的理论基础。西方国家主要从政治学、经济学、社会学以及管理学等多学科视角阐述大学生参与学校管理的理论依据。洛克的有限政府论认为，人们让渡自然权利组成政府是"出于各人为了更好地保护自己、他人的自由和财产的动机"，如果政府违背了为人民的和平、安全和公众福利服务的目的，人民就有权解散政府。此理论在大学治理中也同样适用，"既然所有政府的合法权利都来自被统治者的同意，那么所有与学生有重要关系的决策都应该征求学生的意见。"就高等教育来说，美国早已是一个"拥有发展完善的教育市场"的国家。市场化条件下，大学与学生的关系日益成为服务提供者与消费者的关系，因此学生根据自己的需要对改善教育服务提出意见是合理的，学校有义务维护学生参与学校管理的权利。美籍德国人库尔特·勒温提出的群体动力理论强调群体与其个体成员的相互影响。相关研究表明，调动集体成员对集体活动的参与能够增强成员对集体的认同感。同理，学生参与学校管理的过程也是增强学生对学校认同感的过程，参与式管理是现代管理中的核心理念，"人力资源开发的假定组成了管理理论的一种，其中心是参与式管理"。参与式管理要求"把参与和责任延伸到最低的层次上去"，让大学生参与大学管理，与现代管理理念高度契合。

国内学者则更多从法律法规和政策的视角为学生参与学校管理寻找合法性与

合理性支撑。1998年，联合国教科文组织在世界高等教育大会上发表《二十一世纪高等教育：展望行动世界宣言》指出："国家和高等院校的决策者应将学生视为高等教育改革的主要的和负责的参与者。"2005年，我国教育部发布的《普通高等学校学生管理规定》第四十一条也明确规定"学校应当建立和完善学生参与民主管理的组织形式，支持和保障学生依法参与学校民主管理"。2011年，教育部《高等学校章程制定暂行办法》第十二条明确提出："章程应当明确规定教职工代表大会、学生代表大会的地位作用、职责权限……维护师生员工通过教职工代表大会、学生代表大会参与学校相关事项的民主决策，实施监督的权利。"

（3）学生参与高校管理的实现形式。在西方国家，学生通过列席学校高层管理机构参与学校的管理，如法国高校的最高权力机构是大学理事会，由"大学评议会""大学学习与生活委员会"和"大学学术委员会"联合组成，学生人数所占比例分别为20%～25%、75%～80%（含教师）、7.5%～12.5%。而英国高校的最高权力机构则是董事会，根据法律规定，英国校董会必须由地方教育当局代表、学生、家长代表与教师代表参加。在德国大学中，校务委员会是学校的最高权力机构，其成员包括经选举产生的教授、助教、职员和学生代表，这些成员根据各自的权利、义务组成各个委员会，再由各委员会共同组成常务委员会，学生代表占其校内常委配额的1/3甚至更多，参与提名和选举校长、副校长，以及其他部分行政负责人。

在我国，学生委员会（学生会）是高校最基本、最普遍的学生组织和学生参与高校管理的机构，充当学校和学生之间相互沟通的桥梁和纽带。学生会的基本原则是坚持服从党的领导和维护学生利益的一致性，因而学生会既要关心和维护广大学生的利益，又要兼顾党和国家的利益。学生会通过一定的渠道和途径参与学校的日常管理，参加有关对学校工作的监督和评议。根据《中华全国学生联合会章程》规定，学生会的基本任务之一就是"沟通学校党政与广大同学的联系，通过学校各种正常渠道，反映同学的建议、意见和要求，参与涉及学生的学校事务的民主管理，维护同学的正当权益"。作为学生自我管理的组织机构，学生会在理论上既是学生参与学校管理的主要途径，又是学生进行自我管理的重要组织。

（二）学生参与高校管理的障碍

西方大学有着悠久的学生参与高校管理的历史，大学生通常借助一定的组织形式参与到高校管理中，表现为一种比较成熟的组织行为。相比之下，虽然我国高校在管理体制改革与发展的过程中也在积极尝试让学生参与高校管理，但由于起点低、起步晚，这方面的认识和实践还较为薄弱。

1. 学生参与高校管理的理念性障碍

理念的缺失是阻碍学生参与高校管理的首要因素，其形成于我国特定的社会环境之中，是在长期的历史积淀与思维定式之下逐渐形成的。

（1）学生主体地位被忽视。高校最直接的三个利益群体是大学生、教师和行政管理人员，他们虽然在理论上具有共同的组织目标，却不具有现实的平等地位。

在我国传统的政府办学体制和高度集中的教育管理体系下，大学生长期被视为受教育者和被管理者，其主体地位通常被大学的层级制度所忽视，对学校事务只有服从的义务而没有参与管理的权利，导致长时间以来学校管理者忽略学生的主体性，也无形中消解了学生自身参与高校管理的意识。学生会等学生组织对大学管理的参与仅止于服务工作及被动的管理，在代表学生权益方面所起的作用仅限于传达和提出意见。而在西方国家，学生参与高校管理有着悠久的历史传统，从中世纪博洛尼亚大学作为"学生大学"开始，到 20 世纪 60 年代后期学生行动主义的兴起，大学生在高校中的主体地位一直都被重视，西方推崇的自由主义思想和"有限政府论"等观点也为大学生参与学校管理提供了观念上的合法性。与西方国家相比，我国高校大学生参与学校管理还处于一个不被重视的弱势环境之中。

（2）学生参与能力遭质疑。当前，我国高校学生参与学校管理仅停留在一般性决策或决策的初级阶段，对学校重大问题的决策权利却很少涉足，一个很重要的原因是大学生参与学校管理的能力遭到质疑。一方面，学校对大学生参与高校管理缺乏充分的信任，认为大学生处于心理和生理尚不完全成熟的阶段，不具备参与高校管理的专业知识和战略眼光，不能胜任教学、科研等重要事务的决策能力。另一方面，学生对自己参与大学管理的信心也不足，认为学校管理有专门的部门和人员负责，自己在校时间太短无法对学校长远的政策提出真正有价值的意见和建议。而在西方国家，让学生参与学校管理已经成为学校培养学生能力的一种重要手段，学校普遍鼓励学生参与学校管理。从 20 世纪 60 年代中期开始，让学生自我管理、让学生参与学校管理已成为现代高校内部管理的基本信念和重要原则。学生自治和学生参与学校管理不仅是尊重学生权利和使高校管理更加民主与有效的问题，更是教育学生、引导学生成为合格公民和建设者的教育问题。

（3）学生个体意识淡薄。我国曾长期处于政府独资办学的局面，随着高等教育市场化趋势的凸显，政府不像过去那样承担绝大部分教育经费，而是由学生自己承担主要的教育费用。"学生消费者"观念的逐渐形成要求学校为学生提供更满意的服务，让学生充分享有作为消费者的应有权利。但由于我国当前的教育消费市场还相对不成熟，再加上"师道尊严"等传统价值观的影响，学生作为教育消费者的身份地位和权利意识尚未完全转变和觉醒，学生作为消费者参与高校管理的合法权利也没有受到重视。在商品经济高度发达的西方国家，消费者的权利意识早已深入人心。尤其是 20 世纪 80 年代以来，西方各国出现市场化改革趋势，主张"把市场竞争的某种形式作为学校改革的基础"。起源于美国的"服务型大学"提出以市场为导向的理念，其最突出的特点就是和那些受市场驱动的机构一样，尽力发展那些能够在知识市场里有竞争力的产品，从而争取更多的教育消费者。可以看到，西方高校充分调动学生参与学校管理工作的积极性既是对学生合法权利的尊重，也是对学生消费者个体参与意识的激发。

2. 学生参与高校管理的制度性障碍

西方大学生参与高校管理的机制主要有两种，一种是通过行政管理机构"自上而下"参与高校管理，另一种是通过学生组织机构"自下而上"参与高校管理。虽然这两种形式在我国高校中也以某种形态存在，但其在现实中的实际效果却并不尽如人意。

（1）行政管理机构中的边缘化。西方高校普遍采用在董事会、理事会、校务委员会及其他各种委员会中设置学生席位，确保学生代表可以行使参与管理的权利。由于学生在这些机构中占有一席之地，所以他们能够对与自身密切相关的学生事务发表看法，对高校发展的其他方面献言献策，真正参与到高校内各种决策的讨论、审议和建议中。在我国，也有类似通过行政管理机构参与高校管理的机制，如 2007 年中国石油大学（华东）实行的"学生校长助理"制度，主要负责听取和反映学生意见，也能通过提交决策报告的方式参与学校决策，但校长助理制度不是一种完全意义上的决策参与机制，因为它不是由学校选举产生，不对学生组织负责，没有形成制度化，也不具有广泛性。此外，虽然我国部分高校也会通过在校务委员会中设置学生代表席位实现学生在较高层次上的决策参与，但由于校务委员会在我国高校中尚未普遍建立，加之学生代表在其中的席位数量以及影响力不足以实现对管理决策的充分参与，学生在行政管理机构中整体上处于被边缘化的地位。

（2）学生自治组织中的虚无化。在西方大学中，学生组织往往具有相对较高的独立性，对大学生事务拥有自主管理的权利，高校中的社团组织成员也能够对学校事务发表意见，影响高校管理决策，如英国的全国大学生联合会（National Unionof Students）允许学生参与福利方面、教育内容和教育方式等方面的决议过程；美国大学里的"学生政府"（Student Government）作为大学生自我管理和参与高校事务的有效途径，可代表学生利益向学校反映所有在校学生的要求。在西方国家，学生组织在长期的发展过程中已经构筑起了健全的参与机制，成为大学生参与管理非常重要的方式之一，学生建设性的建议也能够得到学校的重视并被运用于高校的管理实践当中。

在我国，虽然各高校都有学生会和学生社团等党委领导和团委指导下的大学生自治组织，学生会和学生社团在具体工作中也拥有相当的自主权，但其主要体现在自主制定学生会内部管理制订和自主决定组织内部人事任免等事务性工作上。这些组织的主要职能，仅仅是协助和促进学校的教育和管理工作以及繁荣校园文化，同时对学校提供的服务进行监督和反馈，保护和促进学生群体的权益。与西方大学相比，我国学生自治组织还不具有很强的独立性，也缺乏完善的审议、监督和执行机构设置，尚没有构成一个完整的权力运行机制，在保证学生参与高校管理方面实际上是弱势甚至是虚无的。

（三）学生参与高校管理的策略探析

学生参与高校管理应该是一个循序渐进的过程。高校应充分重视学生参与管理的权利，落实学生参与管理的权利，为学生参与学校管理提供更适宜的环境与更完善的制度保障。

1.重视"学生权利"，更新学生参与高校管理的观念

支持和促进学生参与高校管理，在本质上是尊重学生作为消费者与受教育者的合法权利与合理诉求。受传统的思想观念制约，大部分高校管理者都认为以大学生的现有能力和素质还无法胜任复杂的管理工作，所以在保证学生参与高校管理的方面通常持相对保守的态度。从人才培养的角度看，支持学生参与学校管理是促进人才全面发展、培养学生民主意识的重要手段；从学校科学化管理的角度看，支持学生参与学校管理又是促进服务水平提高的必要途径，毕竟"积极的顾客参与可以提高服务质量和顾客满意度"。学生是学校服务的直接体验者，吸纳学生直接参与到学校管理当中，不仅可以使学校的管理更有针对性，还能够加强学生的自我管理。因此，高校管理者需摆脱传统的"替代家长"观念，重视大学生在高校中的主体性地位，尊重学生参与高校管理的合法权利，信任大学生的认知和判断能力，赋予他们更多更高层次的管理决策权利。

"参与必须扎根于整个组织、管理者和员工的行为和心灵中。"只有学生自身认同参与学校管理的必要性和重要性，才有可能激发他们参与学校管理的热情，也才能在实践中发挥学生参与学校管理的主观能动性。相关调查显示，目前"只有17.6%的学生认为学生参与的积极性很高，而57.7%的学生认为目前学生参与的积极性一般，22.6%的学生认为积极性不高"。因此，实现学生参与高校管理，

必须以提高学生参与学校管理的权利意识和主观意愿为前提。首先，高校要培养学生的集体责任感和主人翁精神，改变"两耳不闻窗外事，一心只读圣贤书"的传统思想。其次，高校要引导学生正确认识参与学校管理的活动，在对学生强调参与学校管理的重要性的同时，消除学生对参与的畏惧感与不信任感。最后，高校要为学生参与学校管理提供广泛的渠道，加强对学生参与学校管理工作的指导，将参与学校管理简化为学生力所能及的一般性事务。

2. 赋予学生权力，完善学生参与高权管理的机制

"明智地分享权力并不等于削弱权力，反而可以多出成果。"通过构建与完善相关的学生参与机制，更多地赋予学生参与学校管理的权力，是未来高校管理体制改革的重要趋势之一。

（1）构建并完善高校学生管理听证制度。近年来，听证制度在我国法制建设过程中发挥了举足轻重的作用，把听证制度引入高校，使其作为保证学生参与学校管理的制度保障，已经引起了人们的广泛关注。目前，我国各高校纷纷建立学生管理听证制度，探索与学生成长需求相适应的学生参与学校管理制度体系，保障学生参与学校管理的合法权利，如2012年厦门理工学院就成立了由学生代表组成的学生听证委员会，实行"学校怎么做，先听学生怎么说"的做法，让学生"真正参与到学校管理当中，而不是机械地执行学校下达的命令"。

（2）实行高校学生代表大会提案制度。学生参与学校管理是我国现代大学制度建设的要素之一，健全的现代大学制度理应为大学生参与管理提供有力保障，借鉴教代会模式实行学代会提案制度，也应当成为保证学生参与高校管理的组织保障，如南开大学在其2011年的第十九次学生代表大会上，就通过学代会代表向校方提出了百余份"提案"，其中涉及课程设置、学科建设、就业指导等与学习、科研息息相关的问题，还有膳食服务、校园安全、环境改善等涉及日常生活的问题。将提案制度引入学生代表大会，能够畅通学生与学校沟通的渠道，在引导学生自我教育、自我管理、自我服务的同时发挥其主人翁意识，使其积极参与到学校各项事务的监督和管理之中。

（3）完善学生参与高校管理的规章制度。建立和完善学生参与学校管理的规章制度是学生参与学校民主管理和高校依法治校的制度保障。近年来，国内各高校积极探索推进大学生参与民主管理的途径和办法，努力为保证学生参与学校民主管理提供有力的制度保障，如吉林大学于2011年1月正式公布《吉林大学学生参与学校民主管理实施办法》，旨在转变学生在管理中的从属地位，变被动为主动参与式管理，提高学生参与校园民主管理和自我管理的能力。

3. 优化"学生参与"：提升学生参与高校管理的品质

促进学生参与高校管理，不应仅仅停留在低层次、低水平的"形式阶段"，而应致力于层次的提高和品质的提升，达到有效、积极和高水平的"实质阶段"。

（1）提高大学生参与高校管理的层次。参与高校管理可分为3个层次，"初级层次以行使知情权、监督权和建议权为核心，中级层次以行使行动权、咨询权和评议权为核心，高级层次以行使决策权、表决权和投票权为核心。"目前，我国大学生参与学校管理的途径和方式还主要集中在初级层次或者中高级层次的初级阶段，如高校普遍设置的校务公开栏、校长信箱、校长接待日以及实行的学生助理制、学生评议制等，都只停留在知情权、监督权、建议权等初级阶段和层次。学生组织、学生干部参与管理也仅仅停留在宿舍、食堂等生活服务管理层面，对学校重大方针的决策根本无从参与。鉴于大学生身心发展的特殊性以及群体功能的特殊性，学生参与高校管理的范围和程度可以是有限的，但学生作为学校主体参与学校各个层次管理的权利却是不可忽视的。高校应充分尊重学生参与学校重大决策领域管理的权利，让学生真正享有"参政议政"的权利。

（2）创新大学生参与高校管理的方法。随着网络技术的成熟以及高科技产品在高校的广泛应用，学校可以充分借助当前先进的技术和科技手段拓宽学生参与学校管理渠道。例如，南开大学就通过开设"小开"微信平台来专门用于校园信息咨询、交流和反馈等事务，学校不仅能够用它发布各种公告信息，还可以将其用于向学生征集各方面的提案和意见，成为"随时随地任何学生"参与学校事务管理的一种新的便捷途径。此类形式创新与方法创新，能够打破以往学校管理工作在时间和空间上的限制，提高管理工作的效率，使学生参与学校的管理更加人性化和现代化。

（3）增强大学生参与高校管理的能力。无论是我国还是西方国家，学生与教师和专职行政管理人员相比，在知识、经验和能力方面都是不足的，但这不足以成为限制他们参与学校管理的理由。大学生作为由成年人组成的群体，已经具备较成熟的思想和独立判断的能力，同时还兼具较强的可塑性和培养空间。高校应当重视对学生参与学校管理能力的培养，创造机会让更多学生关心和了解学校的发展并积极参与到学校管理当中，尤其要鼓励学生参与教学管理、干部选举及奖惩制度等事关自身发展和切身利益的重大事务。例如，辽宁大学曾实施大学生机关挂职锻炼计划，每年选拔一定数量的优秀在校大学生，安排他们担任校内重要行政岗位的助理工作，包括教务处处长助理、后勤集团总经理助理、学生处处长助理等，锤炼学生参与学校民主管理的素质与能力。

第三节　高校环境层面的转变

一、营造健康积极的高校学生管理大环境

随着网络技术的发展，尤其是依托数字技术、互联网技术、移动通信技术等以手机网络、微博客、即时通软件等为代表的新媒体技术，对高校网络文化的建设和管理产生了较大的影响。同时，互联网的互动、手机与互联网的互动，以及互联网络、手机网络、电视网络三网融合等形成的新媒体环境，也在对如何构建一个健康、文明的高校网络环境提出了新的挑战。因此，如何加强高校网络文化建设和管理，营造积极、健康的校园文化环境，运用网络新技术在新媒体环境下推动高校新闻网的创新发展，用正确、积极、健康的思想文化占领网络阵地，发挥高校新闻网的优势是亟待解决的问题。

网络文化建设已经成为社会关注的热点，也成为思想政治教育工作者参与的一个重要领域，随着网络信息技术的进步，网民的数量在剧增，网络文化业态呈现了多元化的趋势，它对我们的工作、学习、生活产生的影响也越来越大。高校网络管理中心是全校网络运行的最主要支撑平台和防范不法分子利用网络破坏学校稳定的堡垒，是展示学校整体风貌的"窗口"，是学校重要的舆论宣传阵地。大力加强高校校园网络文化建设的探索与实践，我认为，坚持以下 5 个方面的创新，是实现高校网络文化建设朝着健康、文明、和谐发展的有效途径。本文仅就加强网络文化建设和管理谈一点粗浅认识和建议。

（一）加强学校网络思想政治工作队伍建设

在信息爆炸的电子时代，网络思想政治教育日益显得重要而迫切。当务之急，高校需要建立一支高素质的网络思想政治工作队伍，这支队伍不仅要具有较高的思想政治教育理论水平和丰富的思想政治教育经验，而且还要掌握计算机网络的基本知识和技能，熟练地利用网络平台开展思想政治工作。网络思想政治教育工作的展开，要以了解和熟悉网络语言、网络文学、网络游戏等网络文化的各种形态为前提，把握大学生的思想动态，关注和参与到他们的网络生活中，及时进行心理辅导和思想引导，使思想政治工作渗透到学生的虚拟生活之中，使网络时代的思想政治工作取得更好的效果，这就要求加强高校网络思想教育工作能力建设。加强校园网络文化队伍建设，还需要合理配套各类专兼职人员，既要有网络专业

技术人员，又要有网络管理人员，还要有网络文化研究人员。按照"提高素质、优化结构、相对稳定"的要求，建立统一指导、各方配合、责任明确、优势互补的网络工作队伍。凭借这支队伍，努力实践并着力打造"绿色网络校园"。通过各种途径密切关注网上动态，随时与学生进行平等的沟通与交流，及时回答和解决学生提出的有关学习、生活、就业等方面的问题，增强大学生网民的信息解读能力，引导大学生运用辩证的观点和科学的方法，去分析问题，明辨是非，增强对网络文化的辨别力和抵制不良信息的能力，促使他们健康上网。

（二）提高学生的文化素养、自我调节与管理能力

培养和提高大学生网民对有害信息的自觉抵制意识和能力，对于建设社会主义网络思想阵地具有基础性的意义。首先，要使青年学生学会做自己的心理医生。青年学生的情感丰富而又容易冲动，因此要学会保持健康的情绪，适时宣泄不良情绪，找到合理表达自己诉求的方法，防止过度迷恋网络游戏，就显得非常重要。其次，要使他们学会计划自己的生活，建立合理的生活秩序。现在的许多大学生尤其是大学新生，生活自理能力较差，有的甚至难以适应大学的集体生活。还有些学生不能进行正常的人际交往，建立良好的人际关系，而人际关系不良也会导致网络游戏依赖和成瘾现象的产生。最后，培养学生的道德自律意识。学生阶段是一个人的人生观和世界观的形成与定型阶段，教育他们增强网络伦理道德观念，在网络社会里遵守起码的行为准则，自觉加强修养，树立正确的人生观和世界观，显得非常重要。在这方面，可以开展关于网络游戏道德方面的座谈会，让学生参与进来自由讨论，一般是使他们充分认识到网络道德失范的社会危害性，提高大学生网络自我教育能力的目的。

（三）营造积极健康的校园文化环境

学校应该有意识地组织力量开展网络信息安全方面的科学研究，利用技术的力量对侵入网络的有害信息进行处理，努力净化网络环境，将有害信息拒之校园网外。学校应该加强校园文化建设，丰富学子们的业余文化生活。首先，要以学生为本，积极开展充满时尚和青春活力的文娱活动，想方设法来吸引学生们的兴趣和注意力。其次，及时对沉迷网络游戏的学生给予关心和帮助，为他们营造一个积极、健康的学习和生活氛围。最后，学校适度介入网络游戏，最大限度地控制暴力、色情等不健康信息的进入，为学生创造一个积极向上的、健康有序的网络文化环境。

（四）加强网络监管力度，有效管理网络文化

当代大学生，受世界经济浪潮的影响较深，对新鲜事物的探索和尝试较为积极。但是，由于涉世未深，自我控制能力差，一不小心就会做出违反国家法律和

社会道德的事情。高校可以发挥思想政治教育的优势，引导大学生明是非，辨美丑，不制作、不传播、不散布有害信息，树立良好的网络道德品质，自觉抵制不良文化的侵蚀。

校园网络文化技术上的监管可以从三个点切入：

一是校内网站监管。网站留言板和BBS均以互动方式进行交流，任何人都可以方便地发布信息，属于校园网络文化监控的重点。现在的留言板和BBS在技术上可以做到实时记录发布者的用户名、发布时间、上网计算机IP地址，以及上网计算机安装的操作系统和浏览器版本等资料。这样，既可以保证学生发布的信息有据可查，又可以对学生产生自我约束的效果。

二是校内上网场所监管。通常，高校校内可以上网的场所有公共计算机房、学生机房、网络实验室、电子阅览室、学生宿舍等地点。公共上网场所的上网计算机可以使用机房管理系统软件进行管理，学生凭学生证实名登记上网，有条件的高校也可以使用校园IC卡刷卡上网。机房管理系统软件具备了记录上网时间、上网计算机IP地址的功能。学生宿舍上网管理，简单的可以采取分配固定IP地址、用绑网卡MAC地址等手段，也可以安装一套宽带认证计费系统软件。上网者通过账号和密码登录上网并接受软件的管理。这样，通过技术上的管理措施，结合网站对信息发布者相关资料的记录，可以按图索骥，较方便地寻找到发布信息的人。

三是校内网络信息监管。要想有效阻挡校外网络不良文化传入校园网内，可以采取在校园网网关处对网络信息进行过滤的方法。

（五）以学生为本，创新高校网络思想政治教育

树立科学发展观，加强大学生网络思想政治教育，就要尊重大学生的主体意识，以学生为本，通过教育目标、教育过程、教育手段、教育方法的设计，凸显大学生的主体地位，增强其网络主体的自主性和创造性，提高大学生对网络的驾驭能力，在知识积累、能力锻炼的同时，提升思想道德水平，促进大学生的全面健康发展。主要做好以下几方面工作：第一，网络环境条件下的高校道德教育需要重新定位自己的目标。遵循理解、尊重和信任的原则，以疏导为主要方式，把发展学生的主体性作为最迫切的目标，指导他们学会选择，着力培养和形成学生正确的道德价值观、道德评判力以及道德自制力，以培养具有自主、理性、自律的道德判断和道德实践的个体，使大学生成为网络道德的自觉倡导者和积极实践者。第二，需要重新设计道德教育的内容。网络既是德育的手段，又是德育的内容。学校网络德育要在原有德育内容基础上突出价值观的教育和注重道德意志力

的训练，使学生能够"辨别真伪、追求真理、慎于判断"，增强识别评价和选择道德信息的能力，抵制不良信息的诱惑。第三，建立思想政治工作专门网站，占领网络"红色"阵地。专门的思想政治工作网站，是思想政治教育科学化、技术化、时代化的迫切需要。建立网络德育信息数据库，通过网上"两课"答疑和辅导，坚持马克思主义在网络文化中的指导地位。

二、与校园文化建设有机结合

高校校园文化是以高校的校园为空间，主体是高校的学生、教职员工，主要内容是课余活动，基本形态是多学科、多领域的文化，广泛的交流和特有的生活节奏，具备了社会时代发展特点的群体文化，是社会主义精神文明在高校的具体表现，是一所高校所特有的精神风貌，也是学生政治文明素养、道德品格情操的综合反映。简而言之，高校校园文化是以教师为主导，学生为主体的，在特定的校园环境中积淀形成的，与社会时代发展密切关联且具备校园自身特色的人文氛围、校园精神和生存环境。

（一）校园文化与学生管理的基本内涵

（1）校园文化的内涵。校园文化是指由全体师生员工在长期的教学实践过程中培育形成的共同遵守的道德标准、价值观念及行为规范，它以学生为主体，以校园为主要空间，以育人为导向，以精神文化、环境文化、行为文化、制度文化建设为主要内容。环境文化是校园文化的基础，主要包括"硬环境"和"软环境"；精神文化是校园文化的灵魂，包括校风、学风、教风、作风等；行为文化具体体现在师生员工的言行举止中，主要包括各类人际关系、道德行为规范等；制度文化是校园文化建设和学校正常运转的保障，具体包括各类规章制度，如校规、班规、宿舍管理规定、社团规章制度等。此外，校园文化具有5个方面的功能，包括导向功能、教育功能、凝聚功能、约束功能、陶冶功能。此5项功能作用于学生学习和生活的全过程，正确地引导学生健康发展。

（2）学生管理的内涵。学生管理是指高校学生管理工作者通过各种手段，对学生在校期间的学习、生活和行为进行管理和规范，旨在维护高校正常的教育教学秩序和学生的生活秩序，保障学生身心健康，促进学生德、智、体、美全面发展。根据2005年9月1日起实施的《普通高等学校学生管理规定》，高校学生管理包括学籍管理、校园秩序、课外活动、奖励、处分。其中，学籍管理包括入学与注册、考核与成绩记载、转专业与转学、休学与复学、退学与毕业、结业和肄业；校园秩序包括学生行为规范、寝室管理、环境卫生维护及其他规章制度；课外活动包括各类社团活动、勤工助学及社会实践等；奖励主要指对在思想品德、学业成绩、科技创造、体育文娱及社会服务等方面表现突出的学生，给予的物质或精神上的奖励或表彰；处分是针对违反学习和生活纪律的学生实施的惩罚，包括警告、严重警告、记过、留校察看、开除学籍。此外，随着高校学生管理工作的不断创新，高等院校也越来越注重对学生的服务，绿色通道、就业服务、心理辅导等工作也成为高校学生管理工作的重要内容。

（3）校园文化对学生管理的重要意义。校园文化与学生管理具有密切的关联性。第一，二者目标一致。校园文化与学生管理都以育人为目的，以为社会培养高素质的综合型人才为目标。第二，二者主体一致。校园文化以学生为主体，学生是校园文化建设的参与者与受益者。学生管理同样以学生为主体，学生是学生管理工作的中心。鉴于校园文化与学生管理在提高学生综合素质、培养复合型人才上的一致性，加强校园文化建设必定可以推动学生管理工作的完善和创新。学生思想和行为内容不断延展，新时期的学生管理离不开"学生本位"的教育思想，充分发挥学生的主观能动性，对于学校和学生的发展以及校园文化的建设大有裨益。因此，"一切为了学生，为了学生的一切""尊重人格，保护天性"等先进的教育理念必须被广大学生管理工作者所接受和运用。"以人为本"的育人环境和氛围离不开校园文化的建设。校园文化作为一种群体性文化，通过长期的沉淀与升华，形成了人们共同遵循的价值标准、行为规范和崇高追求。而校园文化所具备的导向、陶冶等功能，潜移默化地影响着学生的思想和行为，学生在特定的人文环境的熏陶下成长，形成健康的人生信念和价值追求。

（二）构筑良好的校园环境文化，为高校学生管理提供物质保障

学生管理是以服务学生为根本目的的，为学生构筑良好的、有序的校园环境是管理学生的前提。高校校园环境文化首先包括校园物质文化环境，它是指高校为师生员工学习、工作、生活、娱乐等活动提供的物质条件。高校的物质文化环境是高校校园文化的"硬件"，也是高校学生管理工作的基础环境或基础条件，如果没有良好的校园物质文化环境，高校校园文化无法健康地发展，高校学生管理工作也会缺乏相应的物质保障。比如，学校的环境幽雅，景色迷人，我们就可以用其自然美的景观来陶冶学生的性情，塑造学生美的心灵。校园的合理布局、花草树木、名人塑像、橱窗、宣传栏等，可让学生耳濡目染并感受浓郁的校园文化氛围。所有这些景观背后，都示意了包括建筑文化、历史文化、艺术文化、现代科技文化等"亚文化"的独特的内涵所在，而这种"亚文化"和校园总体建筑本身所构成的校园景观，使校园能时时处处洋溢着浓厚的文化气息。学生通过干净、整洁、优美的环境的陶冶和塑造，既约束了自己的行为，又提高了自身的人文素养，达到促进高校学生管理工作开展的目的。其次是包括知识学术环境，主要指学术科研、教学管理、学风建设等方面的情况和条件。它是衡量一个高校校园文化建设的好坏、管理水平高低的重要因素，它甚至直接影响育人的质量。最后是包括人际关系环境，主要是指校园内部的人际关系，如学生之间、师生之间、领导之间、教师之间等多方面的关系，和谐、融洽的人际关系环境能使大家保持良好的心理状态，利于教，利于管理，利于学生的健康成长。

（三）营造健康积极的精神文化氛围，为高校学生管理提供精神动力

高校校园精神文化环境建设首先应在所有的教学和校园文化活动中坚持正确的政治方向，用马列主义、毛泽东思想、邓小平理论、"三个代表"重要思想和科学发展观武装学生头脑，弘扬民族优秀文化传统，加强对学生进行科学的世界观、人生观、价值观和道德观教育，引导浓厚的舆论氛围，弘扬正气、树立新风、强化理想信念、崇尚奉献精神，这对学生的世界观、道德观、价值观有着树立、锻炼、修正和提高的作用，可以增强学生的民族自信心、自尊心和使命感，激发学生的爱国主义精神，培养学生健全的人格和高尚的道德情操，增强学生抵制错误思潮的能力。要根据高校总体培养目标和学生实际，开展丰富多彩的第二课堂活动，用健康高雅的文化和艺术，引导学生合理支配闲暇时间，并且注意将学生管理工作融汇在生动活泼的各种活动之中，寓教于乐，使学生在活动中展现自己、锻炼自己、发挥自己、实现自我的价值，这对培养学生健全的人格、创新的能力，有着不可替代的作用。由此可见，良好的"精神文化"氛围，是实现高校学生工作科学管理的前提。

（四）创建科学的制度文化，促进高校学生管理和谐有序

高校校园文化，是社会整体文化的一部分，必须加以科学引导和规范，因而要创建科学的制度文化。制度文化是校园规范化建设和制度化建设的集中体现，这要求高校学生管理必须在各种制度、规章的约束下进行，规章制度对教师教学行为的约束、对学生行为规范的养成、对校园健康向上氛围的形成有着很大的促进作用，这也将促进高校学生管理和谐有序地开展。高校的制度文化，主要包括道德行为规范、公共生活准则、校规校训、业余及课余活动规则等方面。要根据本校情况制订和完善学校各项规章制度，在校党委的宏观领导下，调动学校所有职能部门的积极性，上下协力，齐抓共管，使校园生活规范化、制度化。

（五）校园文化建设是促进学生管理工作的基本途径

1.加强校园环境文化建设，提升服务学生能力

校园环境文化可称为校园物质文化，与精神文化相对。它是校园文化中的基

础系统，是校园文化建设的前提，是精神文化的有效载体和实现途径，也是校园文化的直观体现。

第一，重视校园"硬环境"的建设。所谓"硬环境"又称物质环境，主要包括校园建筑、校园景观、教学设施、体育文娱设施及周边环境等，这些能看得到、摸得着的实体无不反映学校的教育理念和精神风貌，物质环境是开展育人活动不可或缺的基础和物质保障。因此，这就要求学校加大对"硬环境"的投入力度，尽可能地完善校园基础设施，为师生开展丰富多彩的教学活动、文娱活动提供重要的载体，使师生学有其所、乐有其所。在打造校园"硬环境"的过程中，各类建筑和设施应达到美感教育的标准和功能丰富化的要求，如校园建筑，包括教学楼、图书馆、宿舍楼、体育馆等，作为学生学习和生活的重要场所，应具备实用与艺术的双重功能，愉悦学生的身心，使学生在不知不觉中受到影响和启迪。同样，校园景观建设也应达到使用与观赏功能的统一。校园的园、林、水、路、石等人文景观有助于陶冶学生情操，塑造学生美好心灵，激发学生进取精神，促进学生身心健康发展。学生在优美的校园环境中成长，有助于激发其爱校热情，有利于学生管理工作的实施。

第二，重视校园"软环境"建设。"软环境"是相对"硬环境"的一个概念，也是一种精神环境，主要包括校园内的人际氛围、舆论氛围等。人际氛围主要指校园内的各类人际关系，包括教师与学生、学生与学生、教师与教师、领导与教师之间多层次的人际关系。每个人都不是孤立存在的个体，高校学生所有的学习和娱乐活动都是在与人交往的过程中实现的，大学是个小社会，社会交往是大学生社会化的根本途径。学生通过社交建立起相对稳定的人际关系，人际关系网对学生的一言一行和身心发展影响重大。和谐的人际关系有利于维护校园秩序，使学生形成正确的是非观念。因此，教师在学生人际关系形成的过程中应发挥主导作用，避免学生产生孤僻、嫉妒、自卑等社会交往问题，正确引导学生坚持平等、相容、理解、信用等交往原则，远离习惯不良、思想扭曲的人，选择道德高尚、心地善良、积极进取的人交往。此外，教师作为学生间的裁判员，应坚持公开、公平、公正的原则，化解学生间的矛盾，解除学生间的误会，做到不偏私、不歧视、不主观。

2.加强校园精神文化建设，营造和谐育人氛围

第一，重视传统教育。习近平总书记在 2013 年全国宣传思想工作会议上指出，要"讲清楚中华优秀传统文化是中华民族的突出优势，是我们最深厚的文化软实力"。可见，传统文化对于公民形成正确的价值理念、行为规范、理想信念尤为重要。党的十八届三中全会在全面深化教育领域综合改革的决议中提出："全面贯

彻党的教育方针，坚持立德树人，加强社会主义核心价值体系教育，完善中华优秀传统文化教育，形成爱学习、爱劳动、爱祖国活动的有效形式和长效机制，增强学生的社会责任感、创新精神、实践能力。"中华优秀传统文化是中华民族的根基和血脉，也是大学生身心成长的指路明灯。高校教育工作者要坚持"取其精华，弃其糟粕""传承与创新相结合"等原则，通过各类教学和文化活动，如实践教学、演讲比赛、征文大赛、文艺会演等活动形式，传播优秀的传统文化，其中包括天人合一的和谐精神、自强不息的进取精神等。同时，深刻挖掘学校的文化底蕴和历史传统，讲清楚学校的历史和文化，使学生感受到学校的魅力所在，从而激发学生的自尊心、自信心以及爱国、爱校情怀。学生管理工作者只有本着与时俱进的原则，融入先进的教育理念，方能不断深化校园精神文化。在优秀传统文化熏陶成长下的学生，更易于塑造健全的人格、培养高尚的品格，这与学生管理工作的目标相一致。

第二，加强校风建设。校风即学校的风气，是一所学校鲜明的个性特征，它体现在全体师生的精神风貌上。校风是一个多层次、多要素的动态系统结构，涵盖教风、学风、作风、班风、舍风等各类校园风气。良好的校风有利于学生思想品德、道德情操、行为习惯的形成。因此，校风建设是育人的关键环节。教师是人类心灵的工程师，加强师德建设、提高教师的业务素质有利于形成良好的教风。良好的教风对学生汲取知识、培养能力意义重大。班级是学生获取知识和提高素养的主要场所，和谐、向上的班集体对学生的学习兴趣、道德品质、行为习惯和良好学风的形成有着促进作用。为加强班风建设，首先要对班级日常管理进行严格要求，用制度来约束学生言行；其次要营造浓厚的学习氛围，通过互帮互助、嘉奖优秀等方式激发学生的学习动力，培养学生良好的学习习惯，使每个学生都能成为群体的典范。

此外，宿舍是学生生活起居的唯一场所。良好的舍风有利于学生养成好的生活习惯，如早起早睡、勤奋上进、锻炼身体、读书看报等。好的生活习惯对于学生进入社会、成家立业有着长远、深刻的影响。为加强舍风建设，需要严格宿舍制度，对于不遵守宿舍制度的学生加以管教和约束，还要发挥学生干部和学生党员的榜样作用，带动普通学生养成健康的生活习惯。

3.加强校园制度文化建设，建立完善的规章体系

第一，完善规章制度体系。校园规章制度是全体师生共同遵守的行为准则。对于学生来说，规章制度犹如一面镜子，时刻提醒学生正其观、端其行，避免违反纪律、误入歧途；对于学校来说，规章制度是学校文明的标志，学校力求在育人实践中加强"制度化、科学化、规范化"的管理，努力使各项工作有章可循。

严格的规章制度能保证教学工作的顺利推进，是学生成才的重要保证。因此，建立和完善科学的规章制度体系尤为重要。随着高校教育改革的不断推进，高校的制度建设也应朝人性化、科学化的方向发展，尊重学生的人格，倾听学生的诉求，使师生关系更加和谐，学生管理工作更容易开展。同时，规章制度的制订应具备科学性、合理性、可操作性等特点，缺陷重重的规章制度不能起到约束、教育的作用，会影响校园文化的整体建设。规章制度自身的完善是规章进入执行程序的前提，是学生管理工作顺利推进的保障。

第二，提高规章制度的执行力。学生管理工作以学校各项规章制度为依据，规章制度的执行力影响着学生管理工作的成败。科学的规章制度是学校各项工作开展的保障，但若有令不行，有章不循，有错不罚，再好的规章制度也是纸上谈兵。所以，提高规章制度的执行力是保障各项制度落到实处的根本途径。学生管理工作者在执行规章制度的过程中，应做到事前防范、事中控制、事后监督。事前防范，可以防止违纪行为的发生，并减低管理成本，减少管理压力；事中控制，可以保证制度的严肃性，使制度在公平、公正的原则下运行，防止事态偏离正常轨道；事后监督，对制度执行者和制度执行情况进行考核，可以不断完善制度体系，使制度更加科学、合理。除此之外，应不断加强学生的思想政治教育工作，使学生认识到遵纪守法的重要性和违法乱纪应付出的沉重代价，积极号召学生自觉遵守规章制度，做到自尊、自爱，使每一个学生都能成为遵纪守法、道德高尚、素质优良的时代典范。

第四节　教育体制建设层面的转变

一、加强法制化建设

（一）当前我国高校学生管理工作中出现的问题

（1）规章制度导致的纠纷问题。我国的普通高校是依照行政机关委托授权其行使国家公民权利的组织，普通高校根据有关规定对受教育者进行相应的管理。但是，法制社会要保障公民的权利，这样一来这两者容易产生矛盾。当前我国高校的管理制度是以法律为基础，结合本校的情况进行制定的，没有专门的审查部门，这样会在一定情况下出现学生状告学校，法院判定学校制度"无效"的情况。实际上，学校的自主管理机制是法律给学校为确保其组织目标实现而对其内部事务处理的一种裁量权。因为教学活动的特殊性，很多问题无法量化处理，如综合素质等，都要经过一定的定性才能进行判断。

（2）重管理，轻权限。高校为了追求从严治校的管理效果，在拟定学生行为规范及学生综合评价等一些规章制度上，没有完全考虑到学校的管理制度。例如，有的高校规定，禁止学生在校内有一些接吻等亲密行为，并且将这种靠学生自律的行为写入规章，这在法律上是禁止的，会造成高校管理制度与法律的冲突。

（3）行政本位思想普遍。因为长期受到计划经济管理体制的影响，高校管理人员和教师对涉及学生权益的问题常常采用命令、行政的方法来处理，很少依法解决教育教学中出现的问题。随着市场经济的发展，学生和学校、教师和学生间的关系渐渐变得复杂，涉及高校学生维权的案件也不断增加，这无形中将学校推到了一个法治化发展的轨道中。

（4）法制化管理理念缺乏。在当前高校管理工作的开展过程中，高校管理者慢慢形成了一种以行政管理作为主要管理方法的做法，在管理的形式上过分注重统一化和对学生实施绝对的领导，这种管理形式没有对学生的合法权益加以考虑。在当前的高校管理模式中，相关的管理者缺乏法制化管理理念，认为学生就应无条件服从学校的领导，根本没有通过正规的法律渠道对学生进行管理或者解决学生之间出现的问题和矛盾。此外，当前大学生法律意识还比较淡薄，还不能充分运用法律手段维护自身的合法权益，这也是造成学校这种行政管理持续的重要原因。

（二）高校学生管理工作法制化建设的必要性

高校学生管理工作法制化建设的推进，是当前构建和谐社会的重要内容，是促进高校学生健康全面发展的重要途径。

（1）是完善高校法制教育体系的重要措施。法制是社会生活的重要组成，是学生接触社会、进入社会过程中必然要接触到的社会内容。但是，从当前高校的教育现状来看，法制教育并没有引起高校的重视，这就直接或间接地造成当代大学生的法盲现象。因此，高校学生管理工作法制化建设的推进，能最大限度弥补高校法制教育的空白和漏洞，为学生的健康成长保驾护航。

（2）是促进学生全面发展的重要内容。在法制社会里，法制是单位人生存及发展的必备基础。高校学生管理工作法制化建设的推进，能为学生打开另一扇窗户，让学生从法制的角度去看待这一社会及社会运行的本质，在帮助学生成为全能型人才的同时，促进学生人生观、价值观及世界观的全面发展，帮助他们顺利地走进社会。

（3）实施法制化管理是学校进行管理体制变更的内在要求。随着社会经济体制的不断发展和变更，高校已经从传统计划体制下的单纯的公益性事业演变成了公益性和产业性相结合的教育实体。当前的高校作为一种独立的事业性法人，它享有办学的自主权利，学生也享有自主选择自己喜欢的院校以及自己喜好的专业的权利。高校和学生之间的活动受到国家法律的保护，双方根据自身的意愿来进行约定，这就是人们常说的合同调整。学校要为学生提供对应的学习条件和服务，让学生顺利地完成学业，同时学生也需要遵守学校制定的相关制度。如果学生刻意违反学校制定的规章制度，学校有权利对学生实施相应的处罚。随着高校内部管理体系不断完善，高校后勤社会化的脚步不断加快，学校不再根据其作为管理者的态度去管理学生，而是根据所制定的规范化标准，即和学生之间达成的约定去对学生实施管理。社会化的后勤体系主要表现为开放式的管理模式，要想让大学生适应学校后勤服务的社会化管理，实现学校的最终教育目标以及学校管理模式和社会发展形势相适应，就必须对学生的管理实施法制化。

（4）高校办学方向的自我要求。高等院校作为社会一个不可或缺的组成部分，其科学、文化的传播能够直接影响我国的法制化建设。同时，在我国社会主义法制化建设方针的指导下，我国的全体公民必须具备一定的法律意识和相关的法律知识。而高等院校是人才培养的重要基地，大学生的法律意识以及法制观念对于我国社会的发展和国家事业有着一定的影响。大学生是一个有文化、有素质的群体，在言行举止各个方面都能够对社会产生影响和示范的作用，提升大学生法律意识，加强大学生的法制教育，让大学生在法制的影响下规范自身的学习和生活，提升大学生素质，让大学生逐步形成遵纪守法的意识和习惯，能对我国社会的法制化进程起到一定的推动作用。因此，想要建立一个社会主义法制化国家，加强全社会公民的法律意识和法律素质，实行高校学生管理工作的法制化是非常必要的。

（三）高校学生管理工作法制化建设推进的具体措施

高校学生管理工作法制化建设的推进，其主要目的在于营造一个良好的法制氛围，将法制理念植入学生的思想，在促进学生全面健康发展的同时，为社会经济建设做出力所能及的贡献。结合高校学生管理工作开展的现状，可以从以下几个方面采取措施，推动法制化建设。

（1）制订完善的法律监督管理制度。高等院校在学生管理方面有很多权利，这些权利具有一定的意志性以及单方强制性。长期以来，我国在法制建设上还存在一定的不足，对于高校的学生管理工作也缺乏司法审查，很多在校大学生的合法权益得不到维护。从我国法律法规的角度来说，与学生相关的人身权利行为在实质上并没有得到明确的授权，这导致很多权利缺乏司法程序的保护。所以，要制定一个完善的高校教育法律体系，依法规范高校管理工作，以促使司法程序充分地贯彻到高校学生管理工作过程中，通过法律的途径使高等院校和学生的权利平衡得到保障，保护大学生的合法权益。

（2）开展专题教育讲座，传播法制理念。高校学生管理工作的法制化建设，首先应对学生的法制理念进行培养。在众多法制化教育手段中，专题教育讲座是较为有效的一种，可以邀请一些较为著名的讲师就大学生感兴趣的某一内容进行教育和引导。比如，大学生恋爱是常事，当感情趋于成熟的时候，男女双方可能会选择同居。就我国的实际情况来看，社会民众对同居这一概念较为敏感，甚至觉得羞于说出口，同居部分的法律也是较为欠缺的。在对这一专题进行法制教育渗透的过程中，可以借鉴一些国外的法律经验，让学生对同居有一个正确的法律概念，以便在今后遇到类似问题的时候能作出正确的选择与判断。在开展专题法制教育讲座的过程中，一定要注意以下问题：其一是专题与大学生的兴趣倾向应保持一致；其二是一定要与学生进行互动。

（3）提升高校学生管理工作队伍素质。在高校学生管理工作中，一个高水平、高素质的管理队伍能够有效提升学生管理工作的效率。当前，我国高校一些思想教育工作者在工作中的地位和行使的权利相对来说有所降低，这导致很多思想教育工作者在心理上存在一定的波动。对于这一问题，高校可以在思想教育工作者中挑选一些理论知识相对扎实，而且具有一定工作热情的人员，对其进行法学理论的相关培训，让这些思想工作者掌握法律专业知识，并鼓励其考取相关的证书和更高层次的执业资格，将这些掌握法律专业知识的思想工作者作为学生管理工作的中坚力量。也可以在校外聘请一些专职的法律相关工作者，组建成一个大学生法律救助的组织，与一些司法单位建立长期稳定的合作关系，共同受理申诉的各类案件。

（4）建立正规的管理程序。实现法制化的重点，在于管理的具体程序。如果实现了管理程序的法制化，就等于实现了管理行为的法制化。在校学生如果违反了学校的相关规定，在对学生进行处分前，需要第一时间通知学生，以此来保证学生的知情权，使学生的合法权益不会受到侵犯。学校还要设立听证制度，对学生的知情权进行保护。学校应建立相应的申诉体系，让学生拥有为自己辩护的权利，并设立有效的司法救济体制，对学生的合法权益实施最大化的保护。

（5）充分利用"校地联动共学共育"环境，营造法制化氛围。加强和推进大学生法制教育，仅仅局限在校园内是不行的，只有让学生与社会实际进行接触，学生所掌握的法律知识及形成的法律理念才能派上用场，否则就是纸上谈兵。结合"校地联动共学共育"实践活动的背景来看，校园作为根本的基地，承载着这一实践活动的资源需求，同时也为大学生法制教育工作的开展提供了实践的平台和渠道。因此，就大学生法制教育工作的推进来说，还应充分利用"校地联动共学共育"这一实践活动背景，走入社会，让大学生的法律意识成为立体的东西。

（6）坚持平等，服务学生。高校应有平等、履行义务的意识，满足学生的合理要求。对高校内的一些不良风气，管理者应认真分析，依靠思想教育等多种手段加以改变。对教学不重视，对后勤服务关注不力的情况应尽力改变，这是履行国家交给学校的义务，也是高校履行对学生的"服务"。

总而言之，就高校学生管理工作的法制化建设来说，教师应起好模范带头的作用，为学生法制化理念的形成奠定基础和条件。同时，教师还应与学生进行良好的沟通，随时解答学生的法制疑惑，为学生在法制环境下健康成长做出努力。

二、健全管理机制

我国当前的高校学生管理模式缺乏创新，相应的规章制度不够健全。应顺应新时期大学生的特点，创新管理模式，建立健全管理机制，在加强学生管理队伍建设和相关的规章制度建设等方面，有针对性地提出对高校学生管理工作可供操作的对策和建议。

高等教育从规模发展转变到稳定规模、提高质量的内涵发展的道路上，学生发生了很大变化，尤其是新一代大学生的入学带来新的挑战，学生工作如果还固守原来的管理理念必然会带来许多问题。从科学发展观来看，核心是以人为本，对于高校而言就是要以学生为本，而现在还有不少学校学生管理主要是命令式的，学生管理者具有绝对的权威；管理理念应注重过程，而至今仍有很多高校是以"结果管理"为目标的学生管理理念。规章管理制度没有及时更新，跟不上新一代大学生的要求，有很多方面没有相应的规范制度。所以，要加强新时期高校的学生管理机制。

（一）建立科学的学生管理机制，强化管理队伍建设

解放思想，更新观念，建立"以学生为本"的科学管理机制。人是教育的基础，也是教育的根本。一切教育必须以人为本，这是现代教育的基本价值。笔者认为，高校应树立以学生为本的教育管理核心理念。要实现以学生为本的教育管理核心理念，就要尊重青年学生，尊重他们的人格，尊重他们的个性，尊重他们的基本权利和责任。管理是引导，不是去左右；管理是影响，不是去支配；管理是感染，不是去教训；管理是解放，不是去控制。以学生为本是对学生人性的唤醒和尊重。真正的管理是以学生为本的管理，让学生体验学校生活的美好，体验

学习成功的快乐，体验同学间友谊的纯洁，通过各种教育活动培养他们积极的人生态度、鲜明的价值判断、丰富的思想体系。学生管理要高度关注学生的自由、幸福、尊严和终极价值，用全面发展的视野培养全面发展的人。学生管理要体现人文关怀和道德情感。无论现代管理手段多么先进，都不能否定面对面的教育工作；无论现代传媒多么发达，都不能代替人与人之间的感情交流融合；无论各项制度多么完善，都不能忽视人文关怀和道德情感。现代管理要用真理的力量、人格的力量、道德的力量、情感的力量，将外在规范要求内化为思想品格。学生管理工作要认同学生在学校的主体地位，了解他们，尊重他们，为他们服务。准确把握学生的思想脉搏，不仅要掌握学生的群体特点，还要关注学生的个性特征。不仅要把他们看作教育管理关系中的权利主体，还要把他们看作能动的、有创造力的行为主体，真诚关爱青年学生健康成长，坚持解决思想问题和解决实际问题相结合，从青年发展需求出发，把职业发展、心理健康、帮困育人作为人生指导的重要内容，把教育着力点从消极防范和控制转向积极引导和真诚服务上来。改变传统学生管理者高高在上的姿态，从以教师为中心的模式转变为以学生为中心，充分肯定学生的优点，给予学生相对自由的空间发挥其自主性和创造性。

以往的学生管理主要是命令式的，学生管理者具有绝对的权威，而现阶段"90后"大学生具有强烈的参与意识，喜欢竞争且个性独立，他们希望被尊重，不喜欢被强迫接受某种观点和理论。根据这些特点，应该提倡学生的自我管理、自我教育，学生管理者应担当指导者的角色，引导学习和工作的方向，并且在其过程中给予提示和警告。加强学生管理队伍建设，高素质的学生管理人员是学生管理工作的重要保证，也是学生管理工作是否顺利有序进行的关键。在加强学生管理工作方面，要严格要求学生管理者按照规章制度执行工作职责，建立完善的工作监督体系，还要在工作、生活上关心他们，充分调动其工作积极性。同时，要大力加强学生管理者的培训和学习，经常安排他们参加各种业务培训活动，提高业务水平。

（二）规范管理，完善规章制度

规范规章制度，制定程序是关键。目前，高校的规章制度一般都是由有关职能部门负责起草，法制工作部门负责审查，经校长（院长）办公会议审议通过后，由学校公布施行。因此，规范规章制度的制定程序涉及起草、审查、审议与决定以及公布等诸多环节。

首先，起草工作最具基础性，对于保证规章制度草案的质量有着决定性的作用。在起草工作开始前，起草部门应当对拟起草的规章制度进行必要性和可行性论证，学校也应按期编制计划。只有经过深入调研，论证充分，各方面条件都比较成熟的规章制度项目，经批准并列入计划后，才能开始起草工作。立项程序的设置，对于事先发现问题并解决问题具有重要意义。

其次，在审议和决定阶段，必须明确规章制度草案须经校长（院长）办公会议按照规定的程序进行审议。经审议通过的规章制度必须在全校范围内公布。同时，还应当允许教职员工和学生查阅、复制或者摘抄已经公布施行的规章制度，并且建立相应的权利保障机制。

对规章制度的解释和适用进行规范，是规章制度实施的保障。严格地讲，规章制度的解释应当遵循"谁制定，谁解释"的原则，即由制定主体——高校负责解释。有关职能部门虽然负责了起草工作，但却不是该规章制度的制定主体，不享有解释权。以往，高校的规章制度大都规定由起草部门负责解释，这是不规范的。因此，规章制度，特别是需要对新情况明确适用依据和作补充规定时，应当由学校负责解释。当然，在行政工作中具体应用规章制度的问题，一般仍由有关职能部门研究处理。

规章制度建设工作是一项系统工程。新时期，我们的首要任务是在立项、起草、审查、决定与公布、适用与解释等各个环节都及时建立起相应的制度性规范。其中，重点应集中在建立重大事务和涉及教职工切身利益事项的议事、决策与监督程序，以及逐步建立健全学生纪律处分程序和学生申诉机制，以创造体现法治精神的育人环境。

从学校的实际、学生的实际出发，把学生管理的内容和要求体现在管理的各项制度中，使学生在日常的学习和生活中受到潜移默化的教育。同时，根据不断变化的新形势，及时调整和完善相应的管理制度，做到与时俱进。在具体的管理工作中认真执行规章制度，告诉学生可以做什么，不能做什么，让学生懂得怎样为人处世，在校园内营造良好的学习、实践、创新的氛围。同时，将解决学生的实际问题放在首位，在管理工作中，学生不论在学习还是生活中出现的问题能够积极有效地解决，通过问题的解决使学生对学生管理工作产生信任感，愿意积极配合学生管理工作，同时还能够促进学生管理工作的发展和进步。不断跟随时代变化，及时更新换代各种规章制度，规范管理，使高校的管理更加贴切和符合新一代大学生的要求。

三、提升信息化管理水平

（一）高校学生管理信息化建设的必要性

高校学生管理的信息化建设是高校学生管理进步的内在要求，信息化平台的建设也为高校学生管理工作提供了具体的服务内容。目前，高校学生管理系统的开发多是针对高校的整体管理，涵盖了学校的科研管理、财务管理、网站管理、图书馆管理等内容，其中对于学生管理的重视程度不足，以至于高校学生管理信息化程度较为落后。除了教学管理工作外，学生管理工作也是高校管理的一项重要工作。

（1）提高高校管理工作的效率和管理水平。高校作为国家教育的重要主体，关系到国家教育水平的发展和社会进步。高校的教育目标是为国家输送大量高素质人才，为国家建设提供人才输出。高校学生的教育工作不但是专业知识和技能的培训，还包括大学生心理健康以及发展综合素质的提升。高校学生辅导员是学生日常事务和学习生活的辅导者和管理者，对于学生的发展和成长起着关键的作用，越来越多的日常事务和学习管理工作，都能够通过信息技术和网络技术实现，信息化建设已然成为学生管理工作的一个有效途径。

高校学生管理工作的开展，是学校其他工作开展的基础和核心，也是其他学生工作有序开展的前提。利用网络技术等信息化技术实现高校学生管理的信息化建设，是提高学生管理工作效率和水平的一个有效手段。利用信息化技术的综合处理特性，对学生的各类信息进行高效的处理，处理的结果也可以通过网络平台更快更直观地表达出来，信息的处理结果可以在互联网上供师生及时查看，学生信息得到了更加高效而准确的处理，降低了学生管理工作中很多繁复工作的难度，管理者也有更多时间致力于其他方面的管理。工作效率的提高让学生管理工作安排得更加合理，也避免了学生管理工作中心的偏移，能更好地协调学生管理的各项工作。

（2）优化高校学生管理流程。高校学生管理工作环节复杂，涉及大量的事务性工作，如学生信息更新、学生奖学金、学生评优、学生选课等内容，这些内容往往是先有院系等学生工作处进行处理，然后再汇总到学校学生处。这样的工作流程环节多，管理层级也比较复杂，由上而下的管理模式更容易出现疏漏，效率也比较低。信息化管理平台很好地优化了这种复杂的管理模式，简化了整个学生管理工作流程，让学校的有关职能部门、院系和学生三者之间有更好的管理平台，学生信息的接收、处理和汇总也有更加便捷的流程。除此之外，在网络模式下，学生管理工作还摆脱了一定的空间束缚，可以在网络中完成而不需要到相关部门进行实际操作，让学生管理工作更加灵活。针对我国高校学生管理人数众多，管理结构复杂的现状，信息化建设能够更好地协调学校各部门之间的工作，对优化学校管理流程有很强的现实意义。

（二）高校学生管理信息化建设模式

推动高校学生管理信息化建设，关键就在于对学生管理工作的相关信息进行采集和处理，将这些信息按照一定的信息处理规范，建立学生信息管理数据中心，采用一系列计算机技术开发学生管理工作的业务系统，实现对学生信息的管理，并在网络平台上实现多部门的学生信息管理服务，为学生提供一体化的信息服务。学生通过信息化管理模式能够更快更准确地获得信息，学校也能通过信息化管理平台更加高效地处理学生信息，整体提高了高校的管理水平。构建高校学生管理信息化模式可以从以下几个方面进行：

（1）制定严格的信息标准。高校学生管理工作的信息化建设涉及大量的学生信息，所以高校学生管理信息化标准要具备一定的适用范围，能够涵盖学生管理相关的信息。在此基础上，其他的管理业务才能够利用这些信息完成具体的功能。

（2）建立统一的管理数据共享处理平台。高校信息化学生管理系统需要在校园内部建立一个信息共享的平台，学生管理的相关信息在网络中传输交换，利用网络高速的特点提高信息传输和处理的速度，这就需要一个综合性的信息交互平台，将学校的各个职能部门和院系联系起来，能够收集并处理需要管理的学生信息，在学校建立一个自封闭的管理信息平台。管理信息的共享平台，要能够协调应用中不同的数据结构，如 Oracle、SQL、MySQL 等共享和集成的问题，从而更好地解决学校管理信息的孤岛问题，让各种管理信息都能够在管理系统中有序高效地流通起来，这也是管理工作效率提高的关键。管理平台对于数据的转换，提供非编程数据转换功能，让管理信息在所有的管理部门都能够进行处理，并对这些处理进行记录和监控，在全网建成一个健康的安全的信息共享平台。

（3）主题数据库与功能数据库。主题数据库是集约化的数据库，具备很强的共享功能，整个数据库系统中数据都是集约化和共享化的，有利于管理系统信息交流和处理，避免了过多的信息转换和交流障碍。主题数据库模型是由底层数据标准数据库、数据交换平台和业务数据库构成的。底层主题数据库是符合统一数据标准的主数据库，作为所有管理信息的总集合。数据交换平台将来自不同业务数据的数据统一化交换，不管是主数据到功能数据库，还是功能数据库回传数据到主数据库，都需要经过数据交换平台，为整个系统内容的信息交流提供一个通道。业务数据库也可以称作功能数据库，具有不同的功能，如教务数据库、招生信息数据库、财务数据库和毕业生数据库等，这些数据库中的内容属于不同的管理职能，通过数据交换平台就可以将这些功能联系起来，协同完成特定信息的管理。

（4）基于数据库的业务系统。有了完备的数据库系统和数据交换平台，要实现具体的业务功能，就要在数据库系统的基础上，按照数据标准开发相关的管理业务功能，将学生信息从招生阶段、入学阶段、在校阶段、毕业阶段等联系成"一站式"管理服务模式，详细记录学生的各项信息，用电子档案的形式，不同阶段交由不同业务功能进行处理。

（三）高校学生管理信息化建设策略分析

（1）充分认识到信息化建设的重要性。信息化浪潮的到来，把高校信息化建设推上了全新的战略高度，高校作为国家教育活动的基本单元，对社会发展和科教强国的策略起着至关重要的作用，如何提高高校学生管理水平，加快向社会输送高素质人才，已经成为高校发展面临的重要问题。运用电子信息技术实现高校学生管理信息化建设工作，是提高学校效率的一个重要手段，高校信息化建设已然成为教育发展的重要环节。如何真正发挥信息化建设的优势，借助社会力量有效地推动高校学生管理信息化建设，我们首先要充分认识到信息化建设的重要性。深入理解信息化系统的优势，从人为角度优化管理工作，借助信息化系统能够实现更快更好的管理。也只有认识到信息化建设的重要性，才能加快信息化建设的投入，让高校学生管理系统更快地建立起来并发挥作用。所以，信息化建设的第一步，要抓住信息化建设的机遇，找到现有管理系统中的不足，开发适合自身应用的信息化系统，避免盲目的建设，实现高校学生管理的跨越式发展。认识到信息化建设的重要性，加大信息化建设的投入力度，让信息化建设进入正轨，这才是有力地推动信息化建设进程。

（2）提高管理人员水平，加强信息化队伍建设。为了更好地推动高校学生管理信息化建设，还要从管理者入手。建立健全的管理系统，管理队伍非常重要。管理队伍是学校管理决策的制定者，是管理制度的执行者，是管理工作中的协调者，对管理水平有着较大影响。管理的过程实质上就是信息传递和信息变化的过程，管理队伍负责对管理信息进行传递和处理，在管理系统中占决定性地位。在高校学生管理信息化建设过程中，管理者同样对管理信息进行处理，而且在新的管理体系中，管理者从传统的经验管理转变为学习管理，由原来的层级管理模式转变为扁平的柔性的管理模式。而且，只有在管理人员素质具备的前提下，管理信息化建设才能有序地进行，人工管理和系统管理相结合，才能发挥信息化管理的优势，消除重复管理功能，更好地提升管理水平。

（3）明确建设目标，整合管理资源，加快信息化建设步伐。高校学生管理的信息化建设要有明确的发展目标和发展规划，信息化技术的不断发展决定了教育管理同样需要宏观的规划。信息化建设在既定的目标下，按照不同机构和不同阶段，不断统一并完善系统，避免管理系统中因为信息交流困难而无法实现管理职能。所以，统一的教育管理信息化建设要以促进管理部门协同工作为目标，指导不同管理部门高效工作，对管理机构进行统一的部署和安排。另外，推动高校学生管理信息化建设，还要有效整合现存管理信息，在构建信息化管理体系时能够准确地与学校现状契合，相当于在传统的管理模式下进行升级，并不会出现资源的浪费或者多余的功能，让信息化管理能够与传统管理无缝转接，减少新旧交替的矛盾，从而加快信息化建设步伐。

（4）不断完善管理信息系统，具体化管理功能。推动高校学生管理实现信息化建设，要在硬件具备的条件下不断完善管理信息，利用好管理信息系统来开发功能模块，除了运用先进的管理体制外，还要借助管理平台落实各种管理功能，让信息化管理渗透进每个管理环节，提高学生管理的整体效率。完善学生管理的信息系统，及时更新管理信息，使学生管理工作涉及的数据更加准确、全面，同时也为学校决策提供了充分的现实依据，使学生管理工作与学生的实际情况结合得更加紧密，管理工作也更加符合学生和学校的关系。

高校学生管理信息化建设是未来高校发展的重要工作。提高管理水平和管理效率，让高校的学生管理工作更加先进，我们要从多个角度认识信息化建设的实质，真正实现学生管理的信息化建设。总而言之，信息技术和网络技术确实为高校学生管理提供了良好的平台和工具，大大提高了工作准确度，降低了重要工作的复杂程度，也很好地优化了管理体系结构。提高管理效率的同时，学校可以更多地关注学生的学习情况和生活情况，更好地帮助学生成长为社会需要的建设性人才。为了保证高校教育工作取得良好的发展，推动高校学生管理实现信息化建设具有十分重要的作用。

第十一章 "互联网 +" 时代提升高校人才培养能力的建议

第一节 对于高等院校的合理性建议

高等院校是提高学生研究性学习能力的执行部门，因而要提高大学生的研究性学习能力，国内高校需要借鉴成功的经验并结合研究的结果采取更有针对性的措施，具体包括以下六个方面。

一、把提高学生的研究性学习能力纳入大学人才培养体系

转变教育观念，提高认识。当前国家提出要建设创新型国家，特别是对于"拔尖创新人才"渴求之至，而作为我国研究型大学应该在培养拔尖创新人才上有所作为。因此，研究型大学要明确培养创新人才的目标，进一步改革教学模式。目前，我国研究型大学还没有把研究性学习的作用和地位提到相当的高度，国内许多研究型大学把本科生参与研究计划看作是一种辅助性的培养手段，这明显是认识上的差距。MIT 始终以培养为社会发展做出贡献的创造性人才作为其人才培养目标，尤其是工业界的精英，因而 MIT 尽可能为本科生提供研究机会。他们认为本科生研究的经历会使学生形成新观点，而且在研究的过程中培养学生收集信息和分析问题的能力，同时也拓宽了他们的知识视野。因此，我国研究型大学必须自觉行动起来，进一步转变教育观念，把研究性学习纳入到研究型大学人才培养体系。开展研究性学习的目的旨在转变学生传统的单纯知识接受学习方式，因为我们过去过多地倚重接受性学习，这样学生只会接受而不会创新，对学生个体来说是种能力的缺失，对于国家与民族而言，则意味着失去赖以进步的不竭动力，所以在中国这种传统教育下尤其研究型大学要特别重视开展研究性学习。这样有

助于打破僵硬呆板的教学格局，形成一种主动探究知识的积极学习方式，从而有利于造就具有创新意识、创业精神、创新能力的高级拔尖人才。

　　首先要转变以教师为中心的教育观念，树立以学生为中心的现代教育理念，与学生建立平等、民主、教学相长的关系；其次要转变传统教学中的灌输性、封闭式的教学方法，树立师生共同探索的研究性教学模式和开放式的教学方法。为此，教师要不断学习，改善知识结构，掌握一定的科学研究能力和信息技术，提高自身的综合素质。教师不仅要自己进行研究，还要带动、指导学生开展研究，教师的有效指导是培养学生研究性学习能力的一个基本条件。此外，还要求学校教师更新专业教学理念，提高课堂教学质量。在目前的大学里面，课堂讲授仍然是重点，因而学生研究性学习能力的培养也应该主要通过课堂教学来进行。教师在教学过程中要充分体现学生的主体作用和教师的主导作用，尽可能让学生亲自参与，教师应最大限度地为学生创造良好的思维环境，激发学生的参与意识、创新和探索能力，引导学生对专业知识学习产生浓厚的兴趣。教师可以在平常的课堂教学中以问题为载体，创设一种类似于科学研究的情境和途径，让学生通过自己收集、分析和处理信息来实际感受和认知相关专业。这样，教师通过激发学生的学习兴趣提高了课堂教学质量，学生在课程的学习过程中不仅获得了书本知识，也能运用书本知识解决实际生活中的问题，更重要的是学生获得了研究性学习的能力。教师把课堂上的学科教学变成研究性课程学习，学生用研究性学习的方法学习学科知识，在学科知识学习和运用过程中学会科学的方法。

二、研究型学习能力的培养应该面向所有本科生

　　研究型大学实施的是精英教育，作为每一位踏入研究型大学的学生，有权利分享精英教育的资源，而且研究性学习正视学生存在差异，并认为人人有发展的潜力，并且研究性学习注重过程胜于结果，本科生参与科研的过程中，就像科学家那样思考科学，体验了一个完整的研究过程，正如有学生说它是一种艰苦却又充满了发现的乐趣的过程，这种经历比结果更重要。虽然伯克利分校对参与科研的学生有规定，但那仅仅针对某个研究计划，如赫斯学者计划规定申请该研究计划的学生GAP应在 3.5 以上。学生仍可以申请参加其他计划，但对于一些学习有困难的学生，应该量力而行。提高研究性学习能力是学生自己的权利，它存在于大学教学的全过程，因而在课程学习中通过研讨、问题研究等方式同样可以实现。从我们的调查来看，学生是有意愿参加 SRT，并对参加 SRT 表现出了非常高的热情。

三、在学校层面形成崇尚"研究"的氛围

提高学生研究性学习首先需要学校建立浓厚的研究氛围，而这其中，学校从组织制度上对研究性学习能力的保障是重要的。不仅要求研究型大学自身要营造一个浓厚的学术研究校园，而且还有待于国家、研究机构、企业、个人等围绕大学形成一个崇尚"研究"的社会氛围。特别是我国在倡导建立学习化社会和创新型国家的今天，开展研究性学习显得尤为重要。为研究性学习开展提供环境支持应是国家、社会组织和个人等义不容辞的责任，而在这方面美国为我们做了榜样。美国的国家自然科学基金委、民间组织"本科生理事会"、国家宇航局、天文台、福特公司、校友等都对本科生参与研究达成了共识，从设立项目、资金支持到专门的管理机构等都落到实处。

作为培养学生研究性学习能力的保障，学校应当为培养学生的研究性学习能力提供适宜的环境，使大学生能够在较为宽松、自由的学习和学术氛围中开发潜能，实现自身素质的不断提高和完善。第一，营造良好的学习和学术研究风气是培养研究性学习的重要条件。学校可以通过各种渠道多鼓励学生参与科研项目的研究工作，使学生有实践的环境和机会，如开办各种讲座和定期的学术讨论会及学术交流会等，让学生在跟踪学术前沿的基础上，把获得的知识进行交流、研讨，扩大学生的接触面和阅读面，增加学科之间的相互碰撞，这对培养学生研究性学习能力和综合素质的提高非常有益。第二，改革学校的学习制度和教学质量评价标准，可以为培养学生的研究性学习能力创设民主自由的学习环境，如可以尝试弹性学习制度，允许学生根据自身的特点和自己的实际情况安排学习计划，也允许老师根据每个学生的特长和能力运用不同的方式进行指导，以促使学生根据社会需要和自身特点设计自己的将来，以适应人才市场的不同需求。在教学评价体系中，也要改变长期以来形成的只注重学习结果、以单一的考试方式进行评价的传统，构建多样化的评价体系，既重视学生的学习成绩，更重视对学生科学探究的能力、情感态度与价值观等方面的评价，将知识、素质、能力和方法纳入到统一的科学体系进行综合考评，实现教师评价与学生评价相结合，过程评价与结果评价相结合，即时评价与延时评价相结合，激发学生学习的积极性、主动性和创造性，不断促进学生研究性的素养和能力的提高。第三，创设良好的外部环境也是培养学生研究性学习能力的一个基本保障，如加强学校图书馆和网络建设，为研究性学习提供丰富的文献信息资源和数字资源，让学生通过最新资料了解学科领域的最新知识和研究动态，跟踪最新的科技发展步伐。学校还可以通过教学安

排和管理为培养学生的研究性学习能力提供方便，如出台相关的政策条文对研究性学习的成果进行相应的表彰奖励；开设一些跨系、跨专业甚至是跨校的研究性学习项目，鼓励学生的研究性学习课程与教师的科研课题相结合；广泛开展科研论证，让学生的研究性学习活动进社团、进公寓，并将其与大学生挑战杯等活动结合起来，营造浓厚的学术研究气氛，让学生在探究、体验、合作、交流的过程中不断培养和提高研究性学习能力。

四、采用多元化的方式提升大学生研究性学习能力

与 MIT、伯克利分校相比，我国研究型大学本科生研究计划很单一，研究性学习的氛围还很难形成，如浙大的 SRTP、清华的 SRT，没有类似 MIT 辅助性项目如"独立活动期研究指导计划"，也没有如"独立活动期计划"（IAP）、"校长本科生研究奖学金计划"（PUP）等其他形式的研究计划来满足不同学生的需要。事实上，我国暑假比较长，开展研究性计划的条件更充分，因而应该针对暑假时间比较长的特点，试着建立暑假研究计划，这样学生可以在这段时间安心地独立学习和从事研究，参加平时因为没有时间进行的感兴趣的活动。多样的研究计划，一方面可以满足不同学生的需要，另一方面可以形成彼此的互补，增加研究的氛围。只有转变学生的学习理念和学习方式，才是培养大学生研究性学习能力的关键。

长期以来，基础教育阶段的"应试教育"模式造成了学生研究性学习能力的低下，不少学生上了大学以后仍然只习惯于灌输式的学习，被动学习成了思维定式。另外，高等教育中接受性学习作为学生的主要学习方式，在很大程度上限制了学生研究性学习能力的培养。不少学生只知道学习书本知识，不会查阅、整理和利用资料，缺乏信息意识，不知道如何利用图书馆和校园网进行信息的检索，更不知道如何筛选、检索、评价、管理、利用信息。因此，学校在注重培养学生的研究性学习能力时，需要引导学生转变学习理念和学习方式。第一，要引导学生转变被动的学习观念，树立自主学习的理念。在学习过程中尽量创设有利于发挥学生主体作用的条件。一方面，在课堂教学中可以使用课本内容，引导学生进行探索与发现，激发学生的参与意识，引发学生对专业知识的学习产生浓厚的兴趣；另一方面，在课余时间也可以通过开设一些学术讲座、学术交流等活动来激发学生进行研究的兴趣，进而进行探究与体验，从而逐步培养学生的研究性学习能力。第二，要引导学生转变单纯地继承知识的学习，树立创新知识的学习。要在掌握课本知识、继承旧知识的基础上发现新知识，不断拓展知识领域，既要学习书本知识，又不迷信书本知识。特别是在课堂学习过程中，不仅应掌握学习知

识的能力，还要学会分析问题和解决问题。另外，学校还要注重引导学生转变偏重课堂学习和理论学习的思想，培养课内课外学习相结合，理论与实践相结合，理论运用于实践的学习方式。培养学生的研究性学习能力就是要改变目前在大多数学生中存在的被动的、接受式的学习状态，让学生的学习建立在积极主动的、探究式的学习基础之上。从转变大学生的学习理念和学习方式着手，培养大学生积极的思维习惯和研究问题的意识，培养大学生的创新精神和实践能力。

五、调整课程结构、推进课程教学改革、加强学科交叉

目前，我国研究型大学学院分工过细，而相互独立学院制也大大限制了学生跨学科学习与研究，有必要按照大类理、工、文进行重组院系资源，增加学科包容性，如MIT才6个学院27系。同时，各院系要加强交流，对研究项目应该有意识地吸引其他专业的学生参加，不同专业学生在一起，可以从不同视角来研究问题，更容易产生新的观点和方法。目前，国内大学课程专业化太强，造成学生发展后劲不足。因此，学校要培养学生的研究性学习能力，就必须考虑将研究性学习首先作为一门课程来对待，可以将其定位为学校的一项长期必修的校本课程。研究性学习是不同于讲授式的课程形式，是为学生充分开展研究性学习所提供的相对独立、有计划的学习机会。

具体而言，可以在课程结构上作进一步调整，加大通识教育课程比重，注重文理交叉，如MIT要求不仅主修理工科的学生需要学习一定比例的人文社科课程，主修人文社会科学的学生也需要学习一定比例的自然科学课程。在课堂教学上，应采取小班化的研讨式、小组研究式等方式，改变单传授式教学方式。学生的解决问题能力、获取知识的能力以及运用知识的能力，都是在实际的学习和使用中建立的，过分细小的专业设置会使学生的知识面过窄，从而限制学生进一步获取知识、运用知识和解决问题的能力。根据学校教学的阶段性特征，在不同阶段的课程计划中规定一定的课时和学分，让学生在教师的指导下，从学习生活、专业课程、社会生活中选择和确定研究专题，主动获取知识、应用知识、解决问题，如在大学一年级，可以开展一般性社会课题的研究性学习课程，着重提高学生参与研究的兴趣；在二、三年级则可以选择一些带有专业色彩的课题，着重培养学生独立思考和解决问题的能力，并进行初步的研究方法训练；到了大学四年级，则可以将研究性学习课程与学生的毕业论文（设计）相结合，将一些较深入和前沿的专业性问题作为课题，对学生进行科学研究方法的训练，培养学生解决实际问题的能力。学校可以利用自身的资源优势和各专业课程的设置情况，将研究性

学习课程纳入学校的总体课程计划中，将其与专业课程有机结合起来，促进学生研究性学习能力的培养。在课程体系方面，也可以设置多样化的课程模块，将研究性学习作为专业课程的教学内容，强化对学生研究性学习能力的培养。在课程设置方面，不管是专业课还是选修课，都要把实践与研究融入课程教学过程中去，在教学中提倡学生做课题或项目。通过专题讨论、专题学习报告、小课题研究、专题讲座等形式，引导学生开展研究性学习。首先，学校中各门专业课作为基本的学习组成，能否在教学过程中促进学生发现问题、分析问题、解决问题能力的发展是培养学生研究性学习能力的关键。作为专业课程的设置，除了要正确引导学生学好基本理论，建立学科框架外，还要在教学中渗透研究的思想，树立研究的意识，以研究的态度来对待专业学习。其次，可以根据社会发展需要和学生的实际情况不断调整选修课程，为学生提供更多获取知识的方式和渠道，推动学生去关心现实、了解社会、体验人生、完善人格，促进学生的全面发展。

六、充分利用现有的各种资源

研究性学习不仅需要学校要营造浓厚的学术研究氛围，而且也要求政府、研究机构、企业等营造一个崇尚"研究"的社会氛围。尤其作为科研模式的研究性学习，如果没有政府、研究机构、企业、校友等参与，则很难顺利运行。本科生科研需要实验室、研究的项目、运转的经费等，如果单凭学校自己提供，则极为艰难。这一点美国为我们做了很好的榜样，MIT 和加州大学伯克利分校开展本科研究性学习在很大程度上有赖于国家、社会等外界的支持与参与。他们不仅为本科生科研提供经济上的资助，而且还提供研究机会，它们构成了本科生科研外围环境，如 1999 年为鼓励学生参与科研，美国联邦政府专门颁布了《生活费补贴条例》，又如美国国家科学基金会、本科生科研理事会等，他们主要负责全国性的统筹协调，为研究型大学的本科生提供科研机会和经费支持，美国宇航局和国家天文台等组织主要是向全国各大学提供本科生科研机会。另外，由企业和校友资助的 UROP 专项基金就有 20 多项，如"通用汽车 UROP 基金""福特汽车 UROP 基金"等。

我们的大学需要自救而不是等待，研究型大学应该自觉行动起来，建立类似于美国本科理事会性质的机构。一方面，加强本科生研究交流，如互派学生参与研究项目，共同监督大学生研究计划的实施，促进研究项目质量不断提高。另一方面，要提高本科生研究计划的开放性，努力争取政府、研究机构、企业等对研究经费和研究项目的支持，整合现有各个方面的资源从而提高对研究性学习能力的支持。

创新型学生人才的培养是一个系统工程，它不仅是大学的责任，也是政府、社会的责任，需要各方力量的参与和合作。因此，还需要政府给予支持，社会给予配合，使高校、政府、企业、社会共同形成一股合力，创造创新人才层出不穷、创新活动蓬勃开展、创新成果持续喷涌、创新活力永旺不竭的局面。

第二节　对于教育部门的合理性建议

除了学校自身应加强相关方面工作以外，还要积极引导、促使政府及教育主管部门转变观念，为高校的教学改革提供支持和帮助。我们在调查、分析高校创新型学生人才培养现状、存在问题的基础上，借鉴国内外创新型人才培养的实践经验，尤其是遵从创新人才培养的主导原则，加强政府在区域创新体系中的引导和支持作用，特别是对政府推动高校创新型学生人才培养提出如下政策建议。

一、积极营造创新型学生人才培养的外部环境

政府积极营造创新型学生人才培养的外部环境。第一，政府应将创新人才的培养作为一项资源开发工程来抓。在制订各项相关政策及法律法规的基础上，应采取一系列激励措施。第二，引导新闻媒体大力发挥舆论导向作用，形成广泛的创新人才开发和培养热潮，激发并提高全体国民的创新意识。第三，鼓励学术界开展旨在加快培养创新人才的理论研究，包括确定创新教育的工作思路，制订符合培养创新人才要求的教学大纲和教材，建立创新人才的培养机制等。第四，应加大力度推动省内高校与国外高水平大学和科研机构的合作和交流，积极扩大联合培养高层次人才的规模。第五，政府在进行鼓励和表彰创新人才时，对于积极探索教育教学改革，在创新人才培养中成绩突出的教师，应该予以表彰和奖励。

二、创造条件完善对学生创新人才培养的运行机制

创新人才培养的改进和完善，需以完善创新人才培养的运行机制为先导。从高校创新型人才培养的现状看，考虑从两个方面完善高校的创新型学生培养的运行机制。

一是要引导学科创新的导向，使高校的人才培养服从区域创新系统的战略方向。给予与区域创新系统战略方向一致的学科以更多的资金和政策支持，多为它

们搭建科研所需的平台、组织项目研究、有目的地组织相关行业交流会，创造各种交流机会，促进学科的发展和创新。

二是政府要牵头，从区域创新系统的高度，推动高校学科的交叉利用。为了提高创新程度，保证创新效果，必须打破学科之间的壁垒，打破学校与其他单位之间的壁垒，建立起多方参与、优势互补的合作平台。

因此，对于某些大型项目或攻坚破难的任务（特别是一些与趋于创新系统的战略方向相关的重大项目），可以考虑由政府牵头或出面，引导或组织多家高校与有关企业或研究所的联合，形成跨单位、跨学科的创新团队，以达到优势互补，综合利用资源，提高创新能力和创新水平的目的。

三、构建高校学生实践平台

从整合高校资源角度，高校创新人才的培养需构筑多元化的办学模式。从高校创新人才培养的实施角度，高校创新人才的培养应以多元化培养要求为先导，实施个性化创新教育。目前，国内高校虽然已经开始从精英教育走向大众化教育，但是创新人才培养还没有实现大众化和多元化。不少高校的培养模式还是沿袭过去的培养模式，偏重理论教育，忽视实践能力与创新能力的培养，因而培养出来的学生难免缺乏足够的创新精神和创造性。国内有些高校已经建立培养创新能力和科学精神的机制，有了激发学生创新精神和培养创新能力的氛围和环境，要达到培养创新人才的目的，还必须积极完善培养学生创新能力的实践实习平台。由于多种原因，创新人才培养的实践实习平台还未能在国内高校得到普遍建立。笔者认为，政府应大力支持企业、社会积极参与，与高校联合，为高校学生提供实践平台，使学生既有理论水平，又有实践能力。具体体现为以下两点。

一是要大力支持校企合作，建立实习、实训基地。学生在课堂所学的知识如果不经过实践的锻炼，将无法有效转化为专业技能。通过与企业合作，建立实习、实训基地，积极帮助学生走进企业，对学生而言不仅能够解决理论知识向专业技能的转化问题，更重要的是在实践中，还能锻炼学生寻找新的问题以及解决新的问题的能力，这种主动寻找问题并带着问题进行学习，将极大地激发学生创新能力的发挥。而对于企业而言，除了履行社会责任、回馈社会以外，还可从学生的创新实践活动中收获更多。

二是要积极倡导联合培养模式。除了加大在校学生的实习力度外，另一种有效途径就是联合培养，这种培养模式既体现了教育内在的社会功能，又符合学生成才发展的外在需求。与传统教育的闭门培养人才不同，它更侧重于开放式教育，让学生在学习阶段走进企业，教师也必须经常与企业的管理和技术人员探讨学生的教育培养问题以及企业需要解决的技术与管理问题。企业的管理与技术人员也承担着学生的教育与教学任务，由此加深对学生的了解。通过企业的培训与学校针对性教育，使学生与企业的具体岗位及其能力要求更加接近。在此过程中，学生了解企业的整个生产过程，接受实践教育以及企业文化和氛围的熏陶，也能及早了解岗位状况，适应岗位需求。我国目前在博士后培养阶段已有这样的一些做法，由学校与企业共同培养，取得了一定的成绩。我国有一大批优秀的企业，如果能在高等教育阶段进行更大范围的尝试，也将对创新型人才培养做出有益的贡献。

四、加强高校创新型教师人才的培养

具有创新意识、创新激情和创新能力的高水平师资队伍，是培养高素质创新型学生人才的必要条件。应当重视对师资的学历要求，通过多种政策和措施，鼓励和引导教师在原有基础上提高学历。提升学历的过程就是教师拓展基础理论、参与科研实践，提高科研水平和创新能力的过程。教师的科研水平往往与创新能力直接相关，完成的项目数量与质量体现了教师的创新能力及成就。"内培外引"是加强高校教师队伍建设的途径，各高校应当在立足于努力改进现行教师的培养和使用、提升本校教师学历和提升教师创新能力的同时，积极引进外来人才，增强高校培养创新型人才的实力。

五、大力扩展创新型人才培养的资金投入

要提高人才的培养质量，提高人才的创新能力，改善办学条件非常重要。改善办学条件必须要有足够的办学经费，学校的经费来源主要有三个：一是政府投入；二是学生所交的学费；三是社会各界（含校友、企业）的捐赠。

为了加快高素质创新型人才的培养，必须改善办学条件，这就需要增加高校的办学经费。在学费收入相对稳定和社会捐赠数量不足的条件下，增加政府投入也是主要办法。建议政府继续加大对高校的投入，为提高高等教育质量和加强创新型人才的培养提供更好的物质基础。

参考文献

[1] 赵国忠,傅一岑.微课:课堂新革命 [M].南京:南京大学出版社,2015.

[2] 王奕标.透视翻转课堂——互联网时代的智慧教育 [M].广州:广东教育出版社,2016.

[3] 汤敏.慕课革命——互联网如何变革教育 [M].北京:中信出版社,2015.

[4] 焦建利,王萍.慕课——互联网 + 教育时代的学习革命 [M].上海:华东师范大学出版社,2015.

[5] 徐冰著.音乐教学理论新探索及其改革研究 [M].北京:中国水利水电出版社,2013.

[6] 杨立梅.柯达伊音乐教育思想与匈牙利音乐教育(新版)[M].上海:上海教育出版社,2011.

[7] 吴颖.音乐教学系统设计 [M].北京:高等教育出版社,2012.

[8] 金奉,雷蕾,许艳会.音乐课堂教学设计艺术 [M].北京:文化艺术出版社,2015.

[9] 廖乃雄.论音乐教育 [M].北京:中央音乐学院出版社,2010.

[10] 雍敦全.21 世纪音乐教育丛书:音乐教学法 [M].重庆:西南师范大学出版社,2016.

[11] 曹理.普通学校音乐教育学 [M].上海:上海教育出版社,1993.

[12] 马东风,张瑾.当代社科研究文库:音乐教育理论与科研方法论 [M].北京:中国言实出版社,2014.

[13] 吴文漪.音乐教学新视角 [M].北京:人民教育出版社,2007.

[14] 杨立梅,蔡觉民.达尔克罗兹音乐教育理论与实践 [M].上海:上海教育出版社,2011.

[15] 马淑慧.音乐教育心理学教程 [M].上海:上海音乐学院出版社,2011.

[16] 刘冰,安素平.现代教育技术应用 [M].厦门:厦门大学出版社,2017.

[17] 马振中.现代教育技术及应用 [M].北京:电子工业出版社,2016.

[18] 张志华. 我国高校竞技体育人才培养的理论与实践研究[D]. 北京：北京体育大学，2014.

[19] 郝玉. 我国普通高校竞技体育人才培养可持续发展的研究[D]. 南京：南京师范大学，2006.

[20] 杨洋. 多元化背景下高校音乐教育理念探讨[J]. 科技资讯，2012（16）：183-184.

[21] 赵毅. 多元文化视角下高校音乐教育的反思[J]. 艺术评论，2013（3）：125-128.

[22] 牛雪瑶. 探讨高校音乐教育中如何开展多元化音乐教育[J]. 音乐时空，2012（12）：1120.

[23] 梁立启，栗霞，邓星华. "互联网+"与体育教育专业人才培养方式的整合[J]. 广州体育学院学报，2017，37（6）：150-51.

后 记

　　"互联网+"时代的到来将互联网与传统行业相结合，"互联网+教育"也越来越成为教育界的热门话题，并深刻影响着行业敏感度极高的职业教育领域。本着梳理创新融合的信念让我坚持完成本书稿的撰写。其实，就在整理完书稿后，曾一度不自信起来。书稿内容却不乏一些类似"理论"的东西，甚至也涉及一些专家研究过的内容，或有一种"班门弄斧"之嫌。但是，通过提高"互联网"和"教育"整合模式的构建水平的教学实践探索，还是有浅显的见解，值得后来人借鉴。本书为作者2016年承担的河北省社会科学基金年度项目课题，课题编号：HB16JY076。

　　最后，我要衷心感谢支持和帮助我的领导，感谢专家的指点和同行的帮助与鼓励。

李丽娟

2018 年 5 月 23 日